Georgia O'Keeffe

조지아 오키프

미국 모더니즘을 대표하는 꽃과 사막의 화가

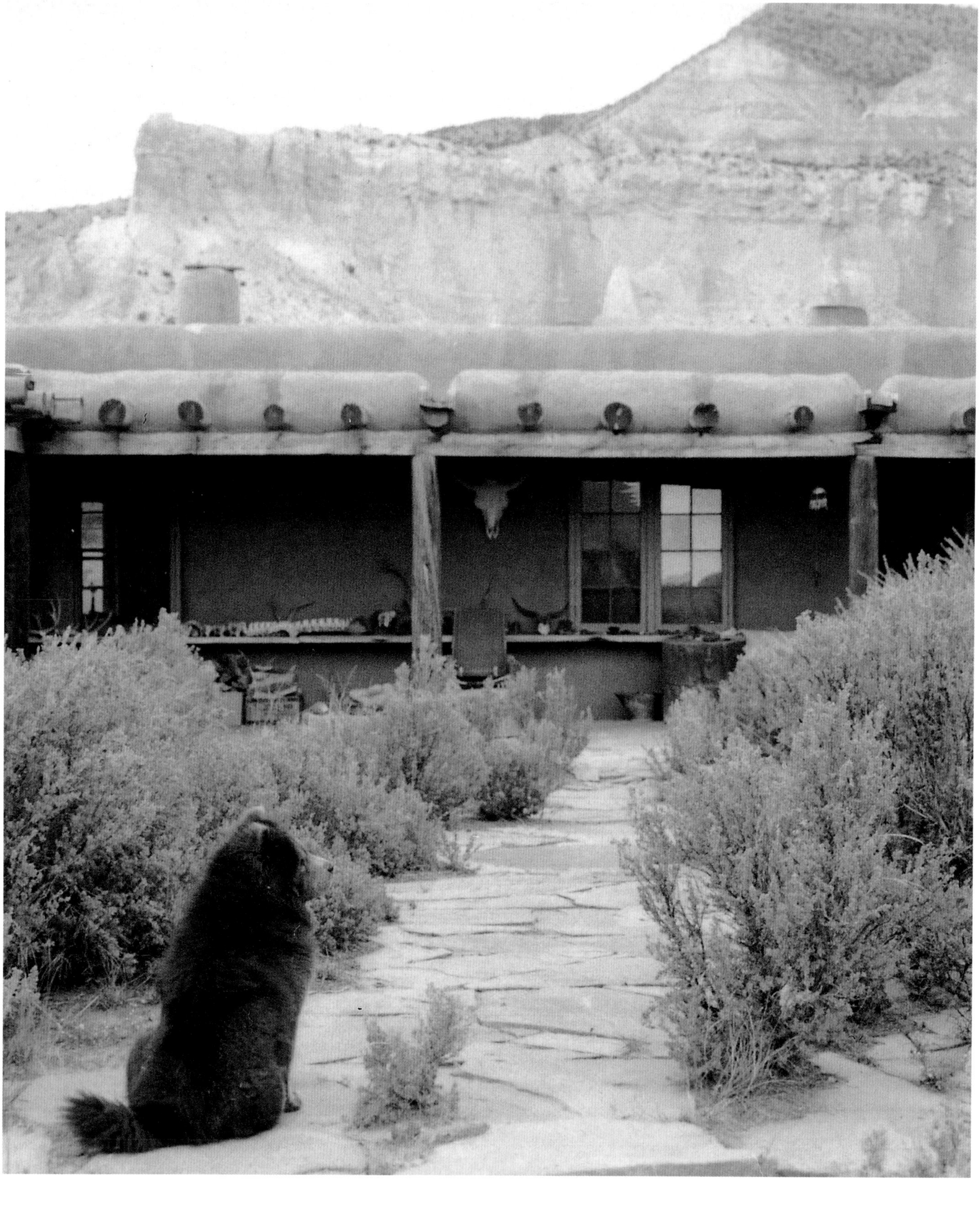

Georgia O'Keeffe

조지아 오키프

미국 모더니즘을 대표하는 꽃과 사막의 화가

알리시아 이네즈 구즈만 지음 김선지 옮김

BOOKERS

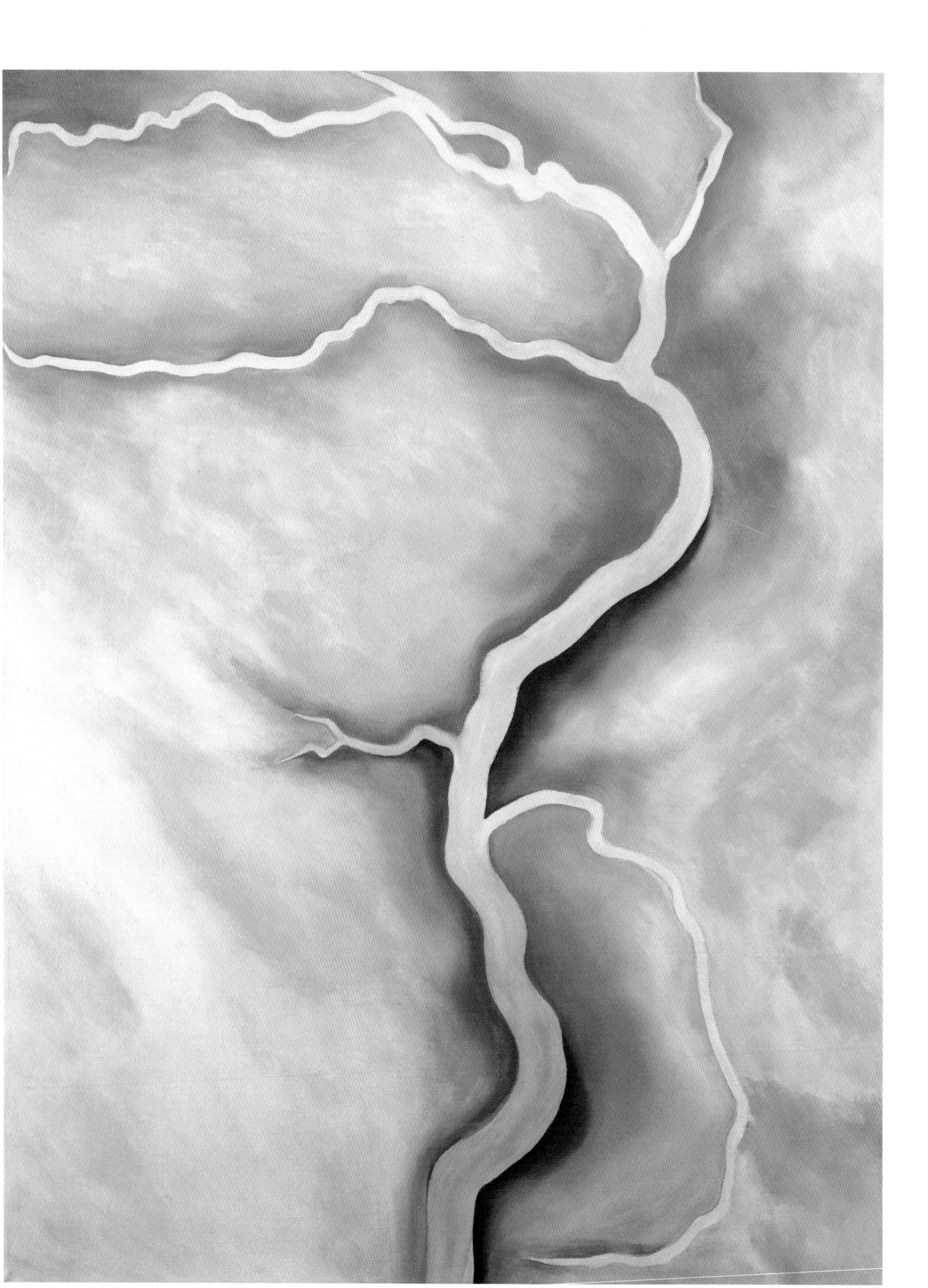

일러두기

- 이 책에 등장하는 대부분의 외래어는 '외래어 표기법'을 따르고 있으나, 오랜 관행이 독자의 편의에 부합하는 경우에는 같은 표음의 다른 외래어와 혼동될 우려가 있어 이를 허용하였다.
- 미술작품, TV프로그램 등에는 〈 〉를 사용했으며, 『 』는 서적, 잡지, 신문 등을, 「 」는 전시회명을 나타냈다.
- 원어는 ( ) 안에 병기하였으며, 작품명의 경우에는 이탤릭체를 사용했다.
- 이 책에 있는 주석은 독자의 이해를 돕기 위해 한국어판에 새롭게 추가한 것으로 역자 주, 편집자 주는 별도로 구별하여 표기하지 않았다.

목차
Contents

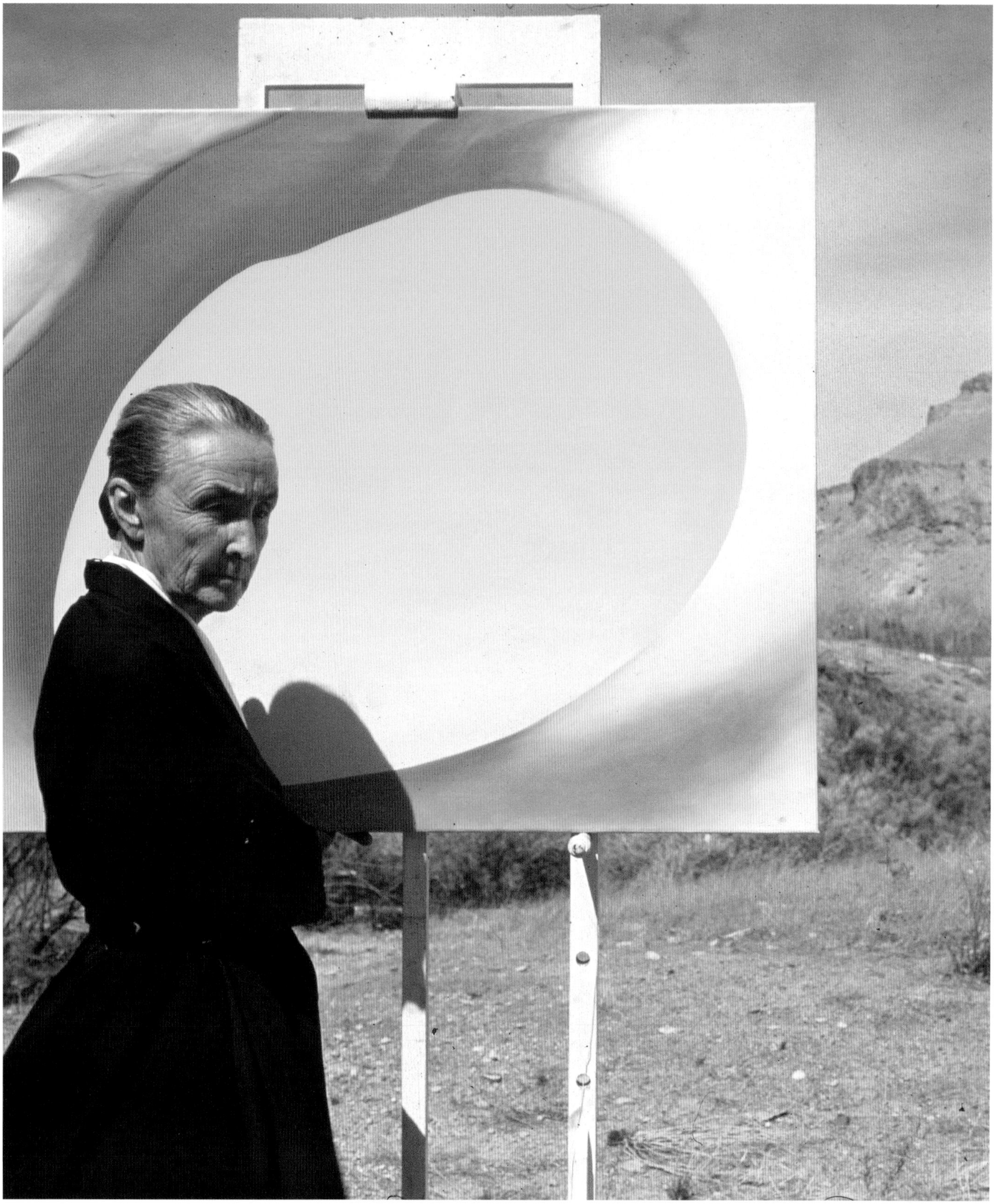

“내가 어디서 태어났고 어떻게 살았는가는 중요하지 않다. 중요한 것은 내가 살았던 곳에서 무엇을 했는가이다.”

들어가는 말
Introduction

[도판1] 1960년, 조지아가 뉴멕시코 앨버커키에서 그녀의 연작 〈골반뼈 시리즈, 적색과 황색〉(1945)과 이젤 옆에서 포즈를 취하고 있다.

조지아 오키프는 늘 직설적으로 말하는 편이었다. 글에서도 자신의 살았던 곳이나 개인적 생활이 그녀의 예술에 어떤 역할을 했는지에 대해 단순명료하게 표현했다. 이 문제에 대한 그녀의 생각은 1976년에 출간한 자서전에서 매우 분명한 태도로 서술되어 있다. 오키프는 자신이 집을 짓고 살았던 여러 지역들을 통해 그녀의 삶을 해석하려는 것은 거의 무의미하다는 것을 독자들에게 말하고 싶어한 것 같다.

사실, 그녀의 작품을 '어디'에 의해 분석하는 것은 '어떻게'를 부정하는 것일 수도 있다. 다시 말해서 장소에 지나치게 초점을 맞추는 것은 작품을 단지 전기적인, 혹은 생활의 관점에서만 보려는 것인지도 모른다. 정작 스스로에 대해 가장 훌륭한 대변자라고 할 수 있는 오키프 자신은 그런 것이 창조적 활동에 있어서 부차적인 것이라고 말했다. 오키프의 시각으로 그녀의 그림을 본다는 것은 곧 그녀가 살았던 방식에 의해서가 아니라 그녀가 본대로 작품을 보는 것이다. 의심의 여지없이, 오키프는 뉴욕에서 뉴멕시코에 이르는 서로 다른 이질적인 풍경들을 자신만의 독특한 시선으로 보았으며, 또 독창적인 방식으로 그렸다. 오키프는 사람들이 당연하게 생각하는 어떤 공간과 오브제를 본질로 환원하거나 확대함으로써 선과 색으로 구성된 그녀만의 창의적인 시각 작품으로 변형시켰다. 그녀의 자서전에 의하면, 오키프는 자신이 살고 여행한 수많은 곳을 이런 방식으로 보고 표현한 것 같다. 그때그때 장소는 달라졌지만, 오키프 자신의 미학적 감성은 늘 한결같이 그대로였다. 그러나 집의 중요성도 충분히 고려할 만한 가치는 있다. 오키프는 평생 한 장소에 머문 것이 아니라 미국 중서부, 대서양 연안, 남서부 지역에 걸쳐 그녀가 집이라고 부른 많은 곳들을 오가며 살았기 때문이다. 또한, 일생 동안 그녀는 늘 여행을 했다.

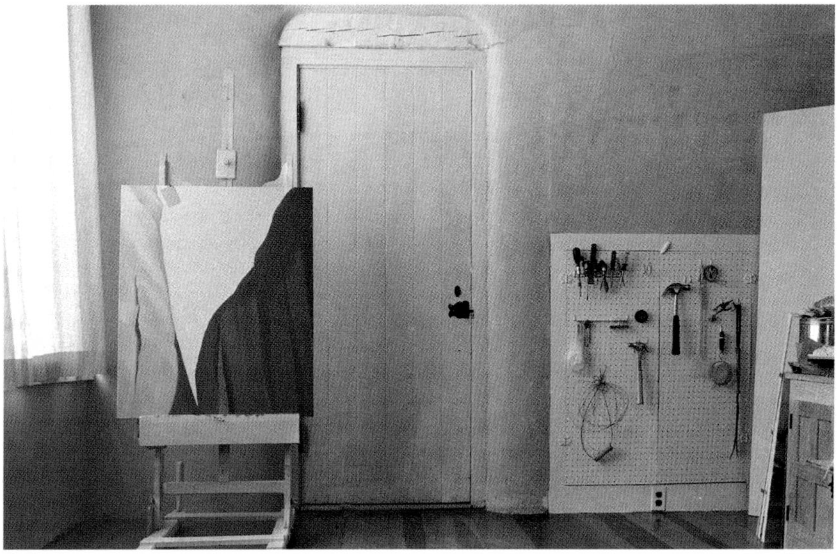

초기에는 스스로 배우기 위해 또는 학생들을 가르칠 기회를 찾아서, 그리고 나중에는 자신의 예술적 성장과 즐거움을 위해 많은 곳을 돌아다녔다. 보수적인 사회적 규범 때문에 여성의 처신이 자유롭거나 독립적이지 못했던 시대에, 오키프는 마음대로 이곳저곳을 여행했다. 당시 오키프에게 집은 그다지 중요한 것이 아니었다. 그녀는 어디에 있든 간에 작품을 창조해낼 수 있었고 이러한 자신의 능력에 자부심을 가졌기 때문이다. 사실, 그녀의 거처는 늘 바뀌었고 한군데 정착하지 못했다. 그러나 오키프 자신이 집을 어떻게 생각했든 두 채의 집은 그녀의 삶에 매우 중요한 영향을 끼쳤다. 하나는 남편 스티글리츠와 함께 살았던 분주하고 소란스러운 예술의 중심지 뉴욕의 집이고, 다른 하나는 그녀가 위안과 자신의 삶의 자율성을 발견한, 세상과 멀리 떨어진 뉴멕시코의 광대한 시골 지역의 집이었다. 약 20년 동안, 그녀는 이 두 집을 오가며 지냈는데, 두 곳은 제각기 개성이 달랐다. 두 집은 명백히 상이한 특징들을 가지고 있었고, 한 집에 있다는 것은 곧 또 하나의 집으로부터 멀리 떨어져 완전히 다른 삶을 산다는 것을 의미했다.

오키프에게 집은 단순히 지도상에서 발견될 수 있는 어떤 장소가 아니었다. 그것은 어떤 개념이었고, 오키프가 어디에 있느냐에 따라 그녀가 느끼는 집에 대한 개념도 달라졌다. 이렇듯, 오키프의 집은 그녀의 마음과 지도 모두에 존재하는 그런 것이었다. 오키프가 그림에서 풍경을 변형시킨 만큼 그것들 역시 그녀를 바꾸어 놓았다. 집은 오키프의 새로운 생활방식을 형성하고 경이로움을 불러일으켰으며 휴식을 제공했다. 그녀가 살았던 곳들은 고정된 상태로 머물지 않았고 20세기를 거치면서 외관상 많은 변화를 겪었다. 오키프는 일생 동안 여기저기 옮겨 다니며 살았던 동시에 한곳에 뿌리를 내릴 때 많은 투자를 한 예술가였다. 이 책의 핵심 주제는 이런 삶의 와중에서 오키프가 경험한 당시 사회의 인프라와 커뮤니케이션의 변화, 그리고 여행중에서

[도판2] 고스트 랜치 집에 있는 조지아의 스튜디오, 1966년

겪은 시대적 변화들에 관한 것이다. 이런 관점에서 본다면, 많은 사람들이 고독한 남서부의 풍경을 그린 그녀의 작품들을 보고 생각하듯, 오키프는 세상으로부터 고립된 반사회적인 사람은 아니었다. 오히려 그녀는 지역사회나 이웃 주민들과 의미 있는, 그러나 때로는 모순적인 방식으로 관계를 맺었다. 또한 오키프는 20세기를 특징짓는 사회적, 문화적, 기술적, 예술적 변화를 잘 인식하고 있었고 이에 동참했다. 그녀는 예술계의 변혁과 미국 모더니즘의 여명뿐만 아니라, 두 번의 세계대전, 최초의 원자 폭탄의 성공적인 폭발 실험, 냉전의 산증인이었다. 오키프가 산 장소들과 삶의 방식은 시대적 변동에 기반한 어떤 특정한 현대 생활의 유형과 그러한 변화에 따른 흥분과 불안을 보여준다. 이미 수많은 작가와 예술가들이 오키프의 작품들의 의미에 대해 언급했지만, 우리는 이러한 변화의 렌즈를 통해서도 그녀의 그림들을 바라볼 수 있다. 그녀가 집이라고 일컬은 많은 장소들에서 나타났던 현대적인 것이 오키프에게 무엇을 의미했는지 생각해 보면서 말이다. 20세기가 전개되는 동안 그 장소들이 외형과 가치에서 변화했다는 것은 무엇을 의미했을까? 그녀의 그림들을 보면 몇 가지 답을 찾을 수 있다. 다시 말하면, 세심하게 제작된 오키프의 작품들에서 그녀가 어떻게 현대 생활에 대한 자신의 다양한 경험을 명확히 드러내거나 혹은 모호하게 표현했는지, 또 집에 있다는 것과 집에서 멀리 떨어져 있다는 것은 무엇을 의미했는지 발견할 수 있다.

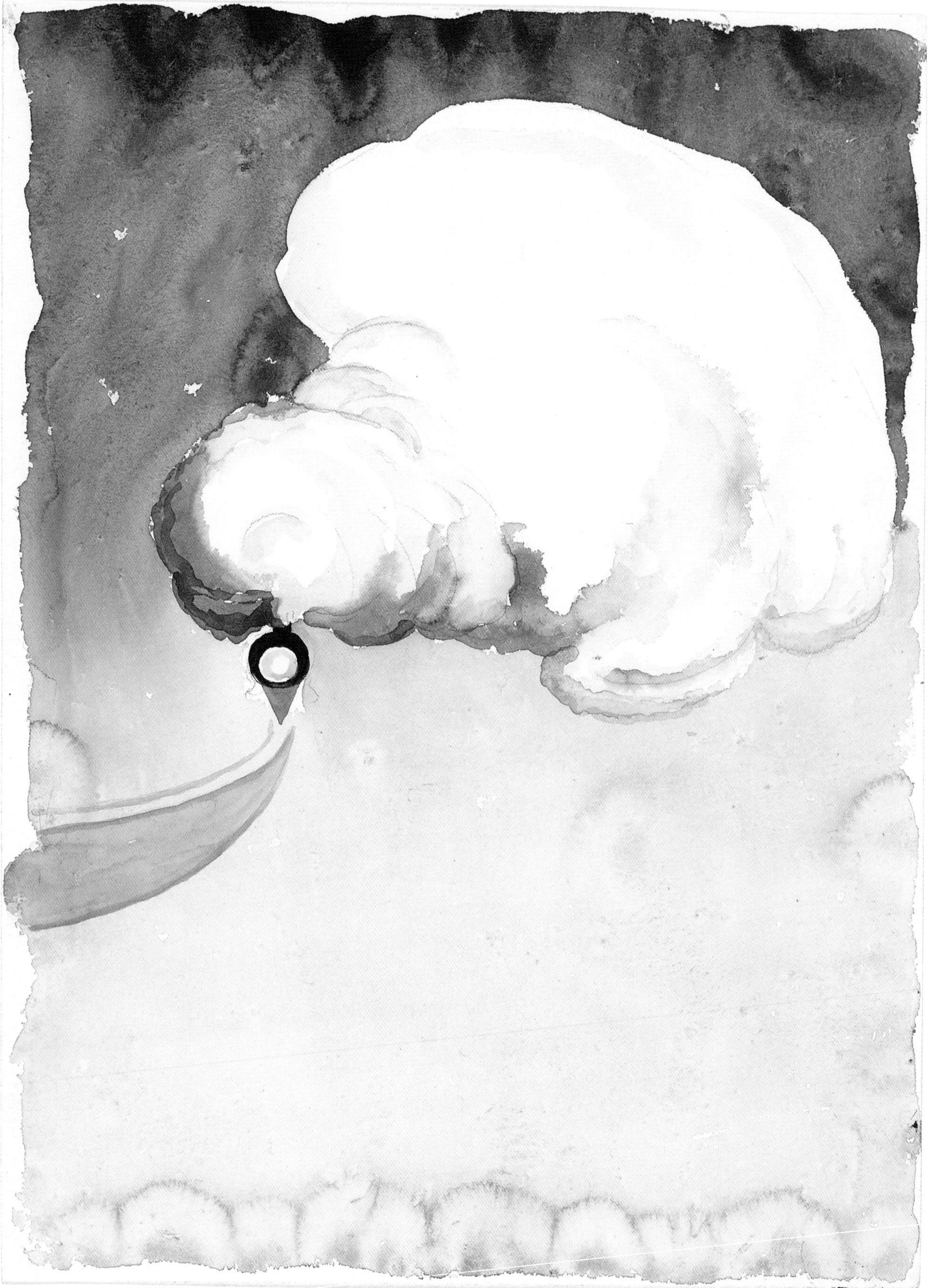

"모더니즘은 이미 받아들여진 것,
혹은 전통적인 것에 대한 수많은 형태의
저항을 뜻하는 폭넓은 명칭이다."

예술가로서의 성장

The evolution of an artist

[도판3] 〈사막의 밤 기차〉, 1916년,
종이 위에 수채 물감과 연필,
30.3 x 22.5cm.
소묘위원회와 미국국립예술
기금위원회의 공동 기금에 의해 구매,
현대미술관, 뉴욕, 미국.

〈사막의 밤 기차(*Train at Night in the Desert*)〉라는 그림에서는 번쩍이는 랜턴 불빛이 희부연 연기를 뿜어내고 있다[도판 3]. 뒤에는 어두컴컴한 하늘과 별다른 묘사 없이 밋밋한 땅이 맞닿아 있다. 지평선도 존재하지 않고, 어둠에서 빛으로 가는 섬세한 변화만이 나타나 있다. 후에, 오키프는 『뉴요커』지 캘빈 톰슨과의 프로필 인터뷰에서 다음과 같이 회상했다. "사막의 밤 기차를 그렸던 텍사스 서부 지역은 '약간 움푹 꺼진 지면이 있는' 평평한 지형을 가진 곳이었어요. 그것 때문에 당신은 아침에 열차가 다가오는 듯하다가 곧 사라져버리고 또다시 시야 가까이 나타나는 것을 볼 수 있을 거예요."[2] 관람자는 그녀의 수채화에서 기차가 지표면의 조금 비탈진 경사면 뒤로 사라졌다가 다시 나타나는 듯한 느낌을 받게 된다. 우리는 오키프의 눈을 통해서 그녀가 보았던 바로 그러한 순간을 언뜻 볼 수 있다. 이 그림에서 화가의 시선은 서서히 아래로 내려가는데, 이를 통해 관람자 역시 기관차가 공간 속에 떠서 맴돌다가 화면의 끝쪽으로 이어지는, 선로를 암시하는 옅은 초록색 선에 의해 땅 표면에 닿는 것을 볼 수 있다. 텍사스에 살 때, 알프레드 스티글리츠(Alfred Stieglitz)에게 쓴 편지에서 오키프는 다음과 같이 말하고 있다.

"그토록 멋진 연기, 그 거대하고 싸늘한 고요함 속에서 당신을 향해 시시각각 다가오는 엄청나게 활기찬 검은 물체를 보는 것은 멋진 일일 것입니다. 기차에서 시선을 돌리자 해가 보였어요. 처음에는 그저 한줄기 미미한 햇빛, 그러다 한순간에 타는 듯하더니 마침내 온통 격렬하게 불타올랐어요. 그리고 나는 당신을 생각했습니다."[3]

1916년, 조지아 오키프는 텍사스 캐니언(Texas Canyon)에 살면서 웨스트 텍사스 주립 사범대학(지금의 Texas A&M)에서 강사로 일할 당시 〈사막의 밤 기차〉를 그렸다. 밤 풍경을 암시하는 제목은 오키프 자신이 아니라, 사람들이 나중에 지은 것이다.[4] 사실, 그림의 시간적 배경이 밤인지 새벽인지는 확실치 않다. 이 시기 그녀의 다른 다른 작품들이 그렇듯이, 오키프는 다만 새벽과 황혼 무렵의 하늘에 녹아드는 듯한 빛의 미묘한 변화에 매혹되어 그림을 그린 것이다. 해가 지평선에 떠오르는 이른 아침의 빛은 이때 오키프의 마음을 사로잡은 주제였다. 같은 해 그린 〈아침 하늘〉에서는 짙은 진홍색에서 다채로운 자주색 톤에 이르는 풍성한 색감으로 표현된 지표면 위에 연한 노란색 띠가 얹혀 있다[도판 4]. 단순한 붓질로 처리된 햇빛 위 오렌지색, 선홍색, 쪽빛의 생동감 넘치는 색채의 조합으로 구성된 하늘에는 아직 밤의 흔적이 선연하다.

[도판4] 〈아침 하늘〉, 1916년, 종이에 수채 물감, 22.5 x 30.5. 로더 재단에서 구매 – 로저&에블린 로더 펀드, 길버트&앤 모러&소묘 위원회, 휘트니 미술관, 뉴욕, 미국. [94.69].

오키프는 수채 물감을 능숙하게 사용해 시시각각 변화하는 빛을 표현하면서 현실의 풍경과 재료에 대한 그녀의 느낌을 잘 살려내고 있다. 그녀는 〈사막의 밤 기차〉에서 대부분의 화면을 흰색으로 처리함으로써 어떤 모호함을 창출해냈다. 기차가 내뿜는 연기 덩어리는 거의 채색되지 않은 채 다만 양감을 주기 위해 약간의 붓질로 처리되어 어두운 배경과 대조를 이루고 있다. 당시 오키프는 흰색을 하나의 독립된 색채로 사용하기 시작했는데, 이것이 그녀의 그림에 어떤 환한 느낌을 주었다.

스티글리츠는 1917년, 뉴욕에 있는 그의 291화랑에서 〈사막의 밤 기차〉를 판매했다. 두 사람이 개인적으로 친근하면서도 일에 관한 직업적인 서신을 주고받으며 서로 교류하던 때였다. 그리고 곧 두 사람 사이에는 사랑이 꽃피었다. 이 그림은 오키프가 화가로서 성숙해지기 위한 경험을 쌓고 있었던 시점이자 점차 전문적인 예술가로 변모하고 있었던 때, 그리고 미술 강사로서 일하는 한편 예술가로서 성장하기 위해 한 장소에서 다른 곳으로 옮겨 다니던 시기의 작품이라는 점에서, 그녀 인생에 있어서 하나의 중요한 회화적 기록이라고 할 수 있다. 이 시대의 다른 여행자들과 마찬가지로, 오키프 역시 철도를 이용하는 것에 익숙했다. 그녀는 시골 지역이나 도시에 정착하는 기차들을 관찰했고, 칙칙 소리를 내며 달리는 열차 실내에 앉아 가까운 친구와 지인들에게 편지를 썼다. 기차를 찍은 사진들도 보았고, 이것들을 자신의 작품 소재로 삼았다[도판 5]. 기차는 현대성, 변화하는 시대, 그리고 그녀의 삶에서 매우 중요했던, 빈번하게 옮겨 다니는 생활의 상징이었다. 열차는 그녀가 예술적 성장을 위해 미국 중서부에서 대서양 연안 지역으로, 이후에는 남서부로 옮겨 다녔던 수많은 여행을 상징했다. 오키프는 이 몇 년 동안 광범위한 지역을 돌아다녔는데, 1911년에서 1918년 사이에 거의 열 개에 이르는 도시와 마을에 살았을 정도다. 캐니언에서 보았던 다른 많은 것과 마찬가지로, 기차는 그녀가 그림에서 본래의 사실적인 모습을 추상 가까운 형태로 옮길 수 있는 아주 매혹적인 형상이었다. 이 시기에 그려진 다른 수채화들이 그랬듯이, 오키프는 기차에서도 가장 핵심적인 특징만을 포착해내려고 했다.

이 그림에는 기차를 나타내는 구체적인 형태들이 거의 없다. 다만 부분적 요소들이 그것이 기차라는 것을 암시할 뿐이다. 오키프는 기차를 사실적으로 충실히 묘사하지 않았고, 그저 선과 색채, 추상성의 실험에 초점을 두었다.

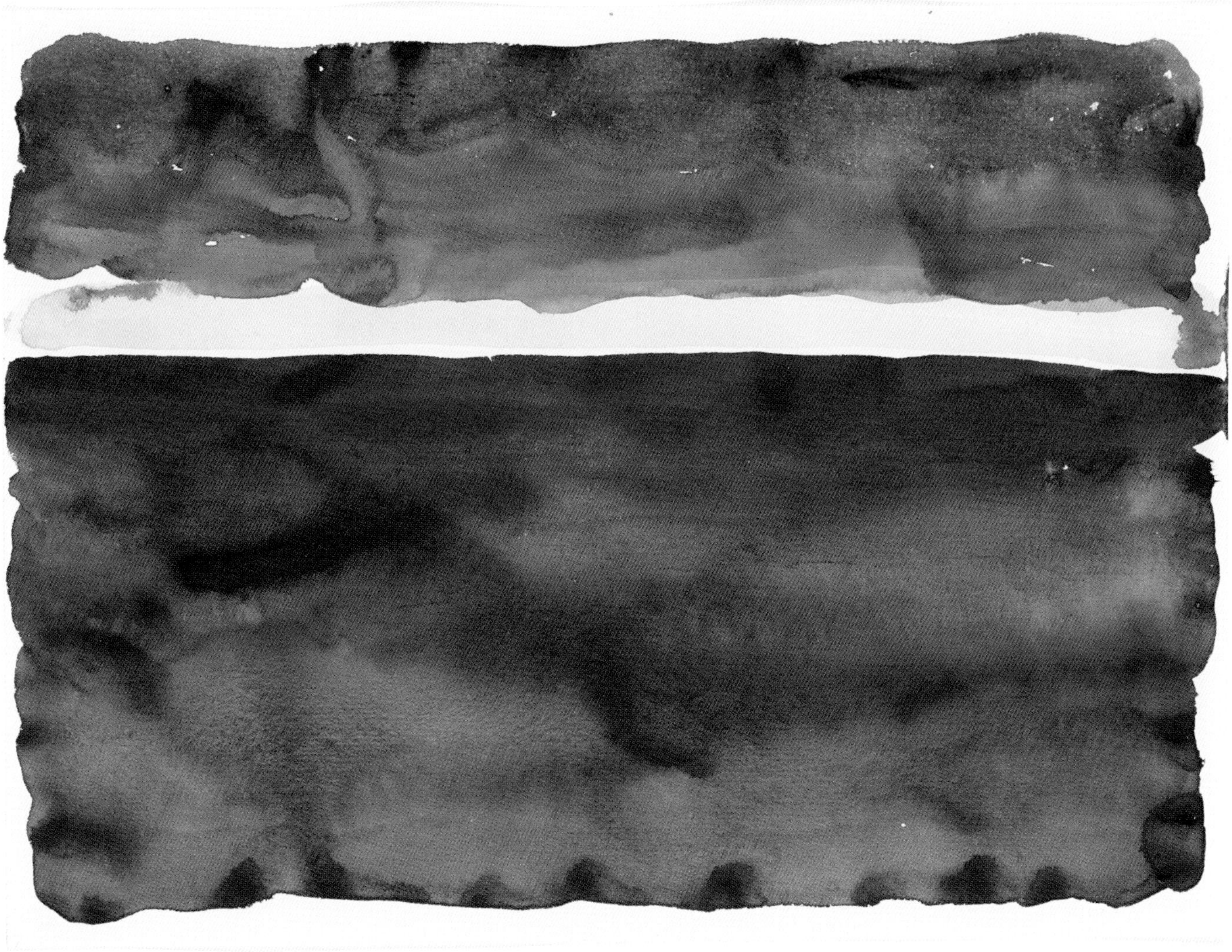

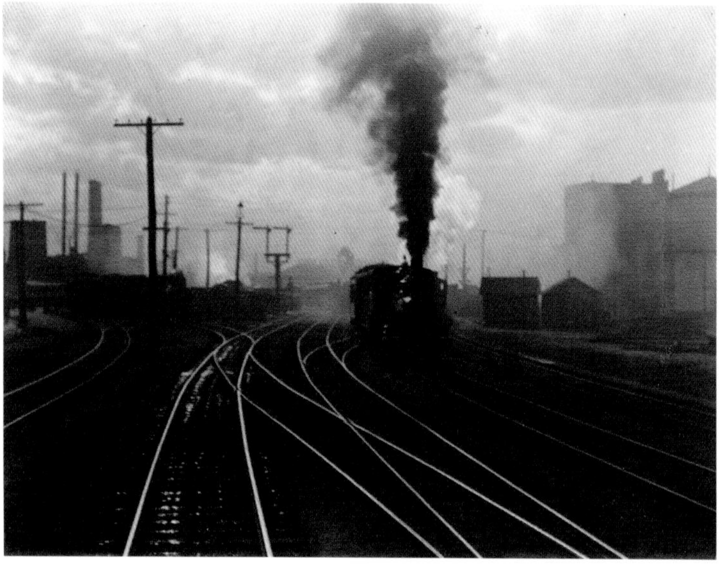

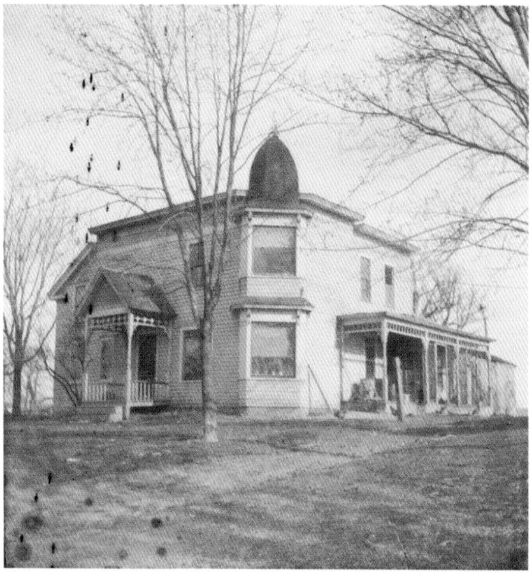

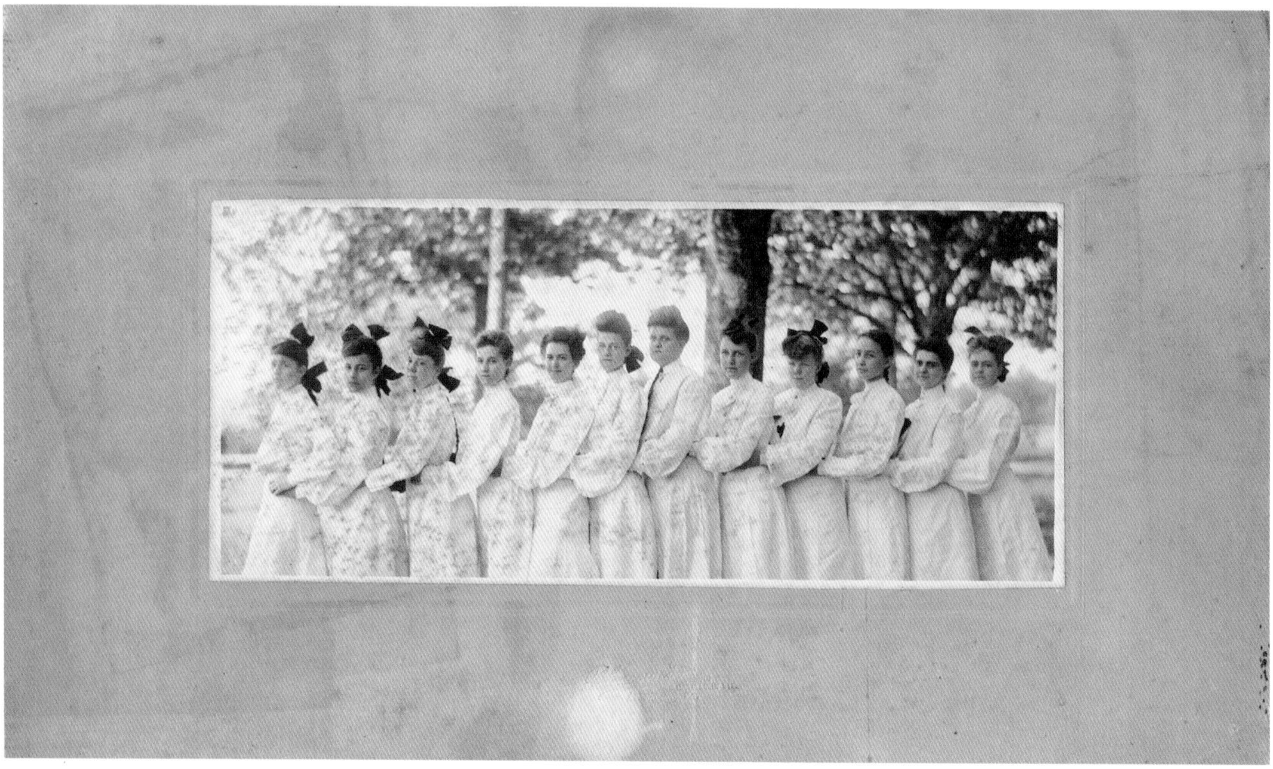

왼쪽 [도판5] 알프레드 스티글리츠, 남자의 손, 1902년, 젤라틴 실버 프린트, 8.9 x 11.8cm. 알프레드 스티글리츠 컬렉션, 조지아 오키프 기증. 현대미술관, 뉴욕, 미국. [23.1950].

오른쪽 [도판6] 사진작가 미상, 프랜시스와 이다, 오키프의 선 프레리 십, 위스콘신, 날짜 미상, 사진 인화, 8.6 x 8.9cm. 클라우디아 오키프 페이퍼스. 조지아 오키프 미술관, 산타페, 뉴멕시코, 미국. [RC.1999.1.147].

아래 [도판7] 사진작가 미상, 조지아 오키프, 카파 델타 그룹 사진, 채텀 성공회 학교, c. 1903년, 젤라틴 실버 프린트, 22.5 x 35.2cm. 주디스 모리 타이스 가족 기증. 조지아 오키프 미술관, 산타페, 뉴멕시코, 미국. [RC.2005.1.2].

〈사막의 밤 기차〉는 이 장의 출발점, 즉 성장해가고 있는 예술가와 완전히 성숙한 예술가 사이에 있는 플랫폼과도 같다. 1916년과 1918년 사이 캐니언에 체류할 당시 그린, 현재 남아 있는 72개의 수채화 중 하나이다. 〈사막의 밤 기차〉는 떠돌이 예술가, 학생이자 강사로 지낸 과거의 오키프에서 뉴욕에서 각광 받는 화가로 성장한 미래의 그녀로 넘어가는 문턱에서 제작된 작품이라고 할 수 있다. 이들 초기 수채화들은 발전 과정에 있는 한 여성 화가, 세상에 대한 독창적 비전을 형성시키는 데 도움을 준 멘토들만큼이나 주변의 자연 환경에서도 영향을 받은 한 예술가를 보여준다.

오키프의 예술적 형성

오키프는 중학교 시절부터 몇 년간 이 도시에서 저 도시로 이사 다니는 번잡한 시간을 보낸 뒤 캐니언에 정착했다. 원래 위스콘신주의 선 프레리에서 태어난 오키프는 십대 초반 집안의 재정 문제로 인해 동부의 버지니아주 윌리엄스버그로 이주하게 되었다**[도판 6]**. 버지니아주의 채텀 성공회 학교에 입학한 오키프는 그녀의 예술적 소질, 그리고 드로잉과 그림에 대한 열정을 본 학교장 엘리자베스 메리 윌리스의 제안으로 1905년, 시카고 미술관 연구소에서 자신의 미술공부를 시작했다**[도판 7]**. 그녀는 주변의 여고 동창생들이 남편을 구하려고 했던 것과 달리, 대학 진학을 결심했다. 당시 젊은 여성으로서는 드문 일이었다. 그러나 예술을 공부하기 위해서 기꺼이 여기저기 떠돌아다닐 만큼 독립적인 성격을 가졌고 미술을 직업으로 삼으려는 열망으로 가득 찬 그녀로서는 그리 이상한 일이 아니었다. 그런데 시카고 시절은 예술적으로는 결실이 풍요로웠지만 재정적, 건강상의 문제로 갑작스레 끝이 났다. 그녀는 장티푸스에 걸려 몇 달 동안 병상에 누워 있어야 했다. 훗날, 오키프는 그 시기에 대해서 거의 기억하지 못했다. 단지 장티푸스와 그 병을 앓은 당시의 계절에 대한 '기이한' 기억들만이 어렴풋이 남아 있었다.[5] 그녀는 학교를 쉬어야 했지만, 여전히 예술가로서 더 많은 경험을 하고 교사 자격증을 얻기 위해 공부를 계속하고 싶어했다. 당시 교사는 젊은 여성 예술가에게 유용한 직업이었고 재정적 안정을 보장하는 것이었기 때문이다.

1907년, 오키프는 뉴욕의 아트 스튜던트 리그에 입학했다. 그리고 다시 한 번 윌리스의 조언에 따라 윌리엄 메리트 체이스, 프랜시스 루이스 모라, 케년 콕스 등의 교수들 밑에서 공부했다. 이 학교의 프로그램은 인상주의와 후기 인상주의에 집중되어 있었고, 표현적 회화, 해부학, 색채이론을 중시했는데, 그 영향은 오키프의 초기 작품들에 나타난다. 그녀는 후에, 아트 스튜던트 리그 시기의 회화 양식의 특징을 '우중충한(dingy)'이라는 단어로 표현했는데, 이는 아마도 그녀의 초창

기 그림을 뒤덮었던 어둡고 두꺼운 임파스토 기법*에 대한 반발로 보인다.[6]

뉴욕에 체류할 때 오키프는 5번가 291번지에 위치해 일반적으로 '291'이라고 불린 한 갤러리에서 열린 프랑스 화가 오귀스트 로댕의 드로잉 작품 전시회를 다른 학생들과 함께 둘러 보았다. 갤러리의 공식적인 명칭은 '포토시세션 리틀 갤러리', 즉 '사진 분리파의 작은 갤러리'였는데 1905년 알프레드 스티글리츠와 에드워드 스타이켄이 사진을 순수미술의 영역에 넣어 전시하려는 목적으로 열었다. 나중에, 이 갤러리의 프로그램은 유럽과 미국, 양대륙의 예술가들의 현대미술전시회를 기획하는 것으로까지 확장되었다. 당시 스스로를 사진 분리주의자라고 불렀던 스티글리츠는 『카메라 워크』라는 잡지 발행인과 아방가르드 미술을 뉴욕에 소개한 큐레이터로 명성을 얻었다. 후에, 오키프는 로댕의 작품이 자신이 아트 스튜던트 리그에서 배운 것과 달랐기 때문에 당시에는 이 전시회에 대해 비판적이었다고 말했다. 그때는 아마도 로댕이 눈을 감은 채 그림을 그렸을 것이라고 생각했을 것이다. 그러나 그녀는 분명 291 화랑이 뉴욕에 현대미술을 끌어들이는 자석과 같은 곳이라는 것을 느꼈다.[7] 그리고 8년 후에는 그녀 자신도 스티글리츠의 후원 아래 291화랑에서 전시회를 열게 된다.[8]

오키프는 '죽은 토끼의 정물화'를 그려 권위 있는 체이스 상**를 수상했고, 그 장학금으로 뉴욕의 레이크 조지에 있는 아미톨라 예술촌에서 공부할 수 있게 되었다**[도판 8]**. 예술가와 작가들에게 영감을 주기 위해 헌정된 약 40만 평의 광활한 땅에 조성된 예술인 마을은 애디론댁 산맥에 둘러싸여 있었다. 이곳에서 오키프는 다른 20명의 동료들과 함께 여름을 보냈다. 그녀는 레이크 조지에서 처음으로 야외 그림을 그렸고, 오랜 세월이 지난 후 그것이 그해 여름 최고의 작품이었다고 회상했다.[9] 오키프는 몰랐지만, 그때 스티글리츠도 레이크 조지에 있는 자택에서 매년 여름을 보내고 있었다.

체이스 상을 수상하긴 했지만 뉴욕에서 계속 공부할 수 있을 만큼 재정적 여유가 없었던 오키프는 1908년, 시카고로 돌아와 1910년까지 2년간 그곳에 살았다. 시카고에 있는 동안 프리랜서 상업 미술가로 부지런히 일했지만, 그녀에게 이것은 할 수 없이 하는 일에 불과했다. 몇 푼 안 되는 돈을 벌기 위해 오랜 시간을 투자해야 하는 삽화를 그리는 동안, 자신의 예술적 경력이 옆길로 새어버린 시기였기 때문이다. 홍역에 걸려 한바탕 병치레를 한 오키프는 예전에 아버지가 재정적 어려움으로 인해 고향을 떠나 이주했던 윌리엄스버그로 돌아갔다. 병에서 회복한 그녀는 모교인 채텀 성공회 학교에서 6주간 학생들을 가르쳤고, 그 후 몇 년 전 버지니아주 중부 도시 샬로츠빌로 이사해 하숙집을 운영하고 있는 어머니와 형제들에게로 가서 함께 살았다.[10]

[도판 8] 〈무제(죽은 토끼와 구리 냄비)〉, 1908년, 캔버스에 유채, 48.3 x 58.4cm, 뉴욕 아트 스튜던트 리그, 뉴욕, 미국

* impasto, 물감을 두텁게 칠해 최대한의 질감과 입체적 효과를 나타내는 기법.

** 미국의 인상주의 화가 윌리엄 메릿 체이스(William Merritt Chase, 1849~1916)의 이름을 딴 상. 그는 정물화, 풍경화, 초상화 등을 그렸으며 현재 '파슨스 디자인 스쿨'의 전신인 '체이스 스쿨'을 설립한 교육자이기도 하다.

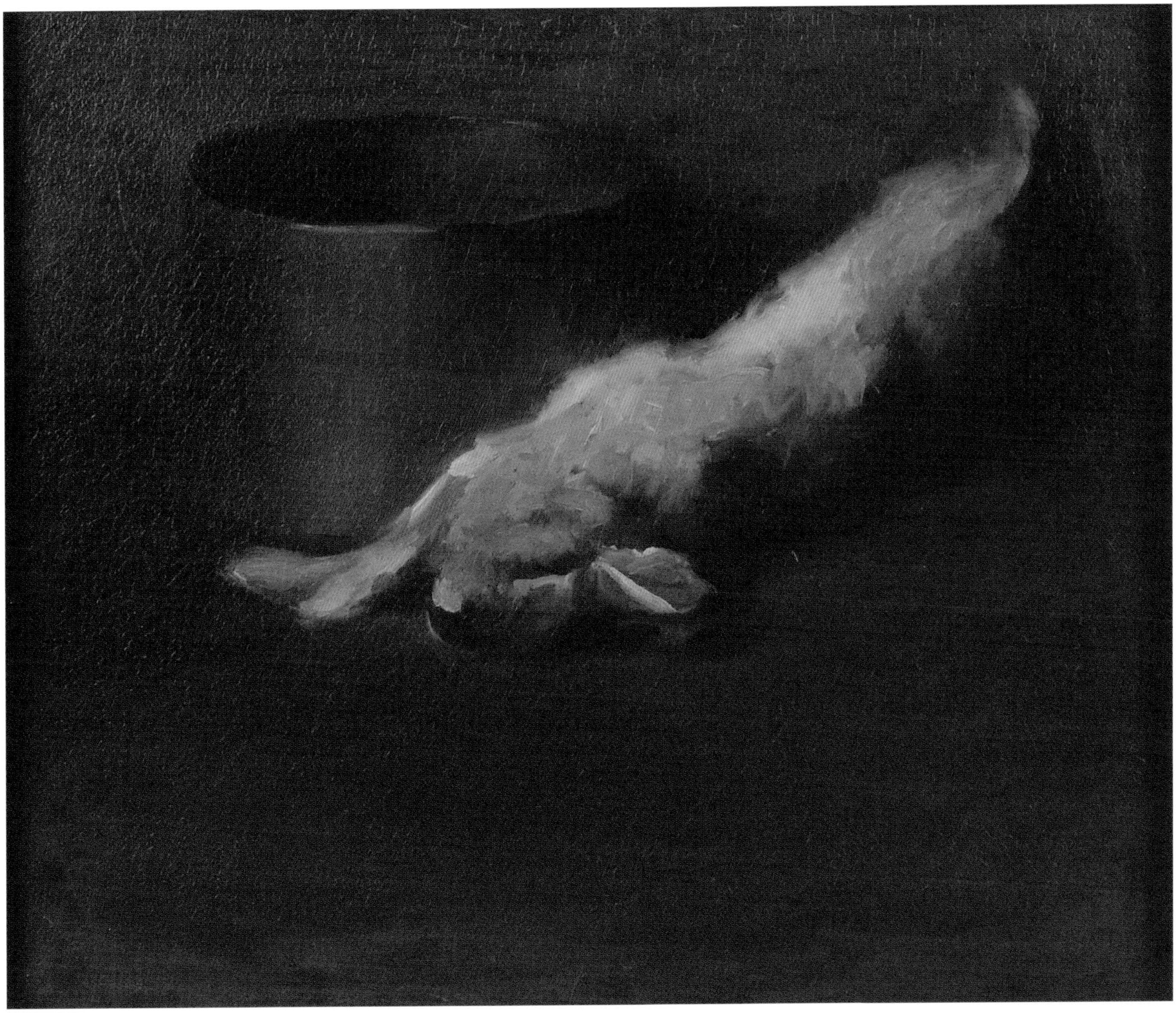

구성의 미학

샬로츠빌에 머무는 동안 오키프는 버지나아 대학에 입학했다. 비록 여름 학기만으로 제한되어 있었지만 버지니아 대학교는 1912년부터 여성의 입학을 허용하기 시작했고, 오키프는 그해 여름 공부할 수 있었던 것이다. 오키프는 그녀의 자매인 이다와 애니타도 입학하도록 격려했고, 이들 역시 새로운 정책의 수혜자로서 대학에 등록할 수 있었다. 샬로츠빌 시절은 오키프의 예술적 발전에 있어 매우 중요했다. 그녀는 이 무렵, 컬럼비아 사범대학의 교수진이었던 미국의 저명한 미술 교육자 아론 비멘트를 만나 그 밑에서 수학했다. 준비된 멘토였던 비멘트의 지도 아래, 오키프는 사범대학의 또 다른 유명한 미술 교수인 아서 웨슬리 도우의 예술론을 배웠다. 1912년과 1914년 사이, 비멘트는 도우의 예술철학론을 설명하면서 오키프가 주변 환경으로부터 어떤 영감을 끌어내고, 본 것을 조화로운 방식으로 재해석하도록 이끌었다. 비멘트가 가르친 것 중 많은 것은 의심의 여지 없이 도우의 저서에 근거한 것이다. 바로 『컴포지션(*Composition*)—학생과 교사를 위한 여러 가지 예술 훈련 방법』이다. 이 책은 이미 미술 교육의 고전으로 정평이 나있었고, 비멘트나 오키프 역시 이 저서의 도움을 받았다.

원래 1899년 출판된 이 저서는 오키프가 처음 도우의 이론을 접하기 이전에 여러 차례 재판을 거듭해 널리 읽혔다. 1912년 무렵에는 이미 7쇄를 기록했다. 특히, 최신판은 동서양의 자료들로부터 가져온 참신한 교습 사례들과 이미지들을 제공했다.[11] 동양미술은 도우에게 많은 영향을 주었는데, 그중에서도 그는 18세기 말 보스턴 미술관에서 미술사학자 어니스트 페놀로사의 조수로 일하던 당시 접한 일본 미술에 깊은 인상을 받았다. 페놀로사는 일본 여행시 중요한 아시아 미술품들을 수집하기도 했는데, 이것들이 도우가 나중에 그의 책 『컴포지션』에서 피력한 교육방식에 대한 이론을 형성하는 데 도움을 주었다. 1922년, 오키프는 보스턴 미술관에서 고대 옥 조각 같은 진기한 아시아 미술품 컬렉션을 볼 기회를 갖게 된다.[12] 도우는 페놀로사로부터 구성을 이루는 각각의 오브제들은 다른 것들과 서로 연관되어 있다는 것을 배웠다. 개개의 부분이 전체 속에서 어떻게 조화되는가를 설명하기 위해 종종 음악적 비유를 한 이 까다로운 선생에게는 이러한 일련의 관계가 푸가와 다르지 않았다. 도우에게 '공간 미술'은 '시각적인 음악' 같은 것이었다.

『컴포지션』에서 도우는 미술이 구성을 통해 접근되어야 한다고 주장했다. 즉, 미술은 단순히 '모방적 그리기'가 아니라 '조화를 구축하는 것'이어야 한다는 것이다. 그는 모더니스트 예술가들이 구성 그 자체를 하나의 미학적인 모티프로 탐색하면서 사실주의 전통에 저항하고 있다고 생각했다. 도우의 예술철학은 추상으로 기울어져 있었지만, 한편으로 그는 자연으로부터 영감을 얻는 것이 매우 중요하다고 생각했다. 눈앞에 보이는 것을 똑같이 그리라는 것이 아니라, 화가는 화면의 공간 속에서 현실 세계의 형태들이 멋지고 훌륭한 구성을 통해 조화를 이루도록 작업해야 한다는 뜻이다. '굴뚝과 지붕, 돛과 돛대가 있는 배, 그리고 나무들의 그룹', 이것들이『컴포지션』에서 그가 그림 연습을 위해 제안한 주제들이었다.[13]

그의 세 가지 예술의 원칙—선, 농담, 색은 이러한 범위의 미학적 사례들에서 파생되었다. 이것들은 공간의 오브제들에 대해 좀 더 총체적으로 생각하는 강력한 미학적 기반, 즉 그가 '공간의 분할과 빛과 어둠의 단순한 볼륨감'이라고 일컬은 것을 구축하는 데 필요하다고 생각한 도구들이다.[14] 그는 여러 번 되풀이해서 구성을 연습하는 것이 중요하다고 주장했다. 왜냐하면, 그것은 예술가들이 하나의 주제에 전념하여 계속 새롭게 구성해보도록 함으로써 각 구성 요소들 간의 공간적 관계의 문제를 해결할 수 있도록 하는 훈련 방식이었기 때문이다. 오키프는 일생 동안 이러한 도우의 가르침을 충실히 따랐다. 항상 주변의 현실적 환경에 관심을 두고 영감의 근원으로 삼았을 뿐만 아니라, 삶의 마지막 순간까지 같은 주제에 대해서 여러 개의 구성을 시도했다.

버지니아 대학 시절의 오키프는 도우의 예술 이론과 비멘트의 가르침을 작품에 응용했다. 오리의 형태에 바탕을 둔 일련의 무제 작품들은 오키프가 전에 배웠던 것을 멋지게 변형한 새로운 양식을 찾아냈다는 것을 보여준다. 아마도 버지니아 대학교 캠퍼스에서 직접 관찰한 것을 토대로 오리 소재의 수채화들을 그렸을 것이다. 오리는 화실 안의 오브제들처럼 야외에 저절로 준비된 좋은 소재였다. 거의 우편엽서 크기의 작은 수채화들은 전처럼 두터운 유화 물감 대신 확실히 더 가벼운 터치를 보여준다. 갈색 톤의 단순한 색채들로 채색된 이 오리 그림들에서는 몇 년 후의 텍사스 풍경에 바탕을 둔 수채화들과 마찬가지로, 화면의 흰색 부분이 구성의 기본적인 요소였다. 사실상, 반대쪽에 있는 오리를 그린 그림에서, 오키프는 좀 더 어두운 색채들로 오리 형태의 윤곽을 잡은 한편 몸통의 대부분은 백색으로 표현했다**[도판 9]**. 또한, 오키프는 이 그림에서 미니멀리스트적인 방식으로 접근했는데, 이는 도우가 그의 책에서 보여준 일본 미술품들의 특징과 매우 비슷하다. 땅을 묘사하는 데 있어서 검은색에 가까운 짙은 색채를 사용해 한 번의 과감하고 명확한 붓 터치로 처리했던 것에서 볼 수 있듯이 말이다.

오리에 초점을 맞춘 그림은 마이크로 세계에 대한 관심을 보여준다. 동시에, 버지니아 대학 캠퍼스에 있는 건축물 묘사는 매크로 세계에 대한 흥미를 보여주는 것이다. 이렇듯, 가까이에서 아주 작은 오브제를 관찰하거나 멀리서 넓게 전체 풍경을 보는 관점을 모두 아우르는 능력은 후에 그녀의 트레이드마크가 된다. 캠퍼스 잔디밭에 세워진 버지니아 대학교의 로톤다*는 토마스 제퍼슨이 디자인한 것이다. 이 건축물은 그녀가 비멘트 밑에서 수학하던 시기에 그린 최소한

* Rotunda, 원형 홀이 있는 둥근 지붕의 건물.

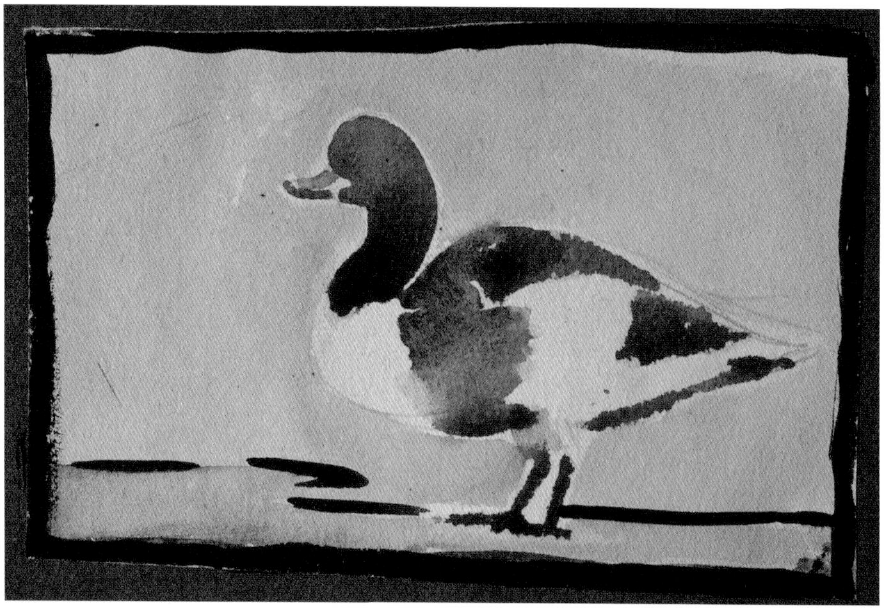

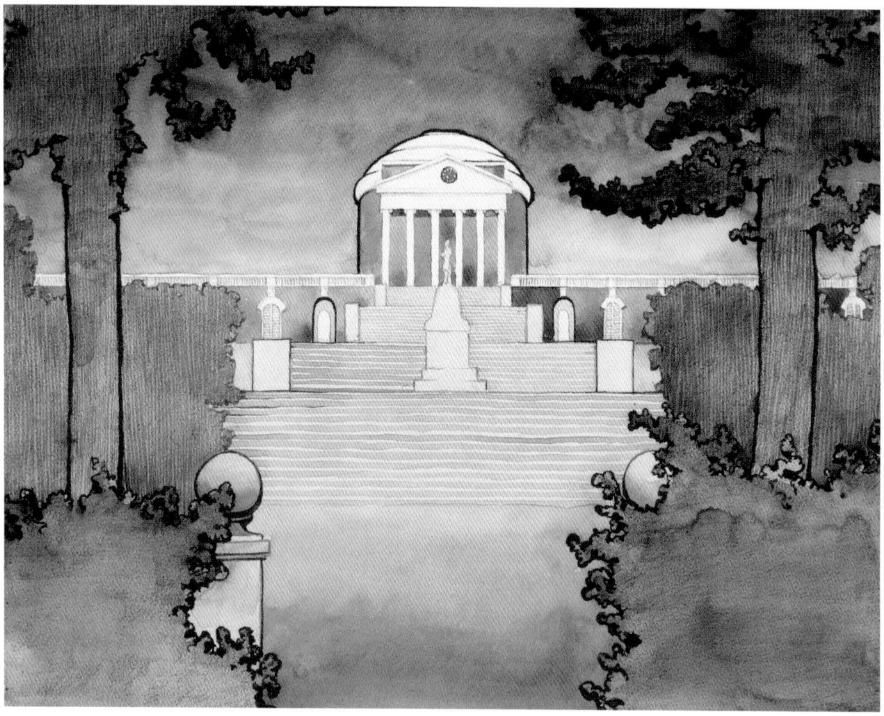

위 [도판9] 〈무제(오리)〉, 1912~1914년, 종이 위에 수채 물감과 연필, 8.9 x 12.7cm. 조지아 오키프 재단 기증. 조지아 오키프 미술관, 산타페, 뉴멕시코, 미국. [2006.05.611].

아래 [도판10] 〈무제(로톤다, 버지니아 대학교)〉, 1912~1914년, 종이 위에 수채 물감과 연필, 22.9 x 30.2cm. 조지아 오키프 재단 기증. 조지아 오키프 미술관, 산타페, 뉴멕시코, 미국. [2006.05.616].

두 점의 수채화와 한 점의 스케치의 주제였다**[도판 10]**. 오키프는 신고전주의 건물을 정면으로 마주 보며 북쪽 방향에서 건축물에 다가가고 있는 시점으로 이 세 점의 그림을 그렸다. 그녀는 한가운데에 위치해 돔의 삼각 형태의 페디먼트와 건축물의 콜로네이드 앞에 세워진 토마스 제퍼슨 조각상 쪽으로 시선을 둔 채, 거대한 대리석 계단을 원근법으로 묘사하고 있다. 수채화 중 하나에서는 이 건물에 대한 명확한 세부 묘사가 나타난다. 그러나 건물을 둘러싸고 있는 나무들은 무정형의 짙은 녹색 덩이리로 두루뭉술하게 칠해져 있다. 오키프가 이 나무들에서 일종의 자유로운 느낌을 표현하려 했던 것이 확실하다. 그녀는 나무들을 채색할 때 화면 가장자리를 옅은 색채로 흠뻑 적시듯 표현함으로써 수채 물감의 특성을 잘 드러냈다. 흠뻑 적시는 방식은 수채화에서 볼 수 있는 기법인 일종의 흘리기 효과를 창출하는데 이것이 중앙의 질서 정연한 건축물과 대조를 이루면서 그림에 좀 더 어둡고 추상적인 특징을 부여한다. 이는 또한 습도가 높은 기후로 인해 나무가 파릇파릇 무성하게 우거진 버지니아주의 자연환경을 표현하는 것이기도 하다. 이 작품을 비롯한 다른 작품들 모두 오키프가 다양한 구성과 그림 매체에 관련된 실험을 하는 데 있어서, 버지니아 대학 캠퍼스가 중요한 소재였다는 것을 보여준다. 오키프는 훗날 이렇게 밝혔다. "이때쯤 나는 유화와 수채화 물감을 쉽게 다루는 테크닉을 갖고 있었어요. 도우 교수는 그것을 가능하도록 해준 분입니다." 매체에 숙달된 자신의 실력이 도우 덕분이라고 그 공을 돌린 것은 중요한 의미를 가지고 있다. 버지니아 대학 시절은 도우의 이론을 작품에 적용하면서 어떻게 보고 어떻게 그릴까에 대한 미학적 신념의 토대를 마련한 예술적 성숙의 시기였던 것이다. 첫 여름 학기가 지나자, 비멘트는 그녀가 훌쩍 성장했음을 알 수 있었다. 그는 오키프에게 다음 여름 학기에는 버지니아 대학에 남아 그의 조교로 일할 것을 제안했다.

텍사스, 그리고 뉴욕

버지니아 대학에서 비멘트의 조교로 일하기 전, 오키프는 잠시 텍사스 애머릴로 공립학교에서 드로잉과 필체 수업을 맡아 가르쳤다. 이 일을 위해, 오키프는 버지니아 대학의 울창한 녹지 풍경을 떠나 애머릴로 근처 건조한 광야 지대로 가게 되었다. 텍사스의 팬핸들의 라노 에스터카도에 도착해 삶의 새로운 장을 열게 된 것이다.[16] 이 지역은 한때 코만치 부족과 같은 아메리카 원주민이 살았지만, 이후에 국가의 이주민 장려 정책에 의해 백인 이주자들이 정착한 광대한 평원이었다. 기차로 이곳

[도판11] 애머릴로 상업 지역의 조감도, 1912년

에 도착한 그녀는 포크 스트리트의 매그놀리아 호텔에 짐을 풀었는데, 이 거리는 지역 주민과 이주자 사이에서 비슷비슷한 술집들이 많은 것으로 잘 알려져 있었다. 그녀에게 이 지방은 완전히 새롭고 낯선 곳이었다.

남북전쟁 이래 텍사스 서부 지역은 목축업의 중심지였다. 19세기 말쯤에는 수백만 마리의 소가 평원을 어슬렁거리며 풀을 뜯었고, 북부 지역의 시장에 소고기를 공급했다. 오키프가 이곳에 온 1912년 무렵, 애머릴로는 1만 2천 명의 인구, 세 개의 대륙횡단철도 회사(애치슨–토피카 앤 산타페, 포트 워스 앤 덴버, 시카고–롱 아일랜드 앤 퍼시픽), 그랜드 오페라 하우스나 올림픽 극장과 같은 문화적 인프라를 자랑하고 있었다. 특히 철도는 도시를 거대한 상업 및 유통망에 편입시켰는데, 이는 대부분 핵심 사업이었던 가축 수송업에 기반하고 있었다. 도시는 질서정연한 격자형으로 계획되어 있었고, 주변에는 철도역들이 군데군데 자리 잡고 있었다[도판 11]. 똑바른 직선 도로인 6번가는 얼마 지나지 않아 곧 시카고와 로스앤젤레스를 연결하는 66번 도로와 그 경로가 겹치게 된다. 1908년경 샌프란시스코의 포크 스트리트(Polk street)에서는 나중에 서쪽으로 텍사스의 샌 재신토 구역까지 확장된 전차 운행에 필요한 11킬로미터의 철로를 관리하기도 했다.[17]

이제 스물네 살이 된 오키프는 흙먼지가 이는 시골길과 목조 건물들이 있는 서부의 목축 지대에서 벽돌집이 늘어선 도시로 급속하게 변모하고 있는 이곳 애머릴로에 입성했다. 이 도시는 오키프가 어렸을 때 어머니가 읽어준 이른바 '거친 서부' 이야기 속에서 들었던 바로 그 험악하고 난폭한 전형적인 서부 도시처럼 보였다(그녀가 도착한 그 주, 인근에서 살인 사건이 보도되었다).[18]

이 무렵, 애머릴로는 농업 경제에서 석유 기반 경제 체제로 옮겨감에 따라 소란스러운 현대화의 과정을 겪고 있었다. 애머릴로의 북적이는 도시 분위기에도 불구하고, 오키프는 도시 너머 멀리 끝없는 지평선으로 펼쳐진 황량하고 광활한 평원에 무척 매혹되었다. 이 지역이 주는 끝없이 무한한 느낌은 애머릴로의 도시 구역 경계 끝에서부터 팔로 듀로 캐니언까지 쭉 이어지는 약 24킬로미터의 평지 지형 때문이었다. 협곡이 갈라져 평야의 단조로움을 깨트리면서 수백만 년에 걸쳐 깎인 깊은 골짜기와 메사(mesas, 고원)를 드러내고 있는 팔로 듀로 캐니언의 풍경은 퇴적 지형, 그리고 아랫부분에 초록색 붓질을 한 듯한 초목으로 인해 다양한 모습을 보여줄 뿐 아니라 시각적인 휴식까지 제공했다.

오키프는 마을과 그 주변 지역을 열정적으로 탐색하며 돌아다녔고, 종종 회전초* 가득한 황야에 부는 거친 흙먼지 바람 속에서 머물다 숙소로 돌아오곤 했다. 애머릴로에 있을 때 한 사진가가 찍어준 사진을 보면, 오키프가 무거운 코트와 모자를 쓴 채 삭막하기 이를 데 없는 광야의 지평선을 배경으로 서 있다[도판 12]. 발밑의 땅 여기저기 난 무수한 발자국이 인상적이지만 이 지

* tumble weed, 뿌리 없이 사는 잡초 더미로 바람에 굴러다니며 수만 개의 씨앗을 뿌려 번식한다. 미국 서부나 호주 등 건조한 지역에서 흔히 발견된다.

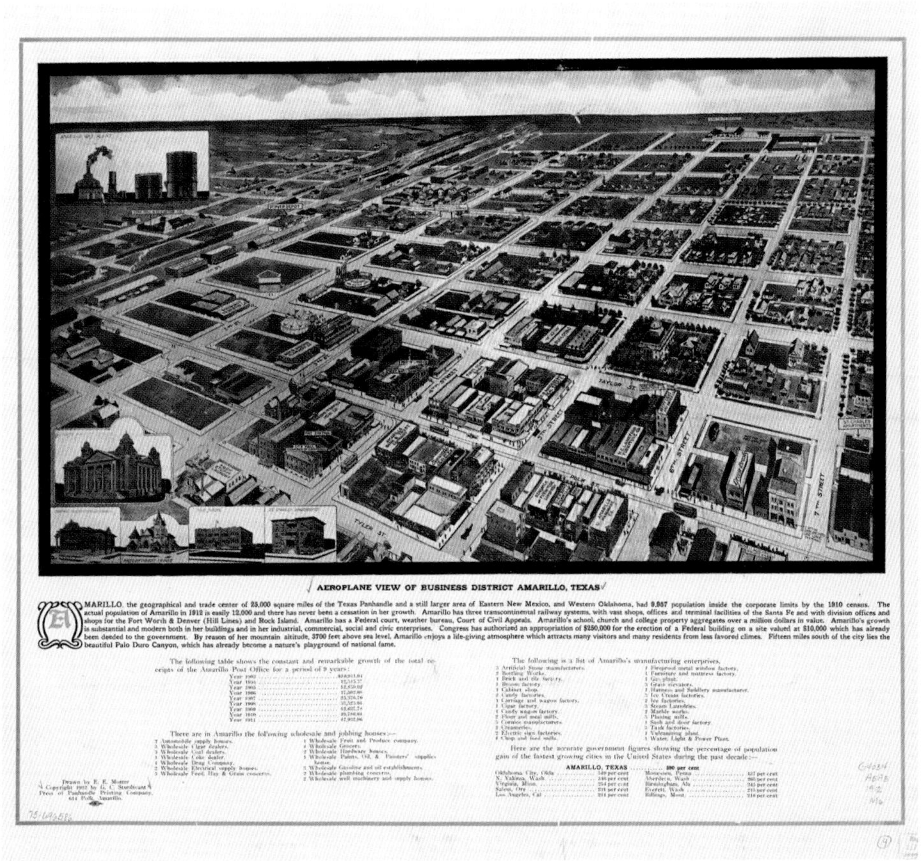

역의 유명한 바람 때문에 아마도 곧 지워졌을 것이다. 그녀는 후에 그 명성이 자자한 돌풍과 탁 트인 광대한 평원에 대해 '이곳은 지독한 바람과 경이로운 공허로 가득 찬 나의 땅이다'라고 말하며 자신의 벅찬 느낌을 표현했다.[19]

평원에는 건축물은 물론 초목도 별로 없었다. 더군다나 땅에 비해 하늘의 비율이 훨씬 광활했다. 그녀는 이렇게 뭔가 결핍된 것 같이 보이는 풍경에 대한 느낌을 '텅 빈(empty)'이라는 낱말로 표현했다. 오키프는 인구 밀도가 높고 북적대는 애머릴로의 도심과 소가 한가로이 돌아다니는 주변의 드넓은 평원이 서로 대조를 이루고 있음을 분명하게 볼 수 있었다. 이렇게 보면, 풍경은 사실 텅 빈 것은 아니었다. 그곳 풍경은 주변의 모습들뿐만 아니라 그녀가 중서부와 대서양 연안 지역에서 보았던 것들과도 아주 극단적으로 달랐다. 그때 이후로, 오키프는 종종 평원과 같은 광활한 지역의 고독함과 번화한 도시가 만든 시끌벅적한 소음 사이에 끼어 있었다. 이러한 극단적인 두 풍경은 인생 대부분 내내 오키프의 작품 안에서 존재했고, 그녀는 늘 진지하게 텅 빈 공간과 가득 찬 공간의 처리를 두고 어떻게 구성할 것인지 숙고했다.

가까운 친구들에게 쓴 편지에서 말했듯이, 오키프는 종종 광대한 평원이 보여주는 '텅 빔'에 대한 외경심에 빠져 있었다. 한편, 오키프는 애머릴로의 학교에서 수업을 할 때 어린이들에게 흰색의 빈 화면을 채우는 방법을 가르치는 데 주안점을 두었다. 그림 재료도 거의 없고 건조한 지역이라 꽃도 없어, 학생들에게 그저 종이 위에 정사각형들을 스케치하도록 했다. 그러고 나서 아이들에게 정사각형 안 아무데나 문을 그려 넣도록 했다. 그녀가 나중에 회고했듯이 이는 구성에 대해 생각하게 하는 연습, 말하자면 '공간을 어떻게 나눌 것인가에 대해 사고하도록 하기 위한 것'이었다. 이 방법은 의심할 여지 없이 도우의 '공간 분할' 기법에서 나온 것이다. 오키프는 미리 앞을 내다본 듯하다. 왜냐하면, 장차 오키프 미학의 방향은 그러한 훈련 방식에 의해 윤곽을 잡아갔기 때문이다. 앞으로 수십 년 동안, 그녀가 거주했던 애비퀴우(Abiquiu) 집의 살리타*를 주제로 한 일련의 그림들은 그녀가 정사각형과 문을 모티브로 실험했다는 것을 보여준다**[도판 89 참조]**. 당시에 '공간 분할'은 오키프의 주요한 관심사였고, 특히 그녀는 평원의 '텅 빔'처럼 보이는 것에 흥미를 느꼈다. 그러나 확실히 그녀가 곧이곧대로 정사각형과 문 자체에만 집중한 것은 아니다. 한편으로는 건축물과 같은 인공적 환경이나 지리학적 형상, 다른 한편으로는 색채에도 관심을 두었다. 오키프는 이런 구성 도구들에 의해 주변의 형상들을 시각적으로 명확하게 묘사했고 네거티브 스페이스**와 포지티브 스페이스***의 영역으로 표현할 수 있었다.

오키프는 1912년에서 1914년까지 2년 동안 애머릴로에 머물면서, 버지니아 대학에서 비멘트의 조교로 여름 학기들을 보내며 학업에 전념했다. 그 후 그녀는 영구히 애머릴로를 떠나, 뉴욕으로 이주해서 컬럼비아 대학교 사범대학의 아서 웨슬리 도우에게 직접 가르침을 받게 된다. 뉴욕에 체류하는 동안은 스페어 아파트에 매달 4달러(5천원 정도)의 집세를 내고 살았다. 학업 때문에 단 일 년 동안 뉴욕에 살았을 뿐이지만, 오키프

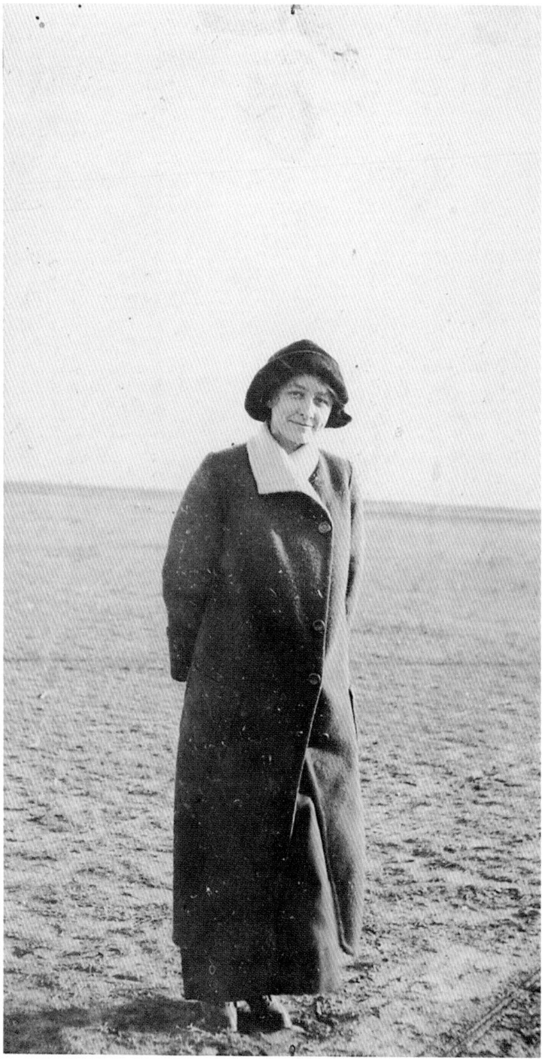

* salita, 작은 방이란 뜻.

** negative space, 작품의 주제(오브제)를 둘러싸고 있는 배경이나 영역.

*** positive space, 초상화의 인물이나 정물화의 오브제, 풍경화의 나무 등 작품에서 주목을 받는 주제나 영역.

맞은편 [도판 12] 사진작가 미상, 텍사스의 조지아 오키프, 1912~1918년, 젤라틴 실버 프린트, 14 x 8.9cm. 조지아 오키프 재단 기증. 조지아 오키프 미술관, 산타페, 뉴멕시코, 미국. [2006.6.731].

다음 쪽 위 [도판 13] 로워 뉴욕 스카이 라인, 1904년

다음 쪽 아래 [도판 14] 브로드웨이와 헤럴드 스퀘어 극장의 밤 풍경, 1907년

는 신흥 도시 애머릴로와 마찬가지로 엄청난 변화를 겪고 있는 한 메트로폴리스를 목도할 수 있었다. 마치 양들이 브룩클린 자치구의 프로스펙트 파크 동물원 언덕에서 배회하듯, 매디슨 스퀘어 가든에는 온통 자동차, 마차, 전차 등의 수송 수단들이 오가고 있었다. 벽돌 빌딩마다 한쪽 측면이 광고지로 채워지고, 수직으로 뻗은 고층 건물에는 온갖 요란한 광고 문자판이 눈에 띄었다[도판 13]. 또, 전선이 온 도시에 연결되어 비추었고, 뉴욕 지하철의 빠른 교통 체계는 도시의 다른 지역들을 하나의 네트워크로 연결했다[도판 14].

테크놀로지와 도시화로 이룩된 성장 이외에 도시 뉴욕은 문화적으로도 아방가르드 미술의 새로운 물결을 목격했다. 전후 미술계가 오키프의 그림과 드로잉을 받아들였던 것은 의심의 여지없이 제1차 세계대전 이전, 뉴욕에 이미 광범위한 모더니즘이 소개되어 있었기 때문이다. 오키프가 뉴욕에 도착하기 6개월 전, 이 도시는 유럽 현대미술을 소개하는 획기적인 전시회, 아모리 쇼(Armory Show)로 떠들썩한 흥분의 도가니에 있었다. 아모리 쇼는 개최 장소인 뉴욕 제69연대의 병기고의 이름을 본떠 붙여진 것이다. 공식 명칭은 '국제 현대미술전'으로서 예술가 월트 쿤과 아서 B. 데이비스가 이끄는 '미국화가 조각가 연합'의 후원 하에 25번가와 26번가 사이에 있는 렉싱턴 애비뉴에서 열렸다. 이 전시회는 후에 시카고와 보스턴에서 순회 전시회를 가졌다. 1913년 2월 17일, 대중에게 공개된 아모리 쇼는 미국 예술계가 광범위한 도시에 거주하는 관객에게 호소력 있는 추상미술로 급격히 돌아서도록 했다.

아모리 쇼에서는 총 1,300여 점이라는 믿기 어려울 정도로 많은 회화, 조각 작품이 18개의 전시관에서 대중에게 선보였는데, 19세기 미술 작품과 20세기 작품이 시대 순서대로 배치되어 전시되었다[도판15]. 이런 전시 방법은 미술이 사실주의에서 비구상으로 한 세기에서 다음 세기로 발전해가는 과정처럼 보이게 했다. 비록 알프레드 스티글리츠는 이보다 앞서 아방가르드적인 사진 분리파 작품을 제작하고 있었지만, 자신의 사진 작품은 아모리 쇼에 전시하지 않았다. 대신 그는 쇼의 주최측 부위원장직(메이블 도지 루한, 미세스 잭 가드너, 클로드 모네, 오딜롱 르동과 함께)을 맡았다. 또한, 그는 여기서 다른 예술가들의 작품을 홍보하고 자신의 갤러리 소장품을 아모리 쇼에 대여해주는 등 갤러리 운영자로서 해오던 일을 했다. 아모리 쇼는 급격히 현대화하고 있는 20세기 뉴욕에 광범위한 모더니즘 미술을 소개했고, 이

에 대한 찬사와 비난의 다양한 반응을 일으켰다. 비록 유럽 미술은 모더니즘의 모범으로 가장 각광을 받았지만, 사실 미국 미술이 아모리 쇼의 전체 전시 작품 중 3분의 2 이상을 차지했다. 아모리 쇼에 참가한 유럽 미술가 중에는 〈계단을 내려오는 누드, No 2(*Nude Descending a Staircase, No. 2*)〉(1912)를 출품해 언론에 엄청난 소용돌이를 일으킨 마르셀 뒤샹도 있었다. 화면을 혼란스러운 여러 시점들로 분할한 큐비즘 방식으로 그려진 〈계단을 내려오는 누드, No.2〉는 캔버스를 대각선으로 가로질러 내려가는 누드를 묘사하고 있는데, 마치 유리 파편들로 깨져있는 것같이 보인다. 이 그림에서 뒤샹은 계단을 내려가는 인물의 움직임을 별개의 덩어리들로 부숴버린다. 그는 사실주의에서 멀리 벗어나 관람자에게 계단을 내려가는 일반적인 모습의 몸동작을 전혀 낯선 형태로 제시한다. 충격과 불쾌감을 주는 독창적이고 급진적인 접근 방식으로 묘사된 분절된 몸동작들은 마치 현란한 만화경 이미지를 보는 듯한 느낌을 준다. 이밖에 조르주 브라크, 바실리 칸딘스키, 로베르 들로네, 페르낭 레제, 프랜시스 피카비아, 파블로 피카소, 존 마린, 메리 카사트, 오스카 블루엠너, 에디스 디목와 같은 다른 예술가들의 작품도 널리 전시되었다.

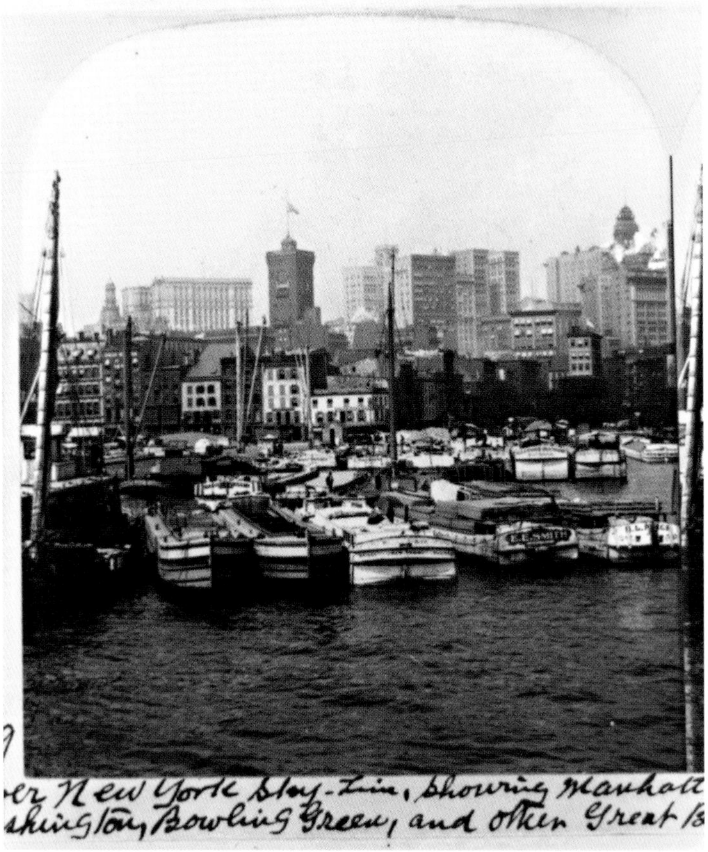

여기 전시되었던 많은 작품들은 후에 뉴욕 현대미술관(MoMA)의 기반이 되었다. 그러나 사실주의나 신고전주의에 좀 더 익숙한 뉴요커들에게 아모리 쇼는 조롱과 경멸을 일으키는 피뢰침 같은 것이었다. 『뉴욕 타임스』는 심지어 〈계단을 내려오는 누드, No.2(*Nu descendant un escalier, No. 2*)〉를 '널빤지 공장의 폭발'이라고 묘사했다. 다른 언론에서는 이 그림의 중첩되는 평면들을 희화화하여 '계단을 내려가는 무뢰한(러시아워의 지하철에서)'이라는 제목을 달기도 했다.[20] 이런 고약한 언론들의 평에도 불구하고, 아모리 쇼는 완전한 사실주의에서 벗어나 점점 추상으로 옮겨가고 있었던 오키프를 비롯해 앞으로 등장할 20세기의 미국 모더니즘 미술가들에게는 예술적 성장의 문을 활짝 열어주었다. 그렇다고 그녀가 구상과

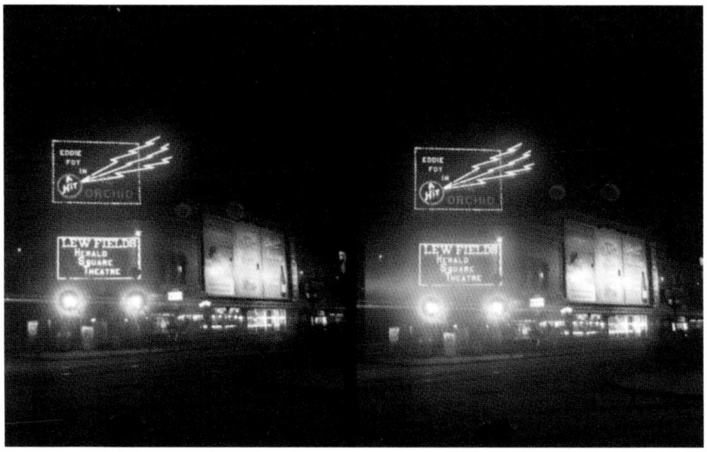

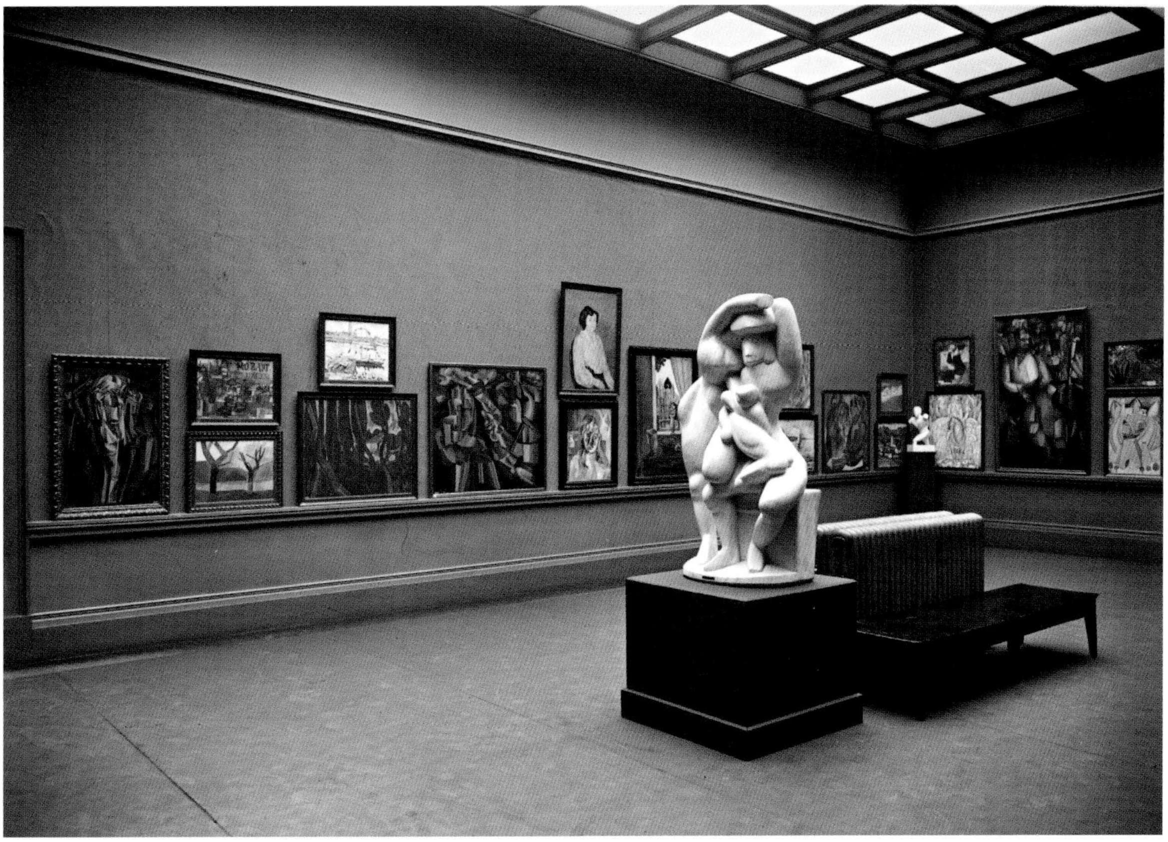

[도판 15] 사진작가 미상, 프랜시스 피카비아, 모리스 드 블라맹크, 파블로 피카소, 마르셀 뒤샹의 작품들 전시 사진, 1913년, 시카고 미술관, 시카고, 일리노이, 미국. [5313 FF2, FF2a].

추상 어느 한 가지를 명확히 선택한 것은 아니었다. 그녀의 관심은 자신이 사물과 환경을 그때그때마다 어떻게 보는가에 따라 달라졌다. 따라서 때로는 사실주의적이라고 볼 수 있는 방식으로 그림을 그렸고, 때로는 그렇지 않았다. 오키프는 자신의 예술 활동 동안 사실주의와 추상 사이를 오가는 당대의 극소수의 예술가 중 한 명이었다. 스티글리츠에게는 아모리 쇼가 '선정적인 성공, 아마도 기본적으로 선정성으로 인한 성공'[21]의 의미를 가졌을 것이다. 사실, 아모리 쇼는 사람들의 인식의 본질을 뒤엎어버리는 예술을 보여줌으로써 엄청난 동요를 일으켰다. 일반 대중과 언론 모두의 반발에도 불구하고, 아모리 쇼는 예술적 자유와 주관적 해석을 수용하는 새로운 예술, 좀 더 반항적이고 무정부주의적인 예술 행위를 원하는 더 많은 사람들의 마음을 움직였던 것이다.

스티글리츠는 뉴욕에서 아모리 쇼가 끝난 후에도 291화랑에서 계속 파블로 피카소, 조르주 브라크, 존 마린의 작품들을 전시했다[도판 16]. 오키프는 컬럼비아 대학 동창이자 유명한 여성 참정권론자인 애니타 폴리처와 함께 전차로 스티글리츠의 화랑에 자주 갔다. 이 경험이 오키프에게 그다지 깊은 영향을 주지는 않았으나, 최소한 291화랑에서 그녀가 보고 있는 것이 자신들의 예술에 대해 확신에 찬 미술가들의 '새로운 물결'이라는 것을 알고 있었다. 당시 그녀는 자신의 독자적인 시각적 언어를 찾아내려고 애쓰고 있었고, 어떤 방식으로 그릴 수 있는지를 보여준 다른 예술가들의 작품을 접하는 것은 매우 고무적인 것이었다.[22] 오키프는 291화랑에서 작품들을 보고 관찰하면서 오로지 그림에만 집중하기로 결심했다. 폴리처의 말에 의하면, "이 시기에도 조지아는 달랐다. 그녀의 색채는 언제나 매우 밝고 색상은 아주 깔끔했으며 붓질은 최고였다. 비록 이를 위해 오키프는 별다른 노력을 하지 않았지만 말이다."[23] 오키프는 사범대학에서 철자 수업 및 교육 원리 과목에서 낮은 학점을 받았지만, 이때 떠오르는 전도유망한 현대 미술가들의 작품을 꾸준히 보면서 예술가로서 서서히 꽃피고 있었음에 틀림없다. 그러나 1915년 봄, 어머니의 죽음으로 그녀는 뉴욕의 활기찬 환경으로부터 다시 한 번 멀어지게 되었다. 부고를 받자마자 오키프는 버지니아주의 샬로츠빌로 돌아갔고, 거기서 가족과 함께 여름 내내 애도의 시간을 보냈다. 그리고 이후 사우스캐롤라이나의 컬럼비아 대학교 여학생 학부*에서 강사직을 얻게 된다.

[도판16] 에드워드 스타이켄, 291화랑의 알프레드 스티글리츠, 1915년, 플래티넘 프린트 위에 코팅된 중크롬산 수지, 28.8 x 24.2cm, 메트로폴리탄 미술관, 뉴욕, 미국. [33.43.29].

활기차고 자극적인 예술적 환경을 뒤로 한 채 다시 도시를 떠났지만, 오키프는 『291』, 『더 매시즈』, 『카메라 워크』 같은 예술 잡지를 통해 계속 미술계 소식에 접할 수 있었다[도판 17, 도판 18]. 그녀는 샬로츠빌에서 스티글리츠의 갤러리 이름을 본뜬 잡지 『291』의 창간호를 받아 보았다. 전쟁을 피해 미국으로 이주한 프랑스 예술가 프랜시스 피카비아가 그린 표지는 스티글리츠의 '기계 같은 초상화'였다. 이 그림에 깊은 인상을 받은 그녀는 두 번째, 세 번째 호도 주문했다. 또한, 오키프는 잡지 기사를 통해, 최근에 『정신적 하모니의 예술』이라는 제목으로 번역된 칸딘스키의 책 『예술에서의 정신적인 것에 대하여』를 알게 되었고, 흥분에 들떠 이 책을 읽는 데 몰두했다.[24] 책에서 칸딘스키는 예술에 대한 공감각적인 접근 방식을 설명했는데, 즉 색채를 사용해 음악 같은 비가시적 감성을 그릴 수 있다는 것이다. 칸딘스키는 물감을 통해 순수한 예술적 감정을 형상화하고 싶었던 것이다.[25] 칸딘스키의 말은 '시각적 음악'에 대한 도우의 신념과도 일맥상통했다. 오키프 역시 사우스캐롤라이나 시절 색채가 어떻게 음악을 듣는 것과 유사한 전율을 느끼게 하는지에 대해 이미 언급한 적이 있었다. 따라서 칸딘스키의 주장은 오키프에게 깊은 공감을 일으켰다. "나는 기억할 수도 있고 몇 번이고 셀 수도 있다—그것은 단지 야외의 풍경, 꽃들, 사람, 이야기, 혹은 마음에 떠오르는 무엇이다. 그것들은 내게 음악이 주는 것 같은 느

* 1960년대 후반에서 1970년대까지 미국 대학에서 남녀 공학은 드물었고, 여성만을 따로 교육하는 별개의 학부를 운영했다.

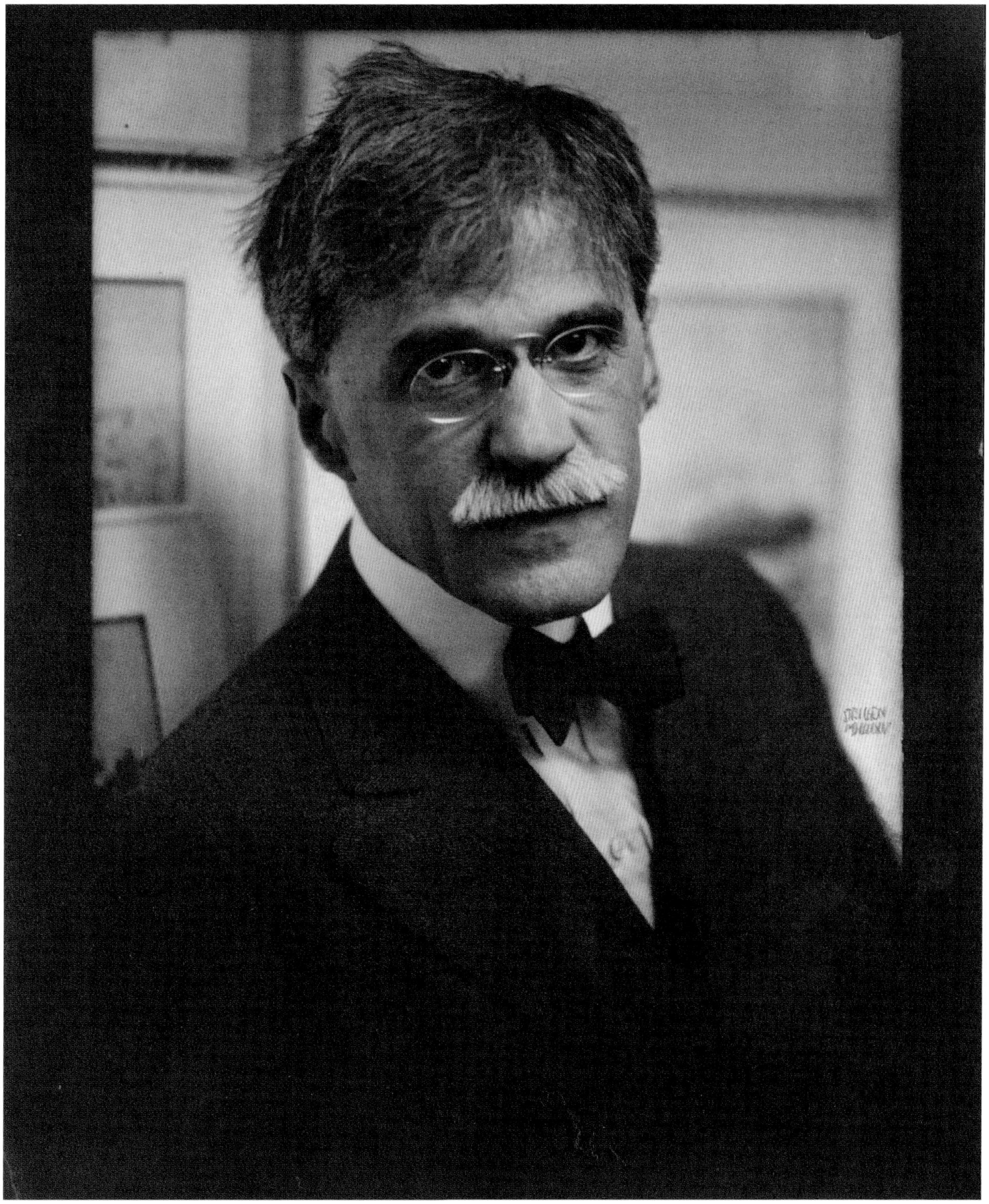

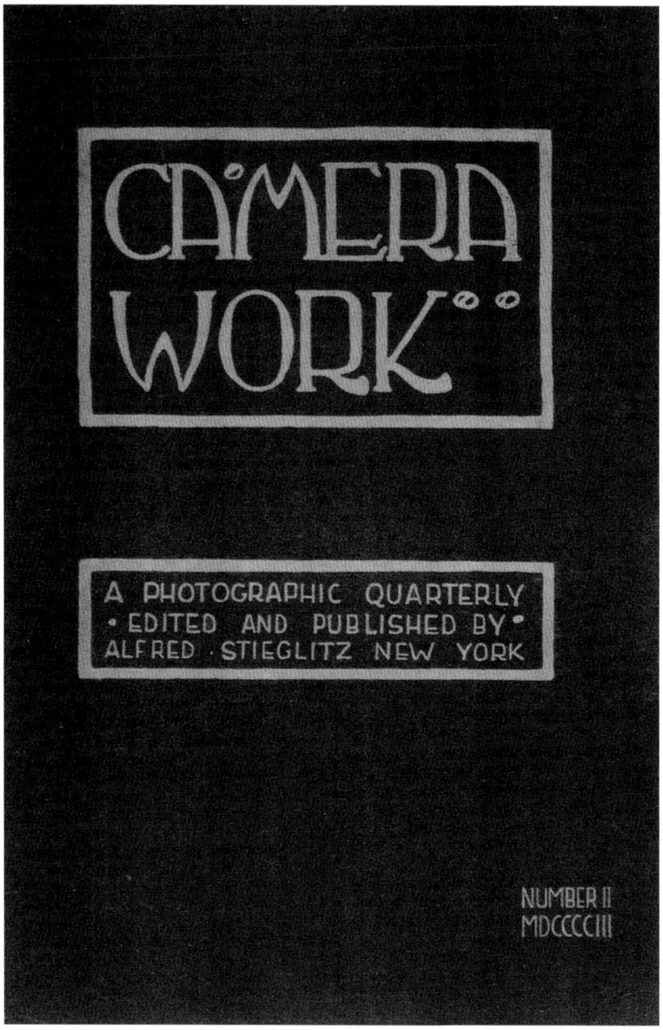
CAMERA WORK
A PHOTOGRAPHIC QUARTERLY
• EDITED AND PUBLISHED BY •
ALFRED · STIEGLITZ NEW YORK
NUMBER II
MDCCCCIII

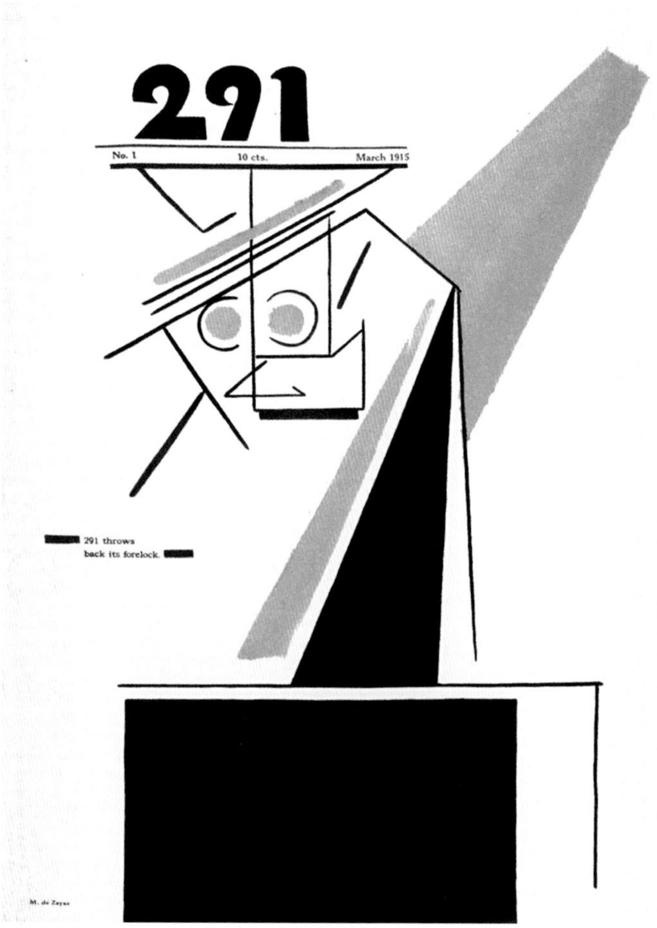
291
No. 1
10 cts.
March 1915
291 throws
back its forelock.
M. de Zayas

왼쪽 [도판17] 에드워드 스타이컨, 『카메라 워크』, 제2호, 1902년

오른쪽 [도판18] 마리우스 드 자야스, 『291』, 제1호(291화랑은 잡지 첫 호를 발간했다), 1915년

낌을 일으켰다."[26] 소리, 감정, 그리고 예술은 서로 연결된 감각들의 연합체로 묶여 있었다. 이렇듯, 미술이 감정을 묘사할 수 있다는 칸딘스키의 주장은 특히 컬럼비아 대학교 재학 시기의 오키프에게 호소력이 있었다. 이때쯤 그녀는 더 이상 누군가의 영향력 아래 있다고 생각하지 않았고, 심지어 그녀가 폴리처에 보낸 편지들에서 여전히 '도우 아빠'라는 애정이 담긴 명칭으로 불렀던 도우조차도 마찬가지였다. 폴리처에게 쓴 한 편지에서, 오키프는 이렇게 썼다. "나는 늘 어떤 시각적 언어를 찾으려고 고군분투하고 있어요, 애니타. 나 스스로도 이러는 내가 미쳐 날뛰는 미치광이인가 하는 생각이 들어요. 당신이 알다시피 만약 그렇다 할지라도 나는 개의치 않지만, 가끔 정말 미친 게 아닌가 싶기도 해요." 오키프는 이 지방의 보수적인 분위기를 좋아하지 않았지만, 대학 작업실에서 거의 매일 밤 자유롭게 그림을 그릴 수 있는 것에 대해서는 만족했다. 그녀는 손과 무릎이 경련을 일으킬 때까지 계속 작업하여, 어떤 감정들과 신체적 감각을 연상시키는 목탄 추상 작품들을 그려냈다. 그녀는 이 일련의 작품들을 '스페셜즈(Specials)'라고 불렀다.[27]

1915년의 〈스페셜 No. 9(*Special No. 9*)〉는 가로 약 50센티미터, 세로 63센티미터 크기의 작품으로, 공중에 대각선으로 흩어지는 불꽃 같은 형태를 표현하고 있다. 커다란 물방울들이 화면 윗부분에 매달려 있는 한편, 아랫부분에는 물결 모양의 층이 출렁거리고 있다. 이 시기의 다른 수채화들과 마찬가지로, 이 작품에서도 흰색 가장자리 안쪽에 테두리 선을 그려 넣었다. 이러한 프레임 안에서 그 추상적 이미지는 불꽃과 연기에 휩싸인 풍경으로 보이며 전체적으로 긴박한 비상 상태의 느낌을 준다. 여기서 그림을 그리고 작품을 제작하려는 그녀의 욕망은 오키프에게 있어 커뮤니케이션의 한 형태였다는 것을 알 수 있다. 언젠가 오키프는 폴리처에게 이렇게 물은 적이 있다. "방안의 벽 앞 바닥에 주저앉아 뭔가 느꼈거나 말하고 싶은 것을 벽면 전체를 가득 메워도 충분히 표현할 수 없을 때, 언어 대신 어떤 표식들로 그 감정을 나타내려고 해본 적이 있나요? 나는 늘 어떤 대상을 표현하기 위한 시각적 언어를 찾아내려고 애쓰고 있어요."[28] 후에, 오키프는 〈스페셜 No. 9〉가 두통을 묘사한 것이며, 그것을 언어로 표현하는 것은 실패했지만 목탄 드로잉 작품을 통해 묘사하는 데 성공했다고 말했다. 사실 목탄 드로잉에서는 그것이 육체적이든 정신적이든 간에 어떤 소란스러운 느낌이 잘 표현되어 있다. 형상화를 통해 그런 느낌을 전달하려는 그녀의 바람은 순수한 감정을 표현하려는 칸딘스키의 열망과 같은 것이었다.

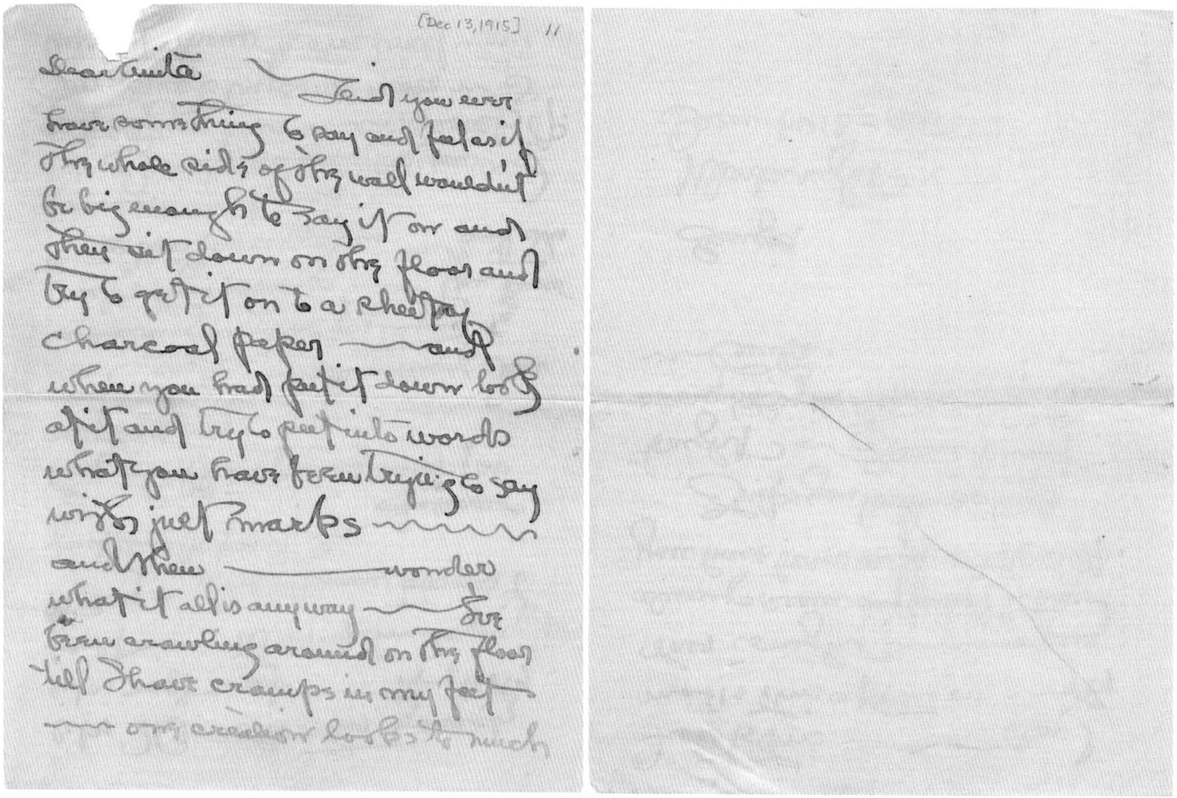
[Dec 13, 1915] 11

Dear Anita — Did you ever
have something to say and feel as if
the whole side of the wall wouldn't
be big enough to say it on and
then sit down on the floor and
try to get it on to a sheet of
charcoal paper — and
when you had put it down look
at it and try to put into words
what you have been trying to say
with just marks ——
and then — wonder
what it all is anyway — I've
been crawling around on the floor
till I have cramps in my feet
— my creation looks to much

오키프는 사람들이 그녀의 작품들을 이해하지 못할 것이라고 염려한 나머지 다른 이들에게 그림을 보여주는 것을 망설였다. 그럼에도 불구하고, 자신의 작업을 '내가 아는 다른 누구보다도 스티글리츠에게 보여주는 게 나을 것이다'라고 생각했다.[29] 1916년 1월, 폴리처는 몇 개의 목탄 드로잉을 스티글리츠에게 보여주었고, 스티글리츠는 오키프의 작품의 분위기와 드로잉 기법에 매료되었다. 그리하여 그해 1월부터 스티글리츠와 오키프는 편지 왕래를 시작했다. 이를 통해 두 사람은 상대방의 일상생활과 활동, 예술에 대한 생각, 사는 곳의 날씨 등에 대해 샅샅이 알게 되었고, 이러한 우정은 점차 두 사람의 끈끈한 연대 의식으로 발전했다**[도판 21]**. 5월이 되자, 스티글리츠는 오키프 모르게 291화랑에서 그녀의 드로잉 작품들을 전시했다. 이를 알게 된 오키프가 처음에는 몹시 유감스러워했지만, 스티글리츠는 그녀의 예술을 대중에게 공개하는 것은 그가 반드시 해야만 할 일종의 의무라고 생각했다며 다독였다. 제1차 세계대전과 경제적 압박

위 [도판19] 애니타 폴리처에게 보낸 조지아의 편지, 1915년 12월 15일, 알프레드 스티글리츠/조지아 오키프 컬렉션, 예일대학교 바이네케 도서관(희귀본 및 필사본 고서들을 소장하고 있다), 예일대, 뉴헤이븐, 코네티컷, 미국.

맞은편 [도판20] 〈스페셜 No. 9〉, 1915년, 종이 위에 목탄, 63.5 x 48.6cm, 메닐 컬렉션, 휴스턴, 텍사스, 미국.

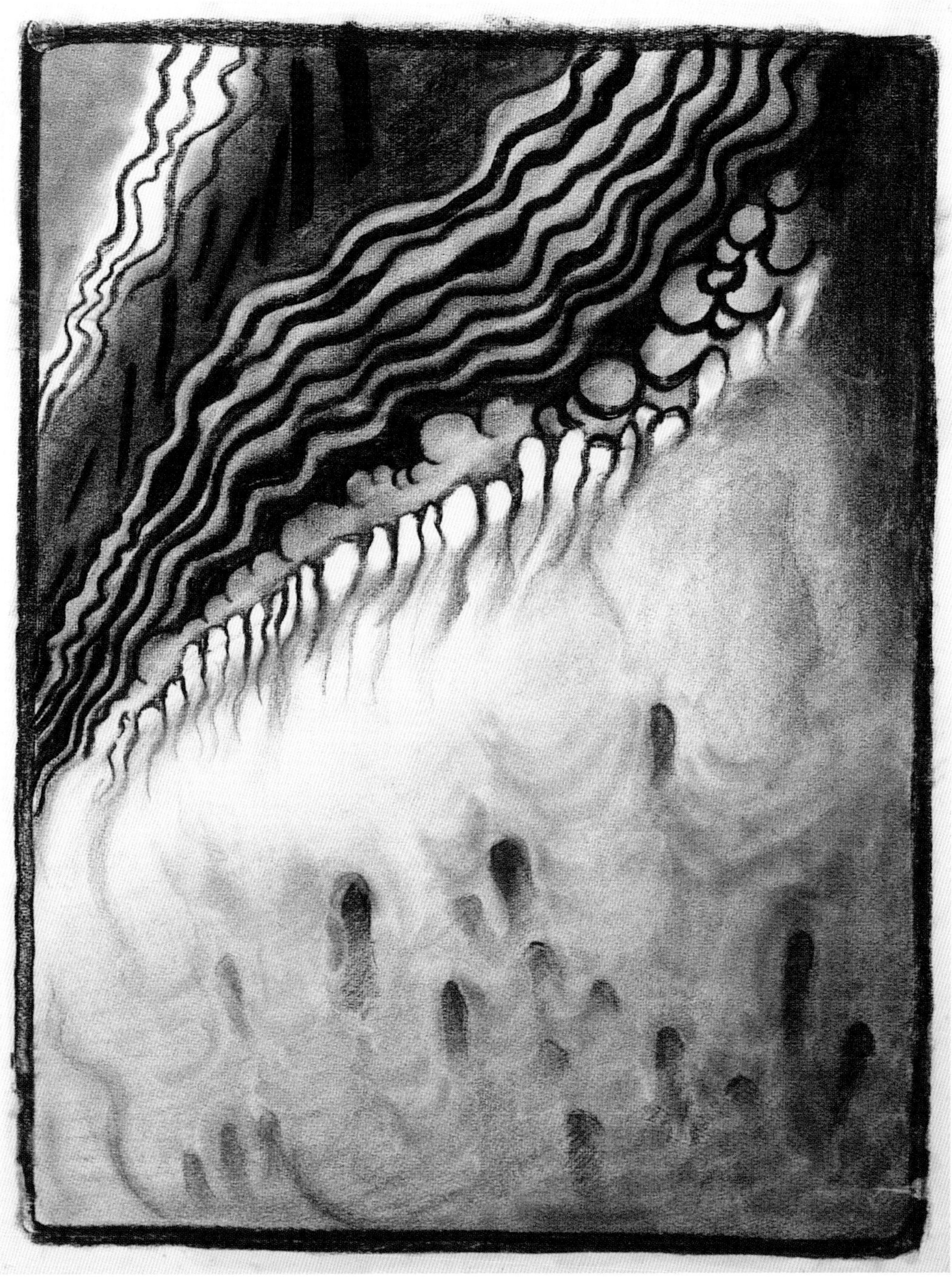

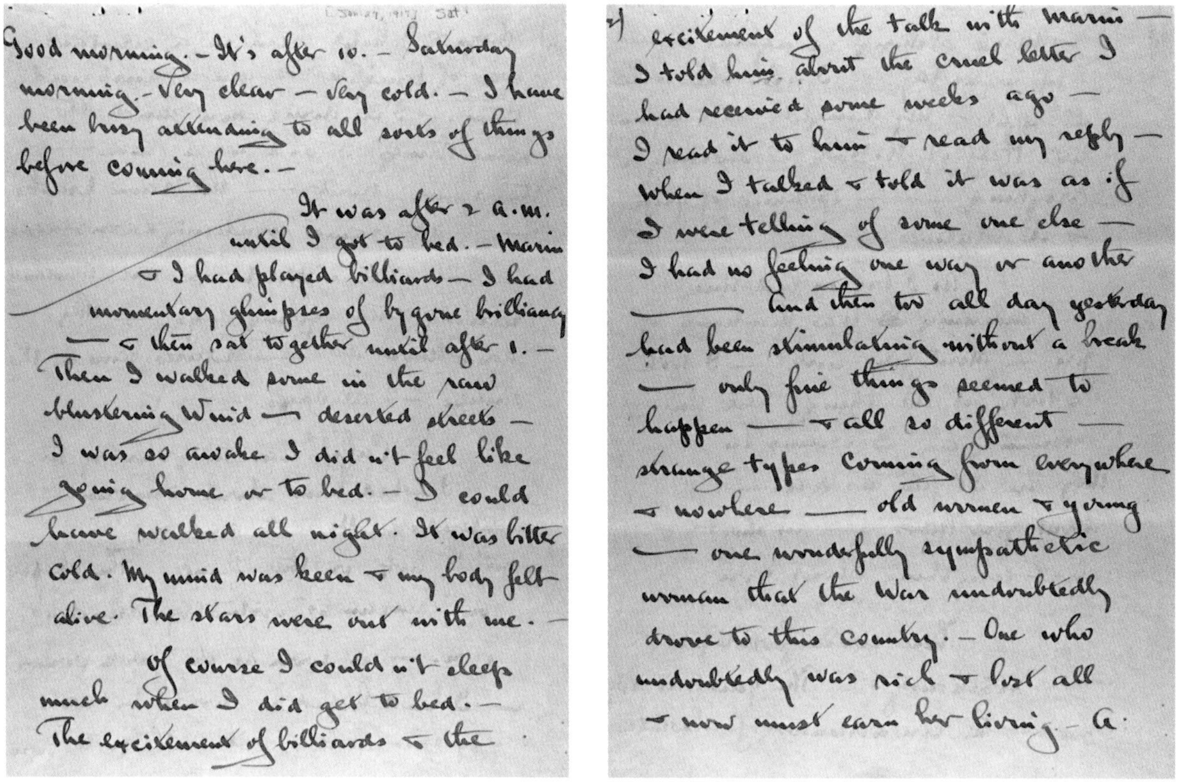
Good morning. — It's after 10. — Saturday morning. — Very clear — very cold. — I have been busy attending to all sorts of things before coming here. —

It was after 2 a.m. until I got to bed. — Marin & I had played billiards — I had momentary glimpses of bygone brilliancy — & then sat together until after 1. — Then I walked some in the raw blustering wind — deserted streets — I was so awake I did n't feel like going home or to bed. — I could have walked all night. It was bitter cold. My mind was keen & my body felt alive. The stars were out with me. —

Of course I could n't sleep much when I did get to bed. — The excitement of billiards & the excitement of the talk with Marin — I told him about the cruel letter I had received some weeks ago — I read it to him & read my reply — When I talked & told it was as if I were telling of some one else — I had no feeling one way or another — And then too all day yesterday had been stimulating without a break — only fine things seemed to happen — & all so different — strange types coming from everywhere & nowhere — old women & young — one wonderfully sympathetic woman that the War undoubtedly drove to this country. — One who undoubtedly was rich & lost all & now must earn her living. — A.

[도판21] 조지아에게 보낸 알프레드 스티글리츠의 편지, 1917년 1월 27일, 알프레드 스티글리츠/조지아 오키프 컬렉션, 예일대학교 바이네케 도서관, 예일대, 뉴헤이븐, 코네티컷, 미국.

의 먹구름 속에서, 이 갤러리는 곧 문을 영구히 닫았다. 291화랑이 마지막 방문객을 가졌을 무렵, 미국은 독일에 선전포고했다. 오키프는 애머릴로 외곽으로 24킬로미터 떨어진 텍사스 캐니언으로 이주했고, 거기서 사우스캐롤라이나에서 시작했던 '스페셜즈' 시리즈를 계속 작업했다. '스페셜즈' 연작은 서로 이질적인 텍사스와 사우스캐롤라이나 사이의 일종의 연결체가 되었다.

평원에 대한 비전

팔로 듀로 캐니언을 묘사한 〈스페셜 No. 15(*Special No. 15*)〉는 〈스페셜 No. 9〉의 시각적 언어에 바탕을 두고 있다**[도판 22]**. 목탄으로 그려진 고원은 자궁 같은 모습을 보여주는데, 마치 보이지 않는 지하 세상같이 보이는 땅은 두껍고 어두운 지표면에 의해 나머지 풍경과 구별되어 있다. 전반적으로 명확하지 않은 붓질로 채색된 전경의 원형의 형태들은 거의 협곡의 절벽 위에 떠 있는 듯 보인다. 또한, 풍경 위에는 독특한 모양의 평평한 구름들이 떠돌고 있다. 어떤 이는 이것을 도로 포장용 돌 같다고 말하기도 했다.[30] 오키프가 그런 방식으로 구름을 묘사한 것은 사실 그녀만의 독특한 스타일이었다. 이것은 수년 후 비행기 창문으로부터 내다본 구름을 그린 그림들에서 되풀이되는 표현 방법이었다**[도판 92, 도판 93 참조]**. 오키프는 후에, 구름 형태만 제외하고 다른 많은 형상은 그대로 놓아둔 채 이 스케치를 유화로 다시 제작했다. 유화 버전에서는 화면을 강렬한 붉은색, 오렌지색, 검은색 물감으로 채웠다. 〈스페셜 No. 21(*Special No. 21*)〉이라는 제목의 그림은 남색 하늘을 배경으로 협곡을 오렌지색 잉걸불*처럼 묘사했다**[도판 23]**. 그녀는 이 형상을 마스던 하틀리의 작품에서 빌려왔는지도 모른다. 하틀리 역시 같은 시기에 어두운 감성과 화려한 색채를 보여준 그림을 그렸다. 전체적인 형상은 명백히 협곡의 풍경에 영감을 받았지만, 마그마같이 채색한 화산을 보면 실제 지역의 모습을 그대로 그린 것 같지는 않다. 〈스페셜 No. 21〉은 팔로 듀로 캐니언을 그 내면에서부터 빛나는 것처럼 화려하게 묘사했지만, 오키프가 처음 이 협곡에 왔을 때 이곳은 그림과는 달리 매우 평범한 마을처럼 보였다. 기차를 타고 유서 깊은 미션 스타일(mission style)**로 지어진 애치슨, 토피카 앤 산타페 역에 도착한 오키프는 2,500명의 주민이 사는 마을로 걸어 들어갔다. 그녀는 그곳 웨스트 텍사스 주립 사범대학에서 미술학부의 책임자이자 유일한 강사로 일하게 되었다. 오키프는 매달 20만 원 남짓하는 돈을 받고 드로잉, 산업 디자인, 의상 디자인, 실내 장식, 드로잉 교수법 등을 가르쳤다.

오키프는 처음에는 협곡에서 맞닥트린 것들에 대해 성급한 결론을 내렸다. 평원의 자연환경에 대해서는 찬미했던 것과 반대로, 오키프가 그곳 주민들에게 따뜻한 감정을 갖게 되기까지는 시간이 좀 걸렸다. 그녀가 이 소도시에 도착한 첫날, 그들을 '멋진 평원에 살고 있는, 심술궂고 하찮은 아주 언짢은 사람들'이라고 묘사했다. 그들은 그녀에게 이 '경이로운 땅'을 망치는 형편없는 사람들이라는 첫인상을 주었던 것이다.[31] 오키프는 이 지방에 사는 동안에도, 협곡의 거주민들에 대해 상반되는 태도를 견지했다. 언젠가 스스로 언급했듯이, 자신의 학생들을 사랑스럽다고 여겼고 심지어 그들에게 줄 책들을 사기도 했던 반면, 대학 교수진이나 마을 사람들에 대해서는 상당히 보수적이며 위선적인 기독교인들이라고 생각했다. 이런 우호적이지 않은 감정은 양쪽 다 마찬가지였다. 마을 사람들 일부는 오키프의 '보헤미안적인 태도'를 비난했고, 특히 검은색 옷을 즐겨 입고 무거운 워킹화를 신는 그녀의 패션

* 장작. 숯이 타다 남은 불꽃.

** 18세기 말에서 19세기 초 유행한, 스페인 선교 건축물 양식을 본뜬 건축 운동.

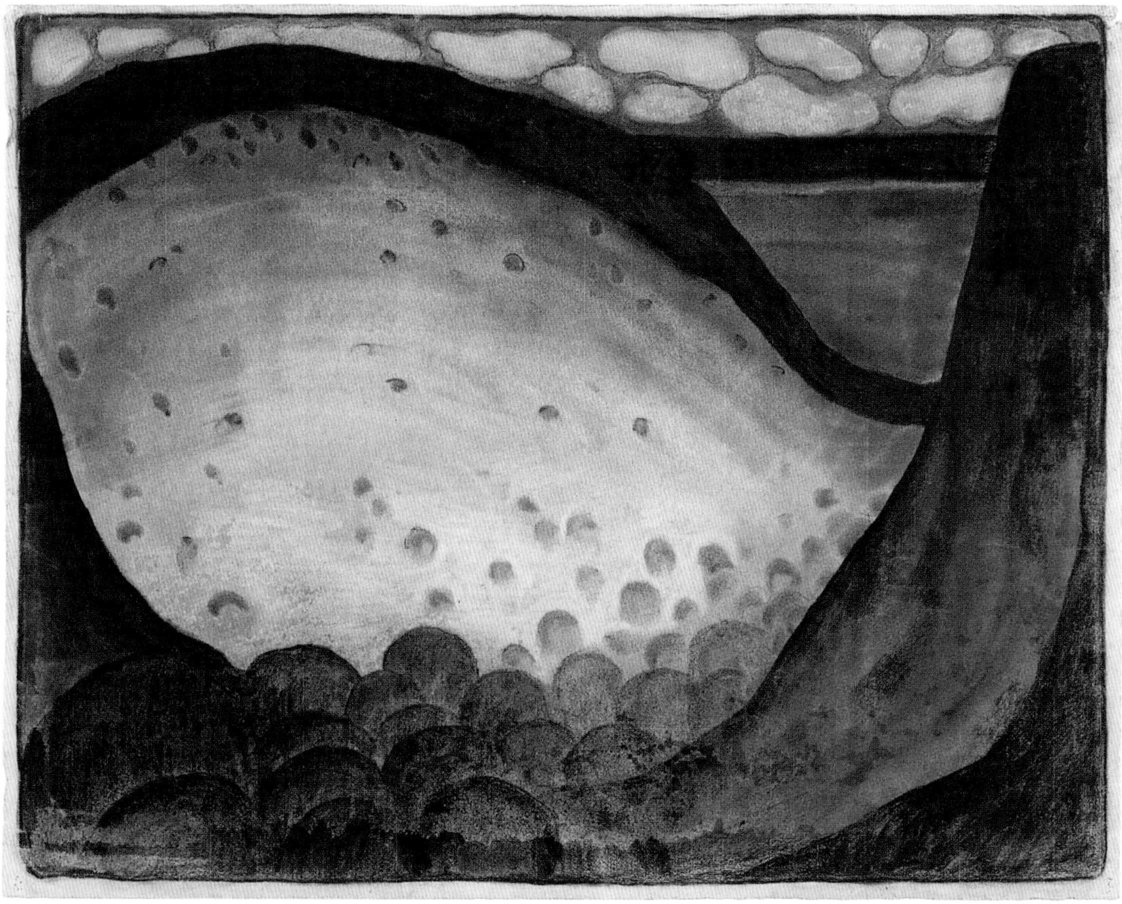

스타일과 예법을 무시하는 태도를 싫어했다.[32] 그녀는 자유롭게 걸어 다니고 하고 싶은 말을 했다. 또한, 활기차고 영감에 넘치는 삶, 즉 '생기 있는 삶'을 살아야 한다는 자신의 생각을 표명해 학생들과 교수들을 깜짝 놀라게 했다. 뿐만 아니라 학생들을 교실 밖과 자연 속으로 데리고 나가 그들에게 이런 감성을 전달하려고 했다.[33] 학생들은 그녀의 인습에 얽매이지 않는 교육 방식을 좋아했지만, 마을 사람들은 전통적인 규범을 지키려고 했다. 사실, 그 마을은 예술가나 페미니스트가 아니라 대부분 목축업자와 농부로 구성된 사회였다. 그 무렵, 오키프는 이미 여성 참정권을 위해 활동하는 전국여성당(National Women's Party)에 가입해 있었다. 또한, 그녀는 다양한 분야의 책을 광범위하게 읽었다. 폭넓은 독서로 얻은

[도판22] 〈스페셜 No. 15〉, 1916년, 오프 화이트 종이에 목탄, 47.9 x 61.9cm, 폴 토드 매클러 박사 부부 기증, 필라델피아 미술관, 필라델피아, 펜실베니아, 미국, [1997-39-1].

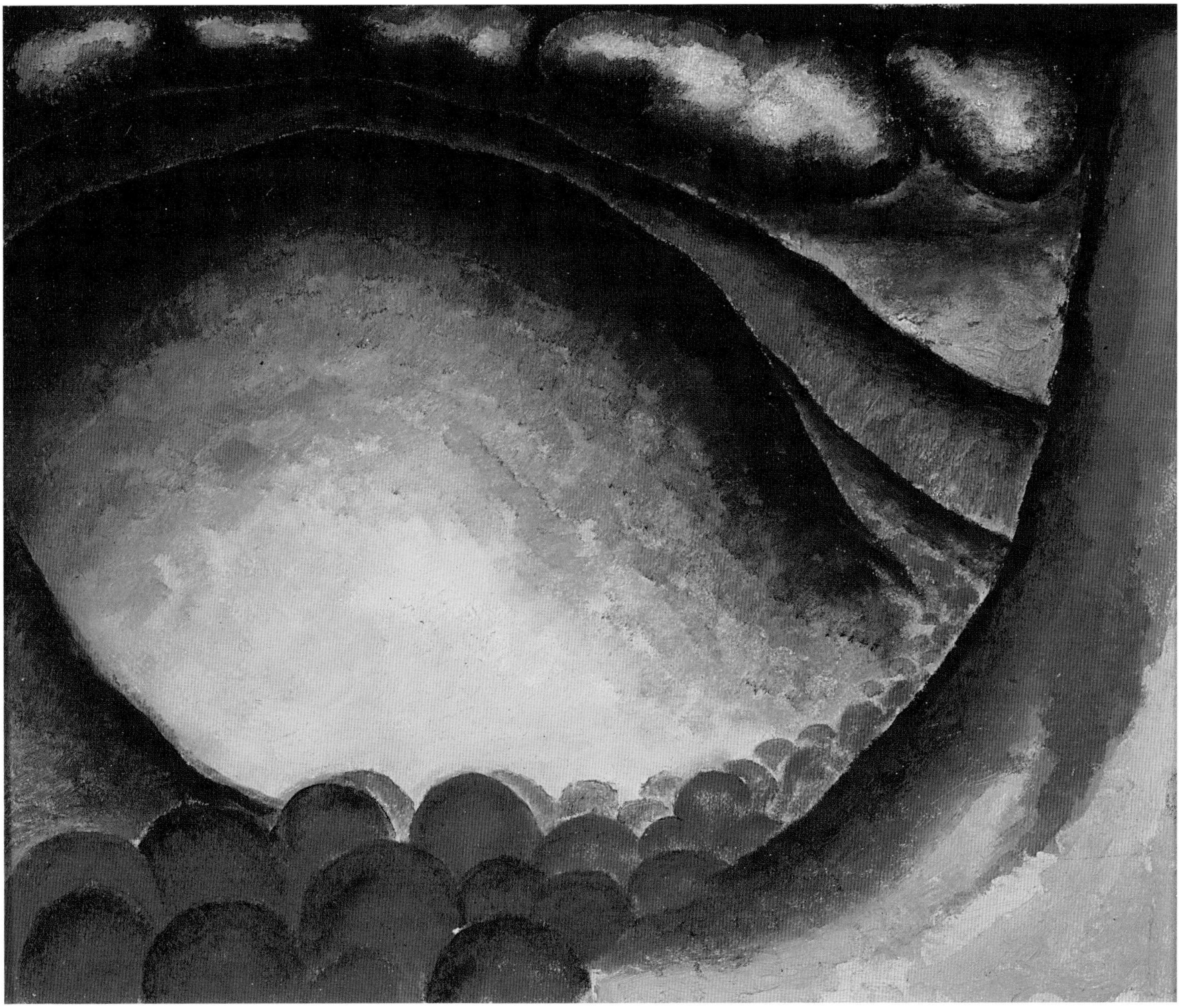

[도판23] 〈스페셜 No. 21(팔로 듀로 캐니언)〉, 1916~1917년,
널빤지에 유채, 33.9 x 41cm,
뉴멕시코 미술관, 산타페, 뉴멕시코, 미국. [1993.51.1].

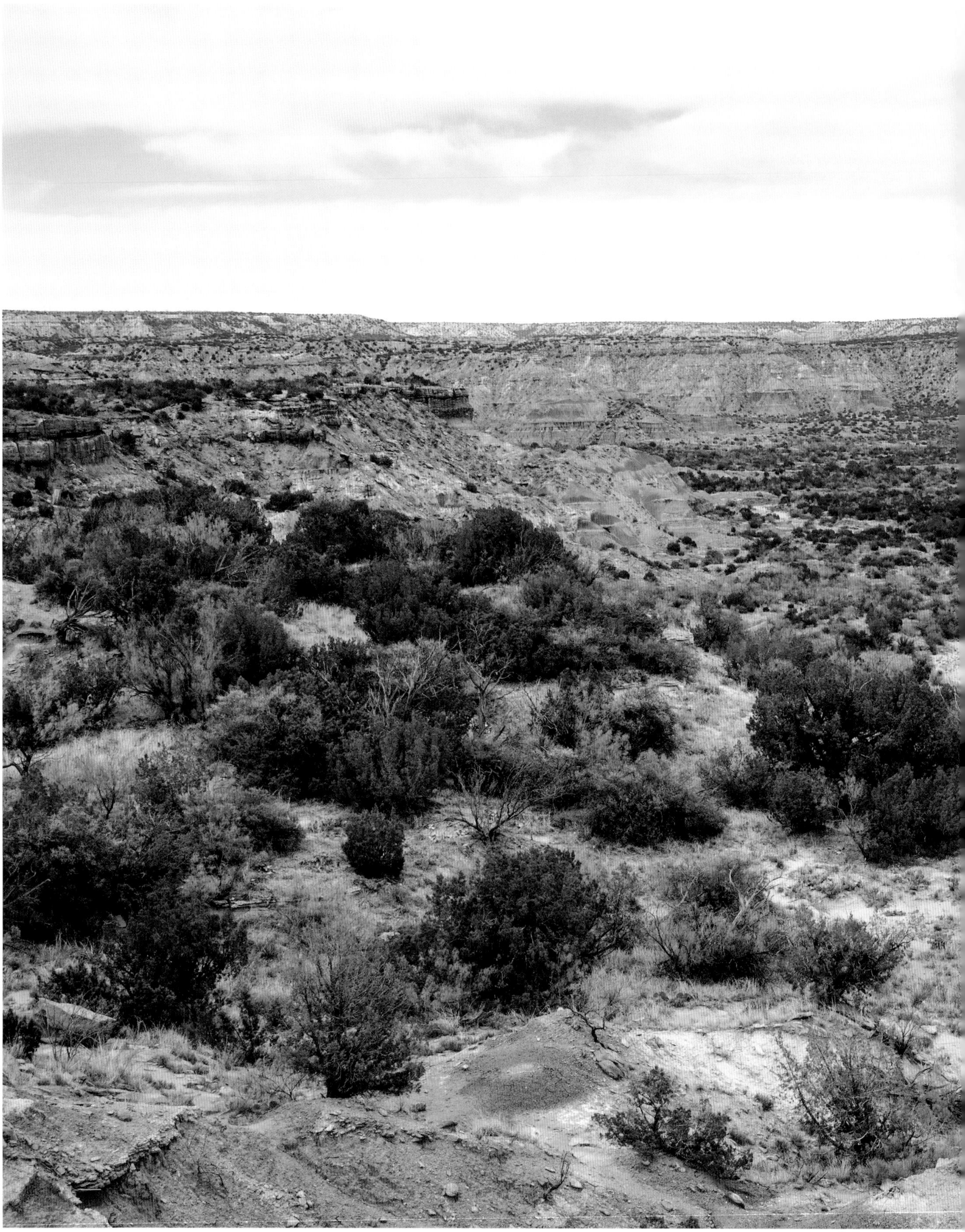

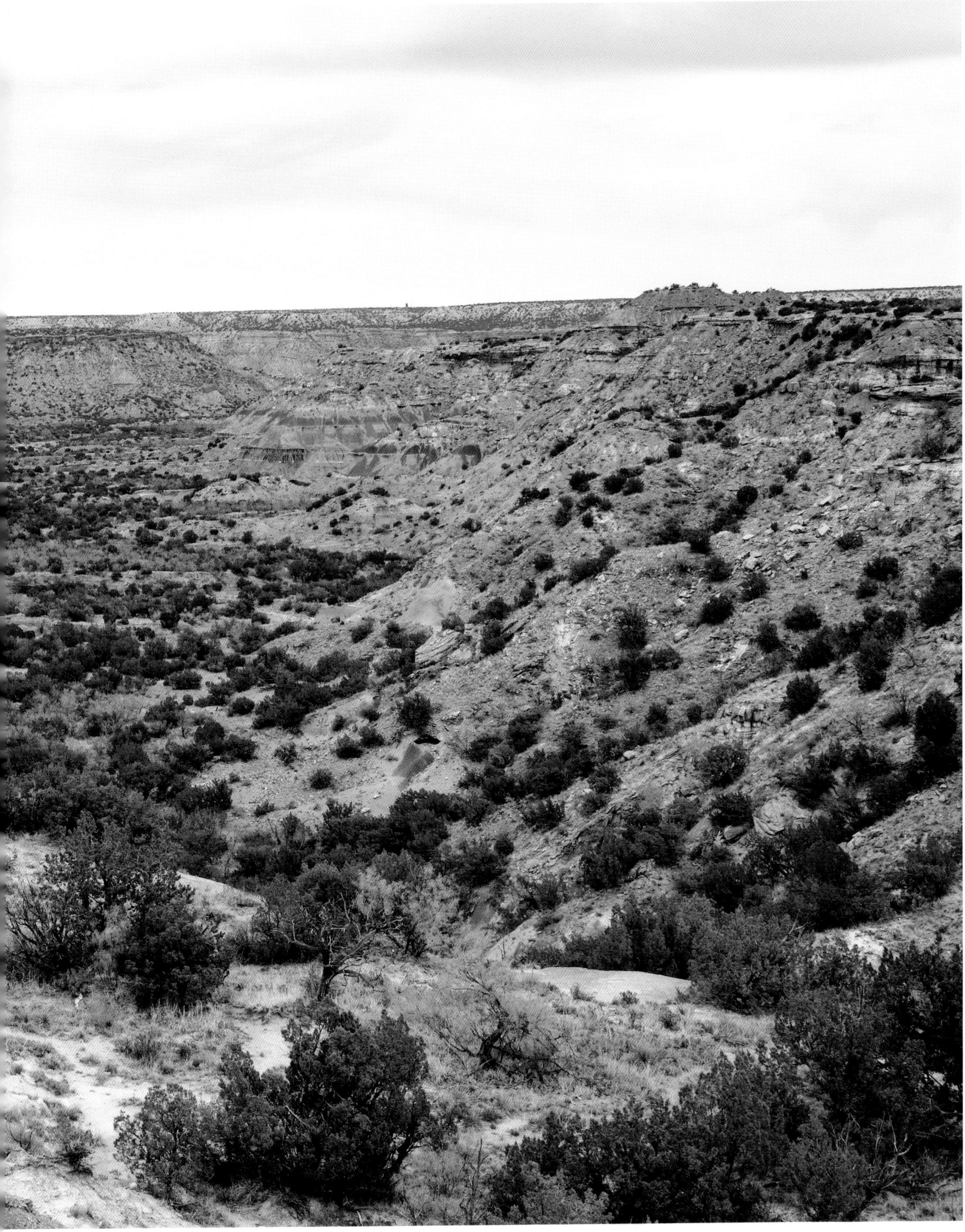

예술과 삶에 대한 자신의 지식에 입각해, 오키프는 협곡 마을의 주민들을 '어떤 예술에 대해서도 전혀 모르는 시시한 사람들'[34]이라고 생각했다. 마을 사람들에 대해서는 이렇듯 부정적인 생각을 갖고 있었지만, 후에 오키프는 이곳에서 영원히 혹은 적어도 해고되기 전까지는 살고 싶었다고 말했다.

확실히 오키프는 마을에서 튀는 사람이었다. 사우스캐롤라이나에서 그랬던 것처럼 종종 현관 앞에 앉아 재료를 바닥에 그대로 놓은 채 그림을 그렸다. 또한, 가구가 별로 없는, 창을 통해 들어오는 햇빛이 좋아 선택한 셋방에서 바이올린을 연주하기도 했다.[35] 그녀는 그 지역에서 살고 일하는 남자들과 시시덕거리고, 심지어 이들과 함께 드라이브를 하고 남자 보호자 없이 혼자 돌아다니며 산책했다. 이런 행위들은 당시의 사회적 규범이 금하는 것들이었다.[36] 그녀는 모든 것에서 관습을 무시하는 것같이 보였다. 그녀는 공공연하게 자신의 학생들에게 야외에 나가 보고 탐색하며, 모든 시설을 이용해 그들이 보고 느낀 것을 마음껏 받아들이도록 격려했다. 이와 같이, 오키프는 도우의 가르침에 따라 모방하는 작품 활동에 반대했고 야외에서의 시각적 경험에 개방적이었다. 오키프는 마을의 주민들이 가진 어떤 특정한 신념에 대해서도 비판적이었다. 한번은 편지에서 그녀가 반독일주의의 홍보 엽서를 파는 한 상점 주인을 비난했던 일에 대해서 썼다. 당시, 세상은 제1차 세계대전 중이었고 미국은 1917년 연합군에 합류했다. 비록 그녀의 남동생 역시 1917년 여름 프랑스에서 전투에 참여하기 위해 엔지니어 장교 캠프에 입대했지만, 협곡 주민들의 눈에는 이런 오키프가 매우 '비애국적'으로 보였다.[37]

그녀와 협곡 주민들 사이의 위화감에도 불구하고, 마을 사람들은 오키프가 성격이 드세기는 하지만 아주 활기찬 인물이라고 생각했고, 걷거나 차를 이용해 사람들과 어울려 가고 싶은 곳 어디든 돌아다니는 그녀의 개방적이고 거침없는 성격과 능력에 감탄하고 있었던 것 같다. 그녀는 사람들과 함께 자주 하이킹을 했다. 하루에 10킬로미터 정도 걸으며 때로는 느긋하게 때로는 급하게 서둘러 협곡을 탐험했다 **[도판 25]**. 그 시절 도보 여행에서 한번은 협곡의 경치에 감동한 나머지 요란한 함성을 질러대 주변에 있던 이들을 깜짝 놀래킨 적도 있었다.[38] 애머릴로를 떠난 지 2년 만에 다시 평원을 보게 되자 이곳 풍경이 그녀에게 옛날 그 광대하고 개방적인 광야 앞에서 느꼈던 경이로움을 다시 생각나게 했던 것이다. 오키프의 표현에 의하면, '그 멋들어진 스카이라인은 땅과 하늘이 만나는 선이자 아무것도 보이지 않는 절대

앞쪽 [도판24] 팔로 듀로 캐니언 주립 공원, 텍사스

맞은편 [도판25] 사진작가 미상, 텍사스에서 하이킹하는 조지아 오키프와 그녀의 친구들, 1912~1918년, 젤라틴 실버 프린트, 8.9 x 6.3cm, 조지아 오키프 재단 기증, 조지아 오키프 미술관, 산타페, 뉴멕시코, 미국, [2006.6.0749].

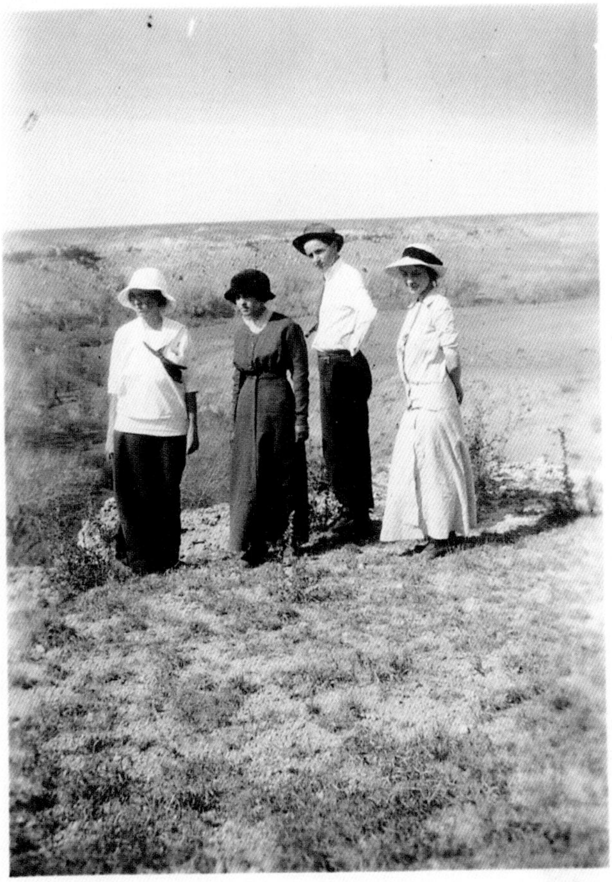

적인 무의 상태인 엄청나게 근사한 선'이었다.[39] 그러한 개방성은 최고로 멋진 팬핸들이 가진 최고의 특성이었고, 바로 그것이 그녀에게 끊임없이 공간에서 조형 요소들 간의 형식적인 관계를 탐색하도록 영감을 주었다. 이 지역 풍경 속의 하늘과 땅의 비율, 그리고 무한해 보이는 지평선은 오키프가 많은 작품을 창조하는 데 도움이 되었다. 1916년의 〈아침 하늘〉**[도판 4 참조]**과 〈일출과 작은 구름들 No. 2(*Sunrise and Little Clouds No. 2*)〉는 작은 크기의 작품이지만, 오키프가 평원의 웅장함과 광대한 하늘과 땅이 맞닿아 있는 지점을 묘사하는 데 사로잡혀 있었음을 보여준다. 〈아침 하늘〉에서 땅은 화면의 3분의 2정도를 차지한 채 진보라빛에서 버건디색에 이르는 색채를 넘나들며 출렁거리고 있다. 〈일출과 작은 구름들〉에서는 하늘이 잔물결이 파동치는 듯한 물결 구름들로 가득 차 있다. 그 아래에는 노랑색 띠가 여러 개의 검정 선으로 인해 어두운 그림자가 드리워진 점토색 땅 위에 얹혀 있다.

오키프는 이 지역의 지평선에는 매혹되었지만, 그곳 마을은 형편없다고 생각했다. 협곡 사람들에 대해 종종 농담조로 경멸감을 표현하곤 했을 뿐 아니라, 그 지방 건축물에 대해서도 역설적인 견해를 가지고 있었다. 그녀의 눈에는 협곡의 건물들이 매력이 없고 심지어 추하게 보였다. 사람들은 기반이 부실한 상태로 단순히 콘크리트 블록들을 쌓은, 외벽에 비막이 판자가 있는 집에 살고 있었고 전반적인 마을의 모습은 미학적으로 볼품이 없었다. 주택들은 시어스 로벅사의 조립용 세트로 급조되었기 때문에, 도로 촬영을 해보면 '마을 곳곳 어디나' 집들이 모두 똑같아 보였다**[도판 26]**.[40] 그녀는 이 신흥 소도시의 건물들을 싫어하긴 했지만 여전히 그 가치를 인정했는데, 이는 아마도 특정 건축 환경, 그 지역 건축 재료에 입각한 토착 건축물의 측면에서 보라는 도우의 조언을 마음에 새기고 있었기 때문일 것이다. 건축물에서 지붕의 선 같은 요소들에 주목하라는 그의 말에 따라, 오키프는 1916년 겨울, 〈눈 덮인 지붕(*Roof with Snow*)〉을 그렸다**[도판 27]**. 지붕은 담청색 하늘을 배경으로 그려져 있는데, 지붕 오른쪽 모서리 부분이 그림에서 가장 중요한 특징이라고 할 수 있다. 자홍색으로 칠해진 눈은 사파이어색 지붕의 경사면 위에 둥글납작한 구름 형태를 띠고 있다. 그녀는 일자로 뻗은 지붕 선을 레이스 띠 같은 느낌으로 표현했다. 지붕 위의 가리비 모양의 형상은 네가티브 스페이스와 포지티브 스페이스의 유희를 창출하는 방식으로 채색되었다. 자홍색의 눈 이미지는 화가가 자유롭게 색채를 선택한 것이거나, 혹은 일몰 때 해가 환한 눈에 빛을 드리우는 모습을 표현한 것이다. 언젠가 한번 폴리처에게 쓴 편지에서 언급했듯이, 그녀가 '폭동의 일몰'이라고 이름 붙인 멋진 드라마로 보면, 사실 '추하고 보잘것없는 건물들과 풍차도 근사해 보였다.'[41] 오키프는 실제로 풍차를 소재로 최소한 두 점의 수채화를 그렸다. 그 작품들은 하나의 커다란 구름이 떠 있는 흐릿한 회색 하늘을 배경으로 우뚝 선 희미한 수직 구조물을 묘사한다. 한낮의 햇빛이 건물들과 대지를 물들이고 있는 낮 동안에는 마을이 그녀가 생각했던 것처럼 보기 흉하고 추하게 보였을지도 모른다. 그러나 이른 아침이나 그녀가 그림을 그리고 탐험하는 개인적인 시간을 가지는 황혼 무렵에는 일몰의 빛이 하늘을 가로질러 주변 풍경과 약간 건물들 위에 내려 앉아 온갖 색채 프리즘의 교향곡을 울려퍼지게 했다. 해가 뜨고 지는 시간, 그 불타오르는 하늘에 매료된 그녀는 시시각각 미묘하게 변화해가는 빛의 추이에 몹시 이끌렸다. 그러한 빛의 변화는 역광을 받고 있는 풍차 그림에서처럼, 시각적으로 아주 매혹적인 빛과 그림자 사이의 극적인 대조를 창출해냈다.

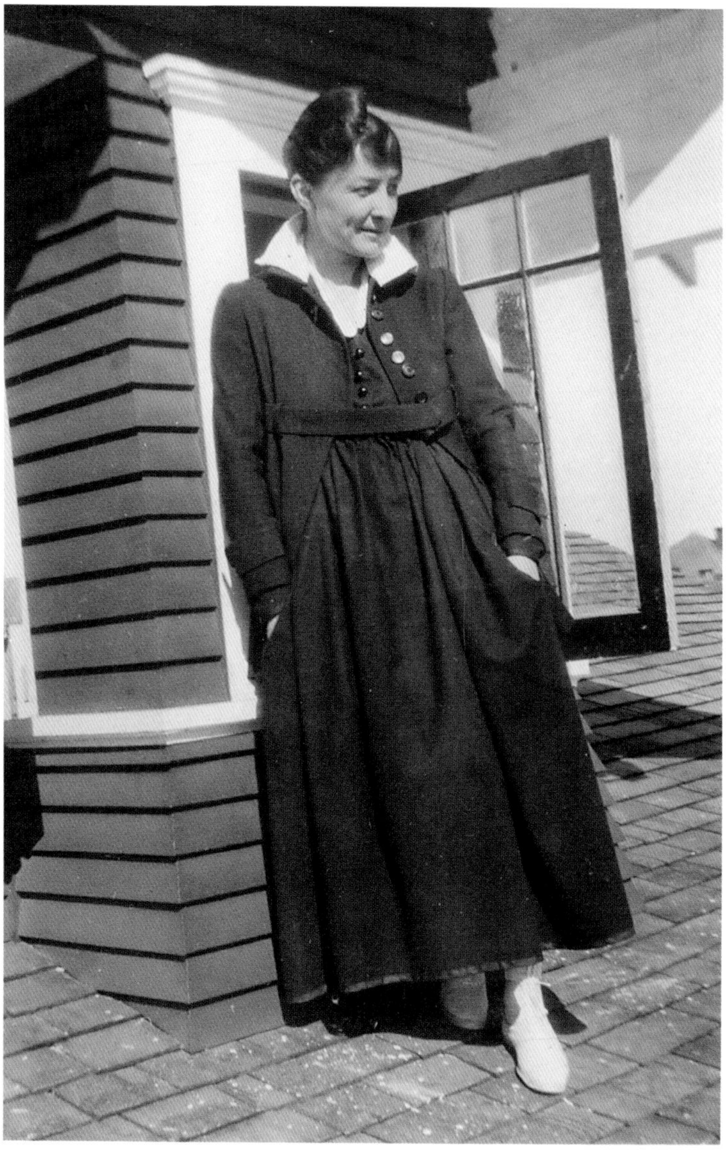

옥외의 주제를 그리지 않을 때는 그녀 자신의 몸에 관심을 돌렸고, 〈누드 시리즈 VIII(*Nude Series VIII*)〉에서처럼 스스로의 누드를 확실한 형태가 없는 무정형으로 형상화했다**[도판 28]**. 이 작품에서 오키프의 누드는 침실에서 무릎을 구부린 채 앉아 있다. 옅은 핑크색으로 칠해진 상반신은 약간 기대어 있는 포즈다. 이러한 자화상은 오귀스트 로댕이 거의 10년 전에 그렸던 다양한 포즈의 누드 수채화들을 연상시킨다. 1908년, 스

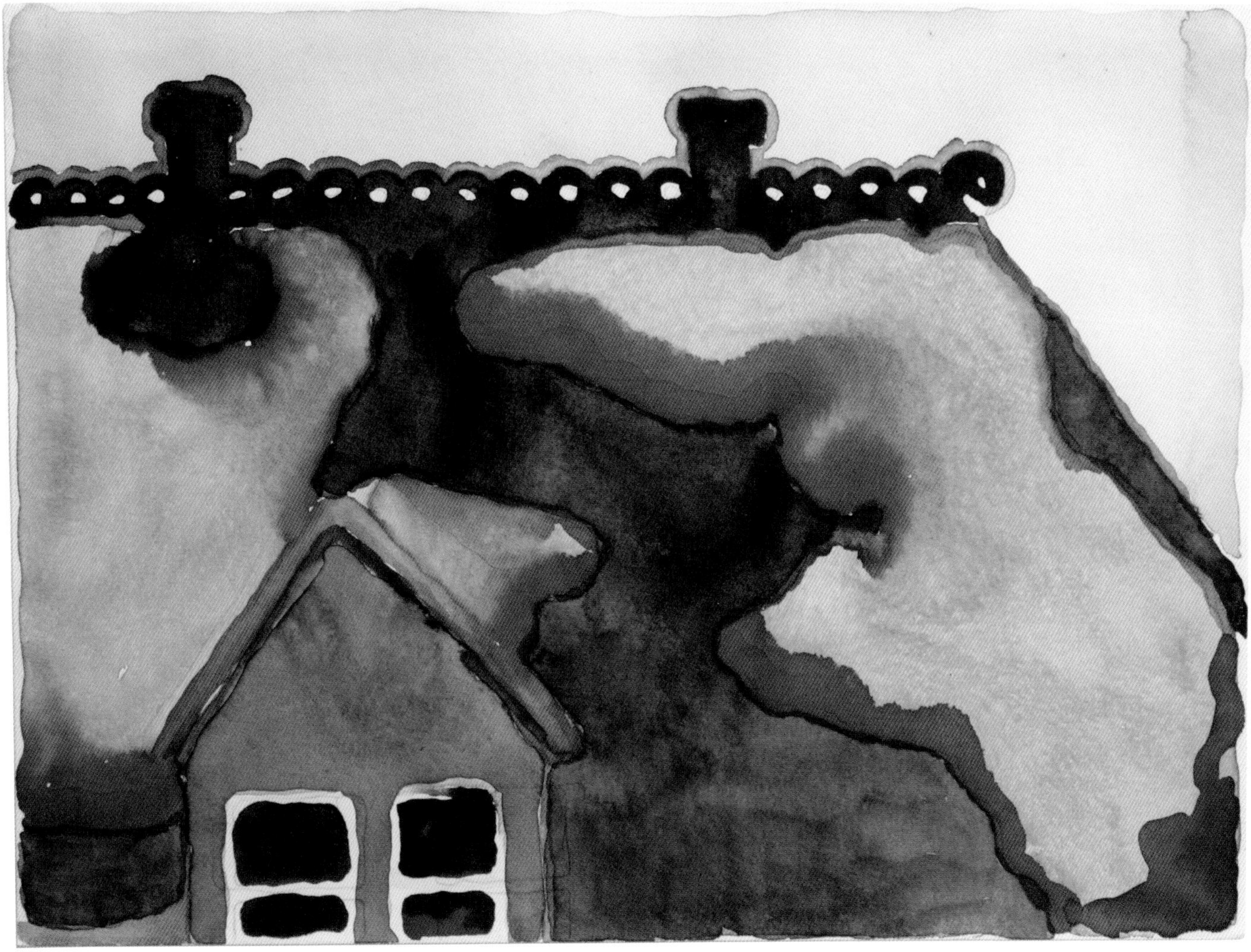

맞은편 [도판26] 사진작가 미상.
텍사스의 캐니언에 있는 조지아 오키프. 1916~1918년.
젤라틴 실버 프린트. 7.6 x 10.2cm.
조지아 오키프 재단 기증. 조지아 오키프 미술관, 산타페,
뉴멕시코, 미국. [2006.6.724].

위 [도판27] 〈눈 덮인 지붕〉. 1917년.
종이 위에 수채 물감. 21.8 x 29.8cm.
미국 국립예술기금, 애머릴로 재단, 애머릴로 예술연합,
패니 웨이머스, 산타페 산업재단, 매리 페인 기증.
애머릴로 미술관, 애머릴로, 텍사스, 미국.

티글리츠는 〈무릎을 꿇고 앉아 있는 여인, 드로잉 No. 6(*Seated Girl on Knees, Drawing No. 6.*)〉을 포함한 로댕의 누드 몇 점을 291화랑에서 전시했다.[42] 당시 아트 스튜던트 리그에 재학 중이었던 오키프는 뉴욕에서 로댕의 드로잉을 처음 보았을 때 '이 드로잉들은 단지 여러 개의 낙서다'라고 생각하고 거들떠보지 않았지만, 그녀의 누드 자화상들은 로댕이 이전에 제작했던 것들과 비슷해 보인다.[43] 더 중요한 사실은 로댕의 그 작품이 1949년까지 스티글리츠의 컬렉션에 있었다는 것이다. 오키프는 스티글리츠 사후 그의 유산을 정리하면서, 남편이 소장하고 있었던 로댕의 드로잉들이 그녀에게는 내내 아주 흥미로운 것이었다고 회상 했다.[44] 이 무렵은 자신의 독자적인 미학을 찾아내려고 하는 시기인 동시에, 특정한 풍경이 그녀의 조형 감각에 영향을 미치던 시기, 그리고 도우에서 로댕에 이르기까지 다른 이들이 그녀의 시각 언어에 영향을 주던 시기였다. 이렇듯, 그녀의 초기 작품들은 광범위한 스펙트럼의 근원들을 보여주는데, 당시 오키프는 그것들에 영감을 받았고 이에 기반해 그림을 그렸다. 사실, 폴 스트랜드가 찍어 오키프와 공유했던 사진들조차 특정한 시각적 결과를 이끌어냈다. 그녀의 1917년 작품 〈무제(추상-폴 스트랜드의 초상) *Untitled(Abstraction Portrait of Paul Strand)*〉은 청록색 바닷물 속에 떠 있는 해마와 비슷한 묽게 칠해진 덩어리 형태를 묘사한다**[도판 29]**. 오키프가 협곡에 체류하는 동안 스티글리츠와의 사이에 오간 편지들은 스티글리츠가 그녀의 헌신적인 연인이 되기 이전에도 이미 두 사람이 매우 친밀했음을 보여준다. 아마도 이때쯤 로맨스가 꽃 피고 있었던 것 같다. 어쨌든 간에, 두 사람의 우정은 오키프에게는 예술적 창조를 위한 좋은 토양을 제공했다. 마리우스 드 자야스나 프랜시스 피카비아 같은 모더니스트들이 그린 추상적인 스티글리츠 초상화들과 마찬가지로, 오키프도 스트랜드의 초상화에서 그의 신체적 특징을 사실적으로 재현한다기보다는 당시 급성장하고 있는 이 사진작가, 그리고 그의 작품에 대해 어떻게 느끼고 있는가를 표현했다. 나중에 그녀는 자신이 '사람들을 어떻게 보았는가'에 대해 다음과 같이 언급했다.

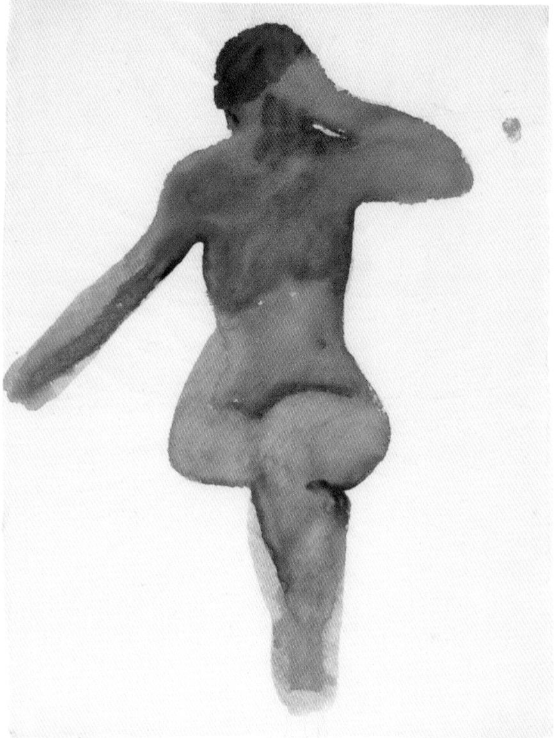

위 [도판28] 〈누드 시리즈 VIII〉, 1917년, 종이에 수채 물감, 45.7 x 34.3cm, 버넷 재단과 조지아 오키프 재단 기증, 조지아 오키프 미술관, 산타페, 뉴멕시코, 미국, [1997.04.11].

맞은편 [도판29] 〈무제(추상-폴 스트랜드의 초상)〉, 1917년, 종이에 수채 물감, 30.5 x 22.5cm, 버넷 재단 기증, 조지아 오키프 미술관, 산타페, 뉴멕시코, 미국, [2007.01.004].

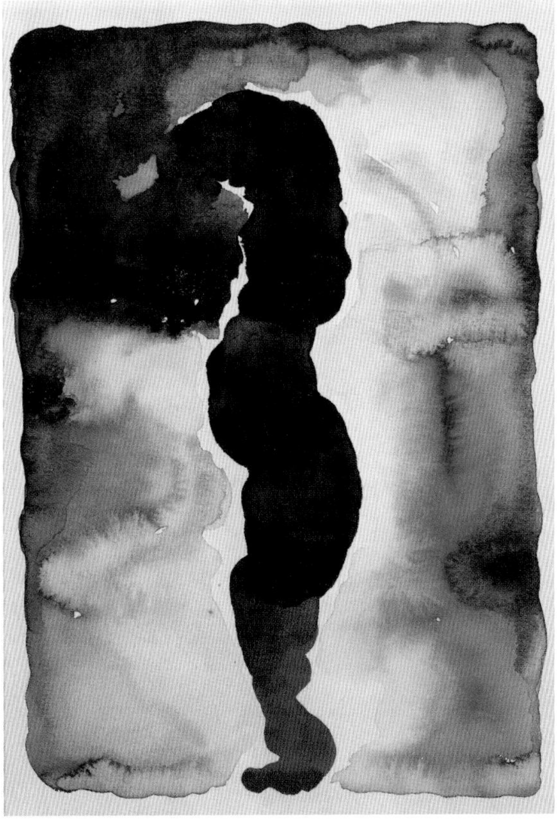

"내가 많이 생각하고 사랑하지만 그들에게서 아무런 형태도 볼 수 없는 사람들이 있는가 하면, 어떤 형태를 보게 만드는 사람들이 있다. 그리고 그런 사람들을 그린 초상화들은 나에게는 거의 사진 같은 것이었다. 나 자신은 매우 사실적이라고 생각했지만, 아무도 그 사람들이라는 것을 알 수 없을 정도로 추상적으로 표현되었기 때문에 그 그림들을 보여주는 것을 망설이곤 했다."[45]

오키프가 그렸던 것들 중 많은 것이 내적인 감정과 외적인 물질성 둘 다로부터 기원했다고 할 수 있다. 때때로 오키프는 감정을 물질적인 것으로 대체하는 방식으로 그렸다. 예를 들어, 그녀는 사람들을 하나의 형태로 보았고 그들을 단지 형태로만 그렸다고 말했다. 오키프는 어떤 때는 그녀의 주변 환경을 반영했고, 어떤 때는 자신의 내적 혼란을 표현했으며, 때로는 다른 이들의 가르침을 작품에 적용하기도 했기 때문에 그녀의 그림들의 내용은 매우 다양하고 폭넓다.

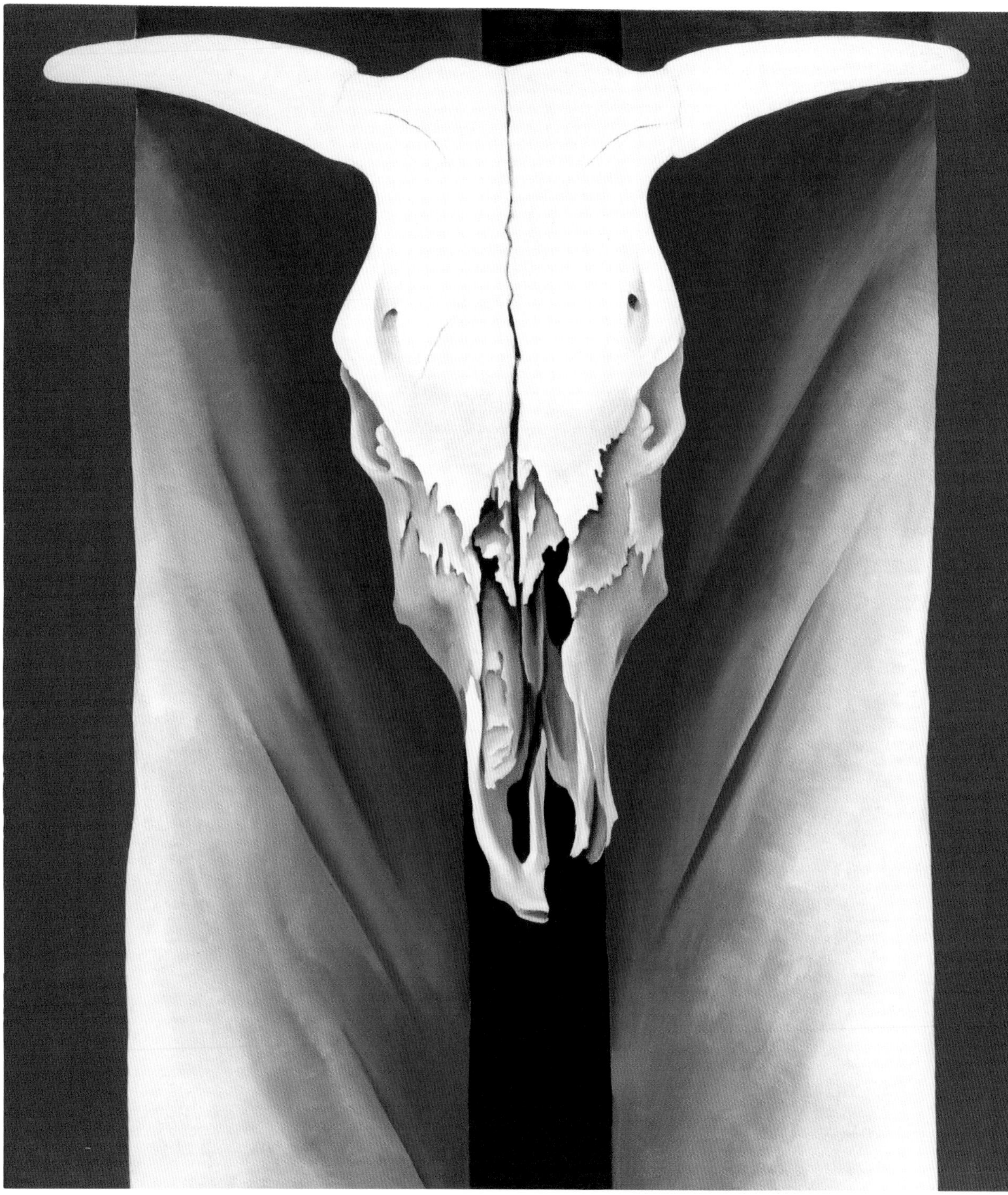

"당신은 나의 꽃 그림에 대해, 당신이 그 꽃에 대해 생각하고 보는 방식으로 나도 생각하고 본다고 말한다. 그런데 그렇지 않다."

먼 곳에서 온 기념품들
Souvenirs from afar

[도판30] 〈소 두개골: 적, 백, 청〉, 1931년, 캔버스에 유채, 101.3 x 91.1cm, 알프레드 스티글리츠 컬렉션, 메트로폴리탄 미술관, 뉴욕, 미국, [52.203].

1931년, 오키프는 미국 국기를 배경으로 여기저기 구멍이 나고 삐죽삐죽한 암소의 두개골을 그렸다. 〈소 두개골: 적, 백, 청(*Cow's Skull: Red, White, and Blue*)〉에서 이 화가는 아래턱뼈와 코뼈 부위가 비바람에 마모되어 층진 뼈 안을 들여다볼 수 있게 된 두개골을 면밀한 분석해 묘사한다**[도판 30]**. 흰색, 황토색과 갈색을 아우르는 다채로운 색상으로 채색된 구멍 뚫린 내부는 그림 중앙을 따라 내려가는 검정 줄무늬에 비해 뚜렷이 묘사되었다. 그림의 수직성을 강조하려는 듯, 두개골을 이등분하는 중앙의 쪼개진 선은 측면의 빨강, 하양, 파랑의 띠들과 조응하고 있다. 오키프는 푸른색 부분을 주름진 직물을 연상시키는 추상성으로 처리한 한편, 두개골은 관람자의 쪽으로 툭 돌출해 나오는 것처럼 묘사해 매우 3차원적이고 사실적이다. 이 그림은 영양과 말 두개골, 골반뼈, 척추뼈, 대퇴골 등 뼈를 소재로 한 일련의 작품들 중 하나다. 이들 사막의 메멘토 모리(memento mori)*는 다채롭고 기이한 정물화의 주제가 되었다. 또한, 이 유골들은 스티글리츠, 앤설 애덤스**, 존 칸델라리오***를 비롯한 사진작가들이 찍은 오키프의 사진들 속 주제이기도 했다. 사진작가들은 오키프 옆에 이런 뼈들을 상징적으로 놓아둔 채 사진을 찍음으로써, 그녀의 모습과 풍화된 경관으로 유명한 서부 지역을 효과적으로 연관시킬 수 있었다. 오키프는 〈버팔로 빌의 와일드 웨스트 쇼(Buffalo Bill's Wild West show)〉****의 제작자 네이트 솔즈베리의 딸이자 1922년 폴 스트랜드와 결혼한 레베카 솔즈베리 스트랜드와 함께 장기 여행할 당시, 종종 그곳 뉴멕시코의 고지대 사막을 걸어 다니면서 자신의 작품을 그리는 데 사용할 뼈들을 발견하곤 했다. 그때 이후, 그녀는 남서부 여행의 기념품으로서 사막에 서식하는 동물들의 메마른 뼈 유해 조각들을 수집하는 화가로 널리 알려지게 되었다. 그녀는 꽤 많은 수집품을 모았고, 생

* '자신의 죽음을 기억하라' 또는 '너는 반드시 죽는다는 것을 기억하라'를 뜻하는 라틴어로 인생무상을 나타내는 17세기 네덜란드 바니타스 정물화의 주제이기도 하다.

** 미국 캘리포니아주의 요세미티 계곡 흑백 사진으로 유명한 미국 사진작가이다.

*** 국제적인 스틸 사진작가이자 촬영감독, 뉴멕시코의 풍경과 인물 사진으로 유명하다.

**** 버팔로 빌은 서부개척시대의 들소 사냥꾼으로 카우보이와 인디언 전쟁을 소재로 한 와일드웨스트 쇼 공연으로 큰 인기를 얻었었다.

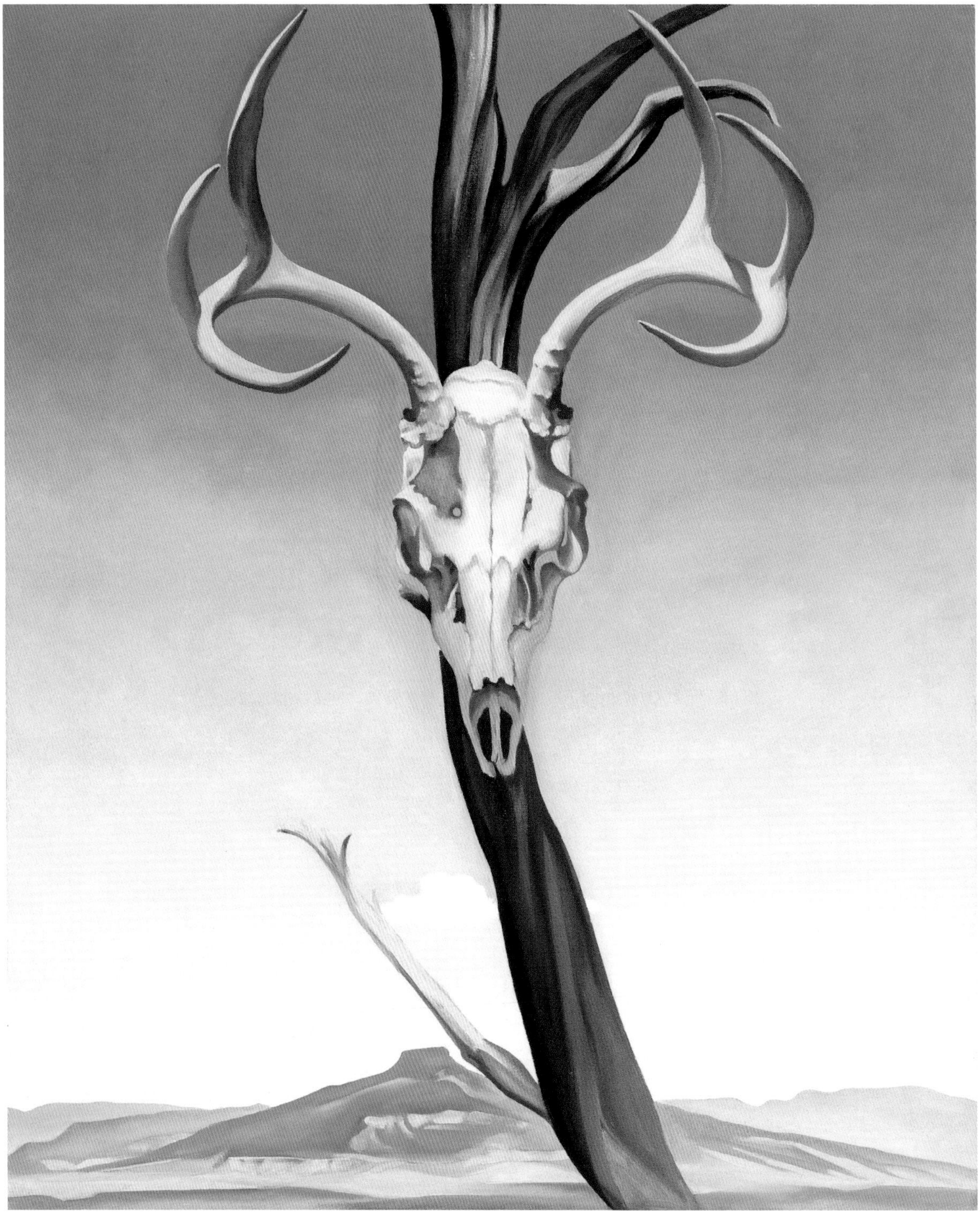

[도판31] 〈페데르날과 사슴의 두개골〉, 1936년, 캔버스에 유채, 91.4 x 76.5cm, 윌리엄 H. 레인 재단, 뮤지엄 오브 파인 아트, 보스턴, 매사추세츠, 미국. [1990.432].

애 마지막까지 자신의 소장품으로 간직했다. 후에 그녀가 뉴멕시코의 집들을 구매했을 때, 그 지역의 다른 주민들이 그랬듯이 집 여기저기 곳곳에 두개골을 장식으로 매달아 놓거나 옥외 창문틀에 얹어 놓기도 했다. 그녀의 그림들에서도 편편한 땅을 배경으로 한 시각적 공간 속에 두개골을 매달아 놓은 것 같은 형상들이 보인다. 그런 작품들 중 하나인 〈페데르날과 사슴의 두개골(*Deer's Skull with Perdernal*)〉에서는 관람자의 눈 바로 앞에 있는 것같이 가까이 보이는 두개골이 나무에 매달려 있다. 다른 작품들에서는 동물 뼈들이 건조한 풍경을 배경으로 공중에 떠 있다 **[도판 31]**. 이런 식으로, 오키프는 매일 매일 산책하면서 모은 것들을 반추상적인 독특한 미학으로 표현해 놓았다. 이들 작품은 텍사스에서 최고조에 이르고 뉴멕시코에 꽃피운 남서부 지역에 대한 그녀의 친밀감을 표현한 것이다. 또한, 이러한 작품들, 특히 〈소 두개골: 적, 백, 청〉은 미국의 모더니즘 운동 내에서 오키프가 중요한 역할을 했다는 것을 보여준다.

〈소 두개골: 적, 백, 청〉의 성조기에 대한 오키프의 해석은 매우 상징적이면서 역설적이다. 왜냐하면, 이 작품을 제작할 당시 그녀는 미국 예술가들이 점점 더 눈에 띄게 국수주의적인 작품을 제작하는 경향이 있다고 비판적으로 지적했기 때문이다. 그녀는 다음과 같이 말했다.

> "레이크 조지에 도착해 나는 말의 두개골을 그렸다. 그리고 나서 또 다른 말의 두개골을 그렸고 그 후 하나 더 그렸다. 내가 애머릴로에 체류할 당시, 소들은 그 지역의 아주 중요한 부분이었고 소들이 없는 이 지방에 대해서는 생각할 수조차 없을 정도였다. 나는 대서양 연안 지역에서 일하는 동안 만났던 도시인들에 대해 생각했다. 그들은 위대한 미국의 소설이니, 위대한 미국 연극이니, 위대한 미국의 시니 미국 문학에 대해 떠들어댔다. 그들이 위대한 미국 미술을 열망했는지는 잘 모르겠다. 아마도 세잔은 너무 높은 곳에 있었고, 그들에게 위대한 미국 미술은 가능한 꿈같이 보이지 않았을 것이라고 생각한다… 당시 나는 우리나라에 대해 무척 열광해 있었다. 나는 그러한 지성인들 누구라도 할 수만 있다면 미국보다는 유럽에서 살고 싶어했을 것이라고 생각했다. 심지어 그들은 뉴욕에 사는 것조차 원하지 않았는데, 어떻게 위대한 미국적인 것이 나타날 수 있을까? 소 두개골을 그리면서 나는 마음속으로 생각했다. '나는 미국적인 그림을 그릴 것이다. 그 사람들은 빨강, 하양, 파랑의 줄무늬로 그린 이 그림을 위대하다고 생각하지는 않을 것이다. 그러나 곧 위대하다는 것을 알아차리게 될 것이다.'"[1]

'위대한 미국적인 것'에 대한 오키프의 언급은 아마도 이 개념이 미국 미술계와 예술가들을 사로잡았던 1930년대 초를 말하고 있는 것일 것이다. 당시는 제1차 세계대전 이후 미국 미술의 발전에 있어서 새 시대를 열었던 시기였을 뿐만 아니라, 오키프의 예술적 삶에 있어서도 새로운 장으로 들어가는 시점이었다. 여러 가지로 이 시기는 미국의 예술가들이 유럽과 유럽의 미학적 뿌리로부터 떠나기 시작한 때였다. 아모리 쇼가 유럽 미술을 옹호한 반면, 1920년대 예술가들은 미국적 특성을 가진 독자적인 미술 작품을 창조하려고 했다. 영국의 미술공예운동은 당시 이러한 미국적인 토착 미술을 주창하는 최초의 움직임이었다. 한편, 20세기가 되면서 어떤 이들은 미국 남서부에 거주하는 아메리카 원주민과 히스파노(스페인계의 혼혈 멕시코인들)의 문화적 생산품에 관심을 기울였고, 다른 한 무리의 예술가들은 대공황 시기의 지역주의(Regionalist) 화가들이 중서부 지역을 그렸던 것처럼 초록으로 뒤덮인 미국의 농촌 풍경에 주목했다. 이러한 상황 속에서 오키프 자신도 모순으로 가득 찬 남서부를 상징하는 강렬한 오브제를 통해 미국 모더니즘 발전에 기여했다. 그녀는 작품에서 성조기의 색채를 차용해 적, 백, 청의 애국적인 색 휘장을 최근에 비로소 미국 영토로 편입된 땅(뉴멕시코)과 죽음(두개골), 둘 다의 상징으로 바꾸어 놓았다.

수십 년 동안, 많은 예술가들이 남서부를 미국의 국경 지역, 즉 미국에 마지막으로 흡수된 영토로 그렸다. 사실 뉴멕시코는 히스파노, 아메리카 원주민, 백인이 다 같이 거주하며 격렬한 다툼을 벌인 땅이었고, 오키프가 소 두개골 그림을 그리기 19년 전쯤인 1912년에서야 미국의 한 주로서 지위를 획득했다. 그리하여 남서부 지역은 사회 기반 시설에서부터 언어(다양한 원주민 토착어뿐만 아니라 스페인어도 계속 통용되고 있었다)에 이르기까지 아직도 여러 측면에서 한창 미국화되어가고 있는 과정에 있었다. 남서부에서 미국인이 된다는 것은 간단하지 않은 문제였다. 왜냐하면, 인종, 식민주의, 민족 등에 얽힌 복잡한 역사가 그 지역의 정체성을 규정하는 데 큰 역할을 했기 때문이다. 1880년, 애치슨, 토피카 앤 산타페 철도의 건설로, 여행객과 이주자들은 모두 미국의 동부와 서부 사이의 거리를 이어주는 편리한 교통 수단을 이용할 수 있었다. 그들은 철도가 없었다면 낯설고 이국적으로 느꼈을 땅과 사람들에게 차차 익숙해졌다. 뉴멕시코 주민들은 그들의 지역적인 특성을 여전히 간직하고 있는 한편, 보헤미안적인 예술가와 부유한 기업가 등 새로운 사람들이 미국화 과정에 있는 이 지역에 몰려들었다.

좀 더 개인적인 차원에서 본다면, 오키프의 그림에는 그녀가 계절에 따라 남서부와 대서양 연안 지역 사이를 오간 여행의 흔적과, 이러한 여행으로 제2차 세계대전 이후 그녀의 삶이 어떻게 양쪽 지역에서 이분화되었는지 나타나 있다. 1918년 이후 그녀는 뉴욕에서 겨울을, 레이크 조지에서 여름을 보낸 것으로 알려져 있으며, 스티글리츠와 결혼한 지 6년째 해가 되는 1930년 무렵부터는 뉴멕시코에서 여름을 보내기 시작했다. 오키프는 광범위한 지역을 두루 여행했고 수많은 곳에 머물렀다. 〈소 두개골: 적, 백, 청〉은 분명 뉴멕시코를 암시한 작품이지만, 그곳 여행 중 수집한 동물 뼈들을 바탕으로 레이크 조지에서 제작했다. 오키프는 한 상자의 뼈를 뉴멕시코로부터 자기가 사는 집까지 화물로 운송함으로써 이 사막의 유물을 가질 수 있었다. 그녀는 뼈 잔해물들을 사용하여 수많은 여행을 짐작하게 하는 그림들을 제작했다. 그녀의 작품 속 남서부 지역의 특별한 모습은 멀리서 온 것으로부터 창조된 것이었다.[2]

오키프는 그녀의 주변 환경에 대한 독특한 묘사와 사는 장소의 명상적인 분위기로 인해 미국의 유명한 모더니스트 작가가 되었다. 남서부와 그녀의 인연은 주목할 만한 것이었고 이후 몇 년간 점점 깊어졌다. 당시 오키프는 장소를 묘사함에 있어 〈소 두개골: 적, 백, 청〉의 경우에서처럼 멀리서 본 시점을 선택했다. 뉴멕시코 여행에 대한 기념으로 수집해 배로 실어온 한 상자의 뼈를 보고 그린 〈소 두개골: 적, 백, 청〉은 자신이 직접 방문했던 추억 때문에 매우 소중하게 된 장소를 투사한 것이다. 이 그림은 그 형식과 개념에 있어서 〈멀고도 가까운 곳에서(*From the Faraway, Nearby*)〉라는 시적인 제목의 또 다른 뼈 소재 그림에 앞선 작품이다**[도판 32]**. 1937년에 그린 이 작품에서는 영양의 뿔이 옅은 핑크빛 하늘을 가로지른 채 그 두개골이 줄무늬 언덕이 있는 풍경 한가운데 떠 있다. 이 그림은 먼 풍경을 배경으로 두개골이 기어오르는 듯한 모습이어서 신비로운 느낌을 준다. 풍경은 멀리 보이고 두개골은 관람자의 눈앞에 가까이 있는 공간 구사로 인해 제목이 왜 '멀고도 가까운 곳'인지 이해할 수 있게 된다. 오키프에게 '멀리서'는 광활한 경관을 보면서 느낀 어떤 특별한 고독감을 표현한 것이었다. 다시 말해서, 이 작품에서는 뉴욕에서 뉴멕시코까지 여러 장소를 떠돌아다니며 느꼈던 감정의 실체를 보여준 것이다. 어떤 집과 장소는 가깝고 친밀하게 느껴졌을 것이고 어떤 집과 지역은 낯설고 멀게 다가왔을지도 모른다. 이렇게 가까운 것과 먼 것 사이의 긴장은 이것과 다른 작품들 속에 숨겨진 모티프가 되었다. 오키프는 그림 속에서 여행자로서의 그녀의 라이프스타일과 시점의 유희를 반영했던 것이다.

이렇듯, 각각의 작품은 오키프의 삶의 새로운 단계를 상징한다. 〈사막의 밤 기차〉**[도판 3 참조]** 같은 작품들은 그녀에게 행운을 주었는데, 바로 스티글리츠가 자신의 갤러리를 통해 구축한 예술가와 지식인들로 구성된 서클에 그녀를 소개한 것이다. 이때 오키프는 여성으로서는 최초로 단독 전시회를 가질 수 있었다. 그녀는 수채화에서 유화로 옮겨가면서 계속 자신의 양식을 발전시켰다. 오키프는 도우에게서 배웠던 것을 잊지 않았고, 그의 가르침대로 늘 그녀 주변의 환경에서 영감을 도출했다. 마천루부터 잘려나간 꽃 그림에 이르기까지 오키프 작품의 주제는 매우 광범위했다. 그러나 그녀의 그림 속 오브제들은 일상적이든 특별하든 간에 관람자에게 다르게 보도록 도전하게 하는 경향이 있었다. 그녀는 만개한 오브제들이나 쇠락의 끝에 있는 것 모두에 시선을 집중하며 그리기 연습을 했고 다른 이들에게도 그렇게 하기를 요구했다. 오키프의 표현에 의하면, 그녀의 작품 활동은 알려지

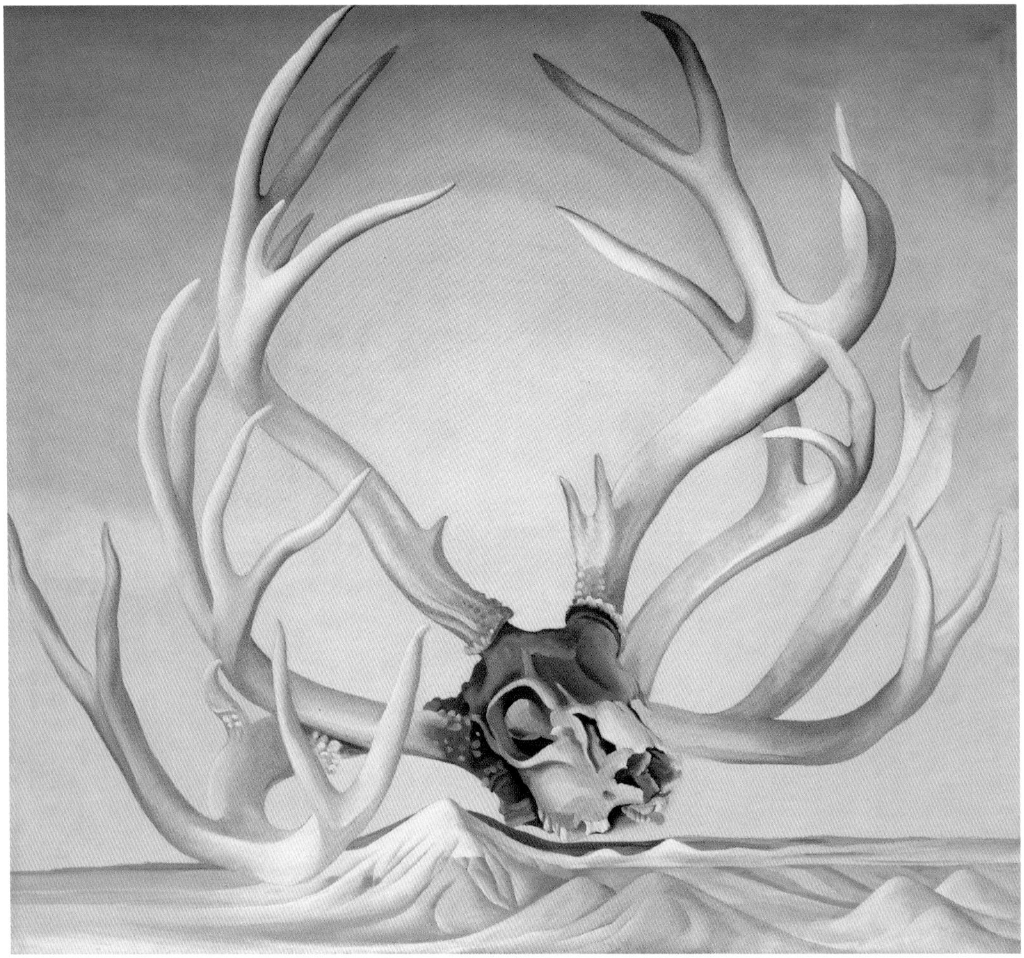

지 않은 것을 알리는 것이었다.[3] 사실상, 오키프의 인생에 있어서 이 시기는 스티글리츠와의 협업으로부터 점진적으로 독립하는 과정을 거쳐 전적으로 자율적인 개체로 이행한, 예술가로서 완숙의 단계에 이른 때였다.

레이크 조지

1918년, 위중한 병에서 회복된 오키프는 뉴욕에 돌아왔다. 그 무렵 이미 오키프의 가까운 지인이자 멘토가 되어 있었던 스티글리츠가 서른한 살의 젊은 예술가의 건강을 몹시 걱정하여 폴 스트랜드를 텍사스에 보내 그녀를 찾아 데려오게 했던 것이다. 그해 6월, 오키프는 뉴욕에 도착하자마자 스티글리츠의 조카 엘리자베스의 스튜디오에 거처를

[도판32] 〈멀고도 가까운 곳에서〉, 1937년, 캔버스에 유채, 91.2 x 102cm, 알프레드 스티글리츠 컬렉션, 1959년, 메트로폴리탄 미술관, 뉴욕, 미국. [59.204.2].

정했다. 그의 조카가 레이크 조지(Lake George)의 집과 똑같이 오렌지와 노랑의 꽃 색깔로 꾸민 이 아파트는 59번가에 위치한 브라운스톤(Brownstone)*으로 지어진 집이었는데, 당시 앤더슨 갤러리 뒤에 있었다. 수년 후, 그녀는 이때가 자신의 예술에 있어 하나의 전환점이었고 결국 뉴욕에 체류하기로 결심했다고 말했다. 오키프는 텍사스로 다시 돌아가지 않겠다고 굳게 결심하고 이곳에서 그림에만 전념하기로 했다. 마치 최종적으로 텍사스를 떠나기로 결정한 것처럼, 그녀는 협곡에 살 때 그렸던 수많은 수채화를 비롯한 자신의 작품들을 모두 뉴욕으로 옮겼다. 그중 일부는 생애 마지막까지 간직했고, 나머지는 즉시 폐기해 버렸다. 그녀는 다음과 같이 말했다. "나는 접시꽃들을 그린 큰 사이즈의 수채화가 커다란 쓰레기통에 버려져 캔버스 일부가 밖으로 삐죽이 그 모습을 드러내던 것을 기억해요." 그녀는 마음에 들지 않은 작품들을 계속 쓰레기통이나 길거리에 버렸다. 그리고 결코 버린 것들을 회수하지 않았다.[4]

그 후 얼마 가지 않아서 오키프와 스티글리츠의 우정은 사적인 로맨스로 변화했고, 이 사랑은 몇 년간 열정적이고 계시적이며 불안하고 유독한 여러 가지 모습을 띠었다. 스티글리츠는 오키프보다 23살 연상이었고, 아주 유명한 갤러리 대표이자 현대 사진의 창시자, 뉴욕 아방가르드 미술의 후원자였다. 이에 비해 유명한 것과는 거리가 멀었던 오키프는 사실상 무명이나 다름없었고, 사람들에게 최근에 텍사스에서 잠시 강사로 일했던 열정적인 예술가 정도로만 알려졌을 뿐이었다. 두 사람은 이런 여러 가지 차이점 때문에 서로 어울리지 않아 보였지만, 마침내 동거에 들어갔다. 당시 스티글리츠는 25년간 결혼생활을 해온 유부남이었다. 그는 또한 키티라는 이름의 대학생 나이의 딸이 있었는데, 아버지의 외도로 인해 후에 정신분열증 진단을 받기도 했다. 이렇듯 오랜 세월 이어진 가족적 연대를 위협하는데도 불구하고, 스티글리츠는 오키프와의 관계를 포기하지 않고 정열적으로 지속했다.

초기에는 그들의 로맨스가 스티글리츠에게 활발한 작품 활동을 하도록 자극을 주었다. 열정적인 연인에게서 영감을 받은 스티글리츠는 동거를 시작한 첫해 동안 오키프를 찍은 100개의 사진 작품을 제작해냈다. 그중 일부는 그녀의 누드를 찍은 것이다. 이 사진 작품들 중 많은 것에서, 스티글리츠는 그녀의 신체를 별개의 퍼즐 조각들로 분할했는데, 이는 개인적인 은밀한 성적 욕망을 표현한 것이었고 그 자신도 이를 분명히 인식하고 있었다. 다른 작품들에서는 그녀가 옷을 입고 자신의 '스페셜즈' 시리즈[**도판 33, 도판 34**] 앞에서 포즈를 잡고 있는 모습이 보인다.

이 작품들에서 오키프는 진지한 예술가의 페르소나를 보여준다. 이 시기, 오키프는 그러한 명상적이고 금욕적인 분위기를 풍기는 페르소나를 만들어내는 법을 배웠다. 이후 수십 년 동안 오키프는 그녀의 시대에서는 가장 사진이 많이 찍힌 예술가 중 한 명이 되었다. 스티글리츠를 시

* 적갈색의 사암으로된 건축 자재.

작으로 하여 40명 이상의 사진작가들이 그 뒤를 이어 그녀의 사진을 찍었다. 비록 스티글리츠만큼 그녀를 보는 시선이 친밀하지는 않았지만 말이다. 1937년까지 스티글리츠가 찍은 초창기 사진들은 그녀가 기획한 페르소나가 그 바탕이 되었다. 그녀는 자신의 얼굴을 주의 깊게 표현하는 법을 배웠다. 또한, 대체로 어두운 색의 옷을 입었는데 이는 특히 흑백 필름에서 더 강한 시각적 대조를 얻기 위해서였다. 오키프가 밝은색 옷이나 패턴이 있는 옷을 입는 경우는 아주 드물었다. 공식적인 사진들 속에서 그녀의 스타일은 신중하고 진지해 보였지만, 사실 그 시대 패션으로 보면 괴상한 것이기도 했다. 오키프는 카메라 앞에서 스스로 창출한 페르소나를 즐겼는데, 이것은 그녀가 죽을 때까지 유지한 자아상의 한 측면이었다. 스티글리츠는 1921년, 뉴욕 앤더슨 갤러리에서 오키프를 찍은 사진 작품들을 전시했다. 그 사진들을 보면, 그녀가 스티글리츠의 모더니즘 작품의 뮤즈였다는 것을 확신할 수 있다. 그들의 친밀한 생활공간 안팎에서 그녀는 스티글리츠가 작품을 창조하도록 제 역할을 다했던 것이었다.

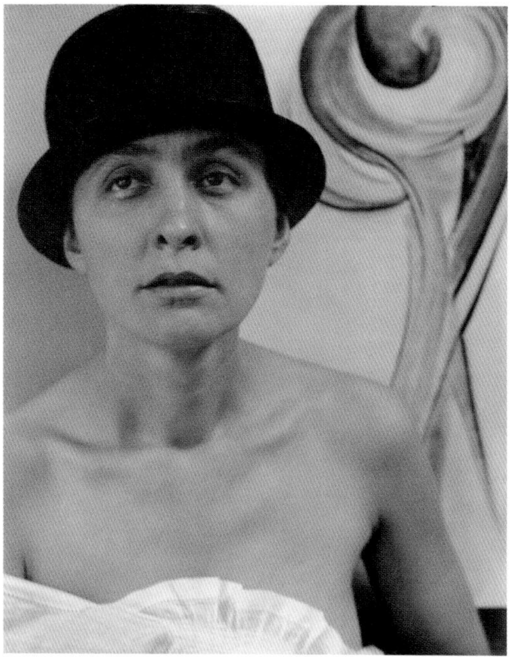

이 시기는 또한, 그들이 서로 창조적인 예술적 영감을 주고받기 시작한 때이기도 하다. 당시 스티글리츠의 사진은 오키프의 그림에 엄청난 영향을 주었다. 그녀 역시 추상성을 부여하기 위해 오브제들을 절단했다. 오키프는 또 도시 풍경, 고층 빌딩들, 거리의 가로등, 항구 등 스티글리츠 사진의 콘텐츠들을 주의 깊게 관찰했고, 이것이 결국 헤아릴 수 없이 많은 그녀의 그림들에서 영감의 근원이 되었다. 두 사람의 생활이 점점 더 밀접하게 얽힘에 따라 오키프의 미학 역시 스티글리츠에게 깊은 영향을 미쳤다.[5] 그들이 연인이 된 지 몇 년 후인 1923년, 스티글리츠는 〈음악: 열 개의 구름 사진 시퀀스(*A Sequence of Ten Cloud Photographs*)〉라는 제목의 구름을 찍은 일련의 사진 작품 전시회를 열었다. 그는 스위스 태생의 미국 작곡가 에르네스트 블로흐가 이 사진 작품들을 보고, '음악! 음악! 저것은 음악이다! 당신은 저것을 어떻게 해냈는가'라고 외치며 바이올린, 플루트, 오보에, 금관 악기를 가리킬지도 모른다고 생각했다.[6] 오키프가 음악과 회화 간의 밀접한 관계를 표명했듯이, 스티글리츠도 똑같이 여러 가지 감각 경험을 종합적으로 포착하기 위한 시각적 수단을 찾고 있었다.

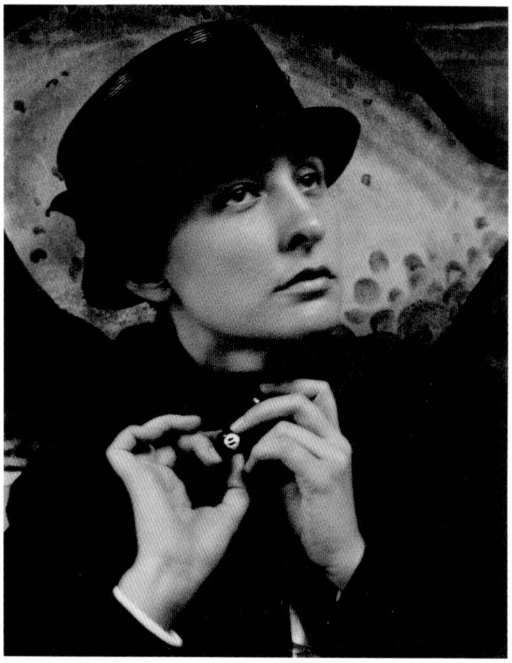

두 예술가는 상대방에게 서로 창조적인 혁신을 하도록 크게 자극했다. 특히 오키프가 뉴욕으로 이주한 시기, 그리고 1918년 이후 여름 몇 달 동안 레이크 조지에 있는 스티글리츠의 집에서 보낸 시절은 결실이 풍부했다. 이 두 장소에서 오키프는 여러 가지 다양한 풍경에 접할 수 있었고, 강렬하고 매혹적인 주제들을 발견했다.

맞은편 위 [도판33] 알프레드 스티글리츠,
조지아 오키프, 1918년, 팔라듐 프린트,
24.5 x 19.2cm. 메트로폴리탄 미술관,
뉴욕, 미국. [1997.61.6].

맞은편 아래 [도판34] 알프레드 스티글리츠,
조지아 오키프, 1918년, 팔라듐 프린트,
23.5 x 18.4cm. 조지아 오키프 재단 기증.
조지아 오키프 미술관, 산타페, 뉴멕시코,
미국. [2003.1.2].

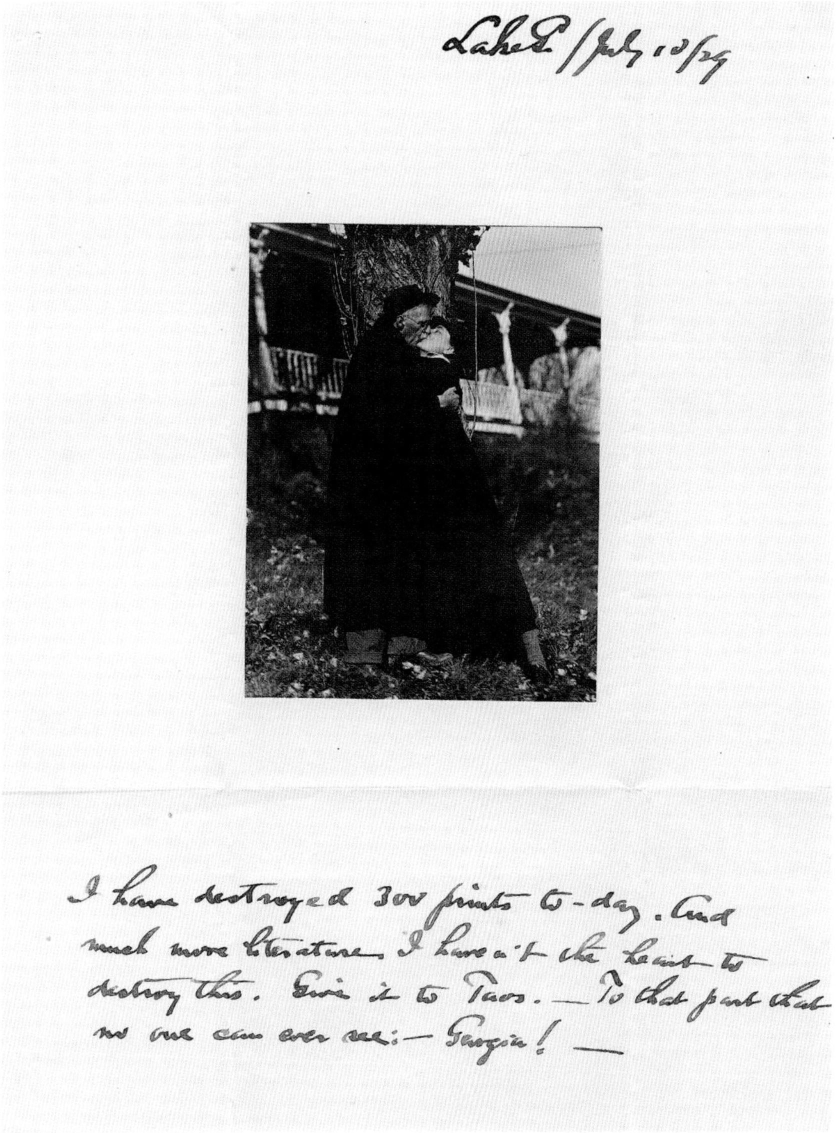
Lake G. / July 10/29

I have destroyed 300 prints to-day. And much more literature. I haven't the heart to destroy this. Give it to Taos. — To that part that no one can ever see: — Georgia! —

오른쪽 [도판35] 사진작가 미상,
조지아 오키프와 알프레드 스티글리츠가
1929년 뉴욕의 레이크 조지에 있는
그들의 집 앞에서 포옹하고 있는 모습.
자필 메모가 있는 종이 위에 사진을 붙였다.
알프레드 스티글리츠/조지아 오키프 컬렉션.
예일대학교 바이네케 도서관, 예일대,
뉴헤이븐, 코네티컷, 미국.

오키프는 1918년 8월, 스티글리츠와 함께 기차를 타고 레이크 조지로 여행했다. 1880년에 스티글리츠의 아버지가 구매한 주택은 남서부 해안가에 위치해 있었는데, 집에서는 그레이트 애팔래치아 계곡을 이루고 있는 푸릇푸릇한 언덕들이 내다보였다**[도판 36]**. 뉴욕에서 기차로 네 시간 걸리는 댈러웨이 앤 허드슨 패신저 역에 도착했을 때, 오키프는 북적거리는 관광 소도시를 볼 수 있었다. 육지에서는 전차가 몰려드는 방문객을 수송했고, 호수에서는 모터보트가 사람들을 태워 나르고 있었다**[도판 38]**. 텍사스에 살 때와 마찬가지로 오키프는 여기서도 하이킹에 열정적이었고, 광활한 스티글리츠의 사유지와 그 주변을 도보로 탐색하며 돌아다녔다. 그곳에 머무는 동안 그녀는 꽃들과 농작물이 생장하는 것을 보았고, 가을이 오면 오렌지색으로 물든 나뭇잎을 수집했다. 조개껍데기나 소소한 물건들을 스튜디오로 가져가서 애정을 가지고 다듬어 보잘것없는 폐기물들을 새로운 것으로 만들기도 했다. 어디에서나 그랬듯이, 그녀는 이삭, 나뭇잎, 사과, 작은 조약돌에 이르기까지 온갖 오브제들을 소재로 그림을 그렸다. 그녀는 또 비바람에 마모된 오랜 창고를 광각 사진 방식으로, 혹은 일부를 잘라낸 방식으로 그리면서 화면상의 구성을 실험했다. 그리고 땅에서 쭉 솟아오른 다 자란 참나무로부터 영감을 얻어, 수채화와 유화로 스물아홉 개의 나무 그림을 제작했다.[7] 오키프는 위에 높이 떠 있는 구름, 멀리 흘러가는 강물을 주의 깊게 관찰했고, 때로는 옥외에서 때로는 창문에서 내다보면서 낮과 밤의 각기 다른 풍경 모습을 그렸다. 〈먹구름, 레이크 조지(*Storm Cloud, Lake George*)〉는 불길한 분위기 속에서 몰려오는 폭풍을 보여주는데, 이런 기후는 여름과 가을 몇 달 동안 레이크 조지에서는 일반적인 것이었다**[도판 39]**. 그들이 같이 지낸 첫 여름에, 스티글리츠는 몇 안 되는 오키프의 작업 모습을 보여주는 사진들 중 하나를 찍었다**[도판 40]**. 이 사진에서 우리는 오키프가 두꺼운 스웨터를 걸치고 머리카락을 대강 뒤로 넘긴 채 땅바닥에 앉아, 물 한 통을 무릎 꿇은 다리 바로 옆에 둔 채 도우가 그의 저서에서 가르친 바로 그대로 수채화 붓을 잡고 있는 것을 볼 수 있다. 그녀는 스티글리츠가 카메라로 자신을 찍고 있는 상황이 예상치 못한 일이라는 듯한 표정을 짓고 있다. 그녀는 스티글리츠 집의 일상생활로부터 떨어져 그 오두막에서 휴식을 가졌고, 홀로 고요히 그림을 그리는 것에 익숙해져 있었던 것이다**[도판 41]**. 이 시절, 오키프는 몇 년 전 엘리자베스 스티글리츠와 결혼한 스티글리츠 집안의 정원사 도널드 데이비드슨과 친해졌다. 데이비드슨은 과실, 채소 및 꽃을 재배하는 데 정통한 사람이었다. 오키프는 그의 학생이자 친구가 되었고, 그가 한때 휴면기에 있던 식물들을 소생시키는 것을 지켜보기도 했다.

위 [도판36] 알프레드 스티글리츠, 레이크 조지 집과 나무들, 1932년, 젤라틴 실버 프린트, 18.6 x 23.6cm. 조지아 오키프 재단 기증. 조지아 오키프 미술관, 산타페, 뉴멕시코, 미국. [2003.1.22].

아래 [도판37] 레이크 조지, 뉴욕

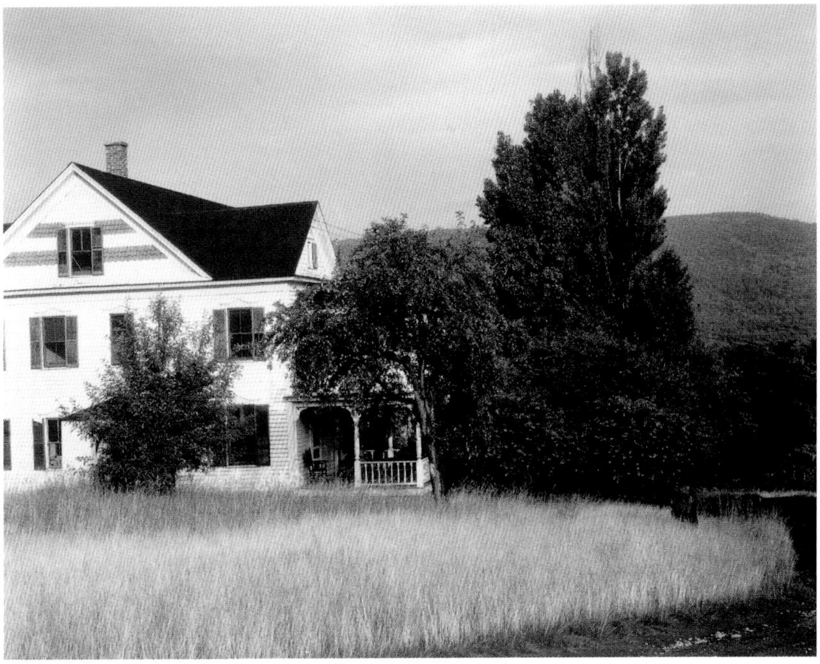

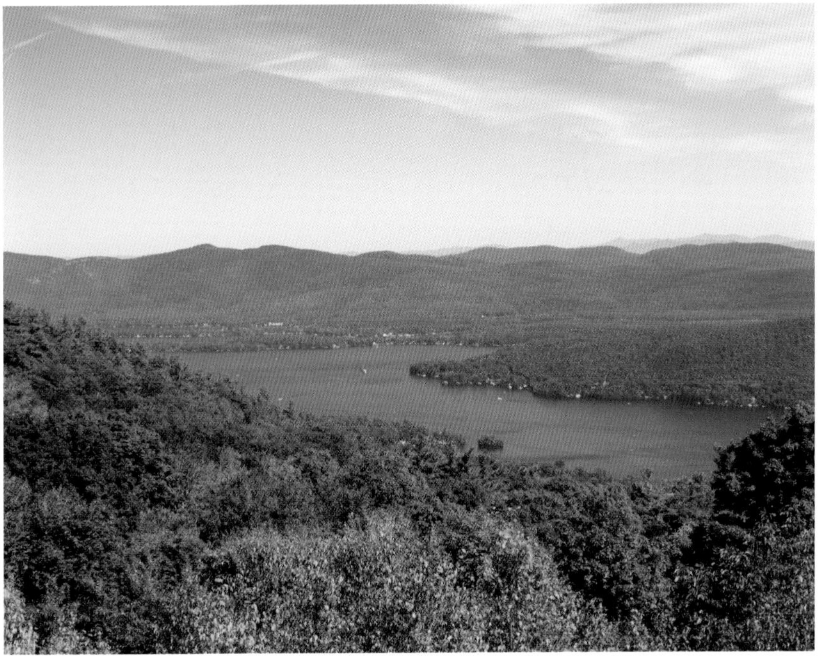

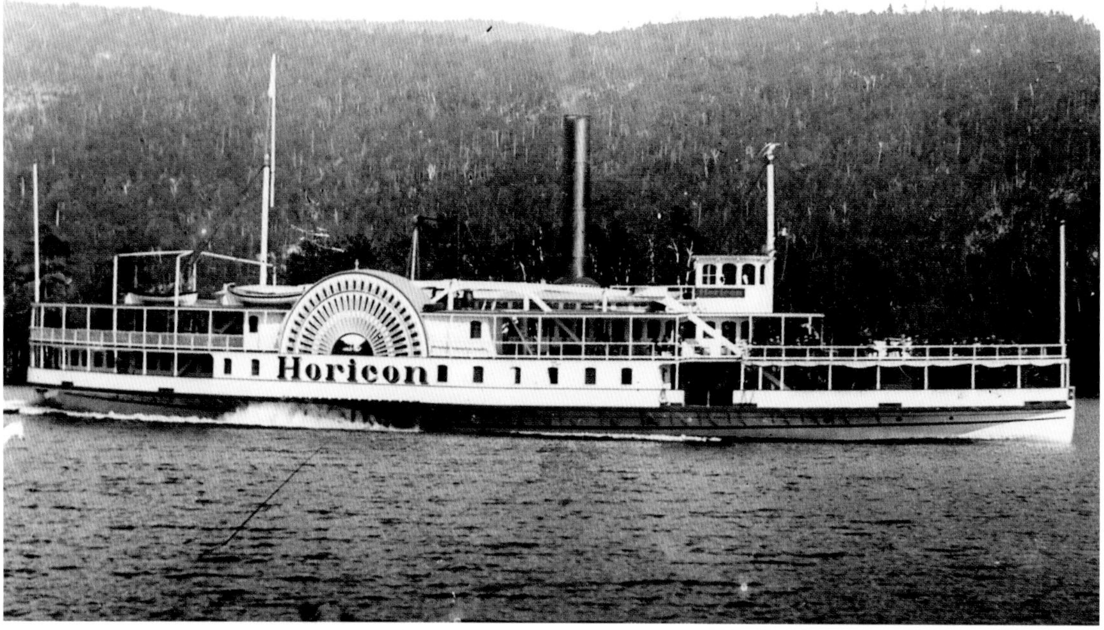
Horicon

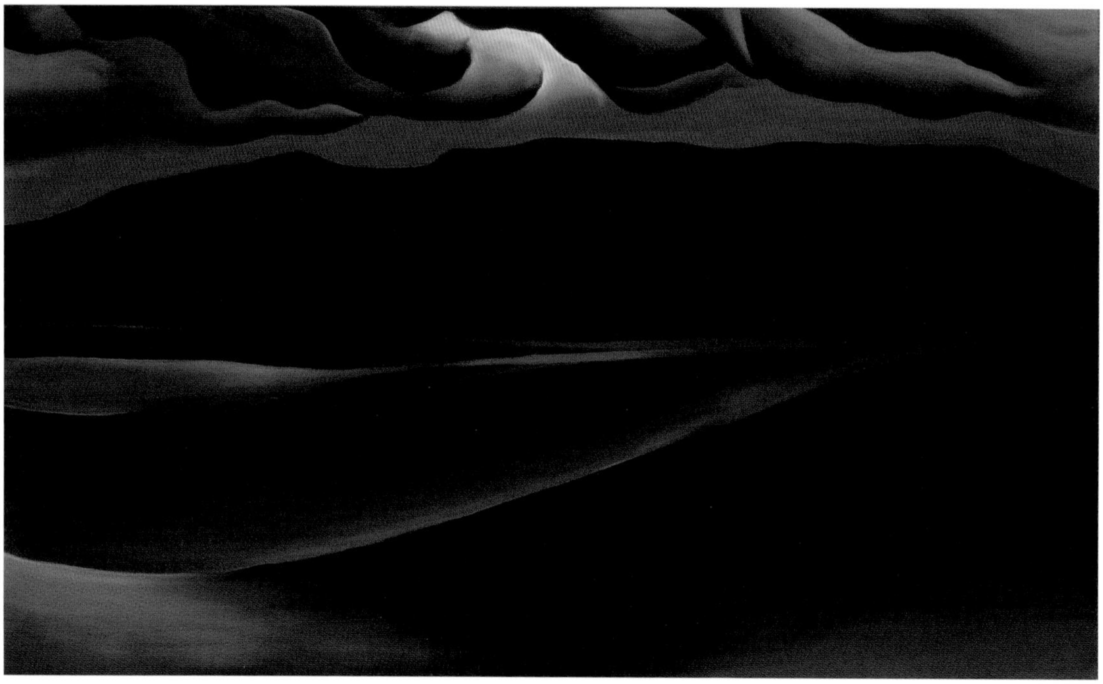

맞은편 위 [도판38] 레이크 조지의 증기선 호리콘, 뉴욕, 1900년

맞은편 아래 [도판39] 〈먹구름, 레이크 조지〉, 1923년, 캔버스에 유채, 45.7 x 76.5cm. 조지아 오키프 재단 기증. 조지아 오키프 미술관, 산타페, 뉴멕시코, 미국. [2007.01.018].

위 [도판40] 알프레드 스티글리츠, 조지아 오키프, 1918년, 젤라틴 실버 프린트, 9 x 11.7cm. 조지 이스트맨 뮤지엄, 로체스터, 뉴욕, 미국.

아래 [도판41] 〈나의 오두막, 레이크 조지〉, 1922년, 캔버스에 유채, 50.8 x 68.9cm. 필립스 컬렉션, 워싱턴 D.C., 미국.

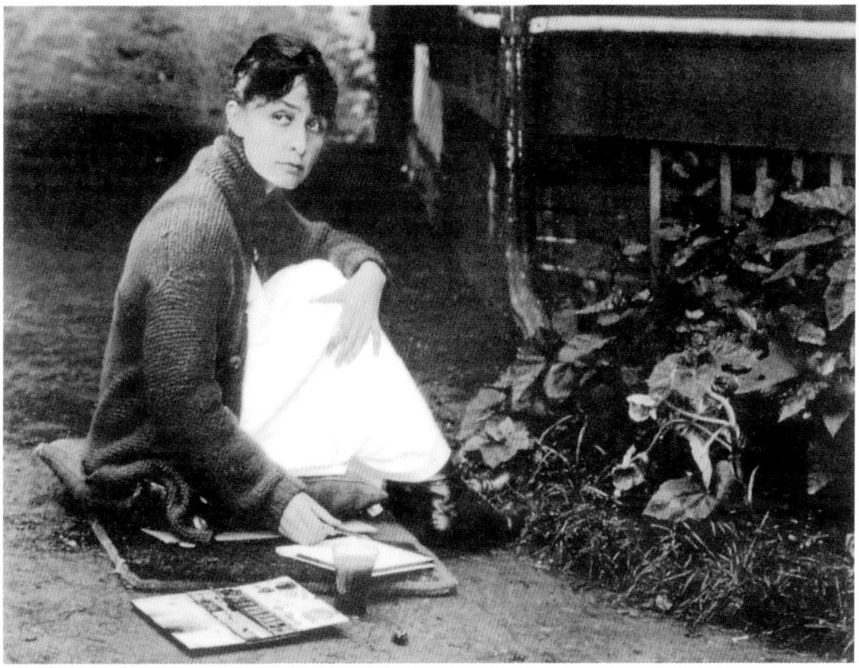

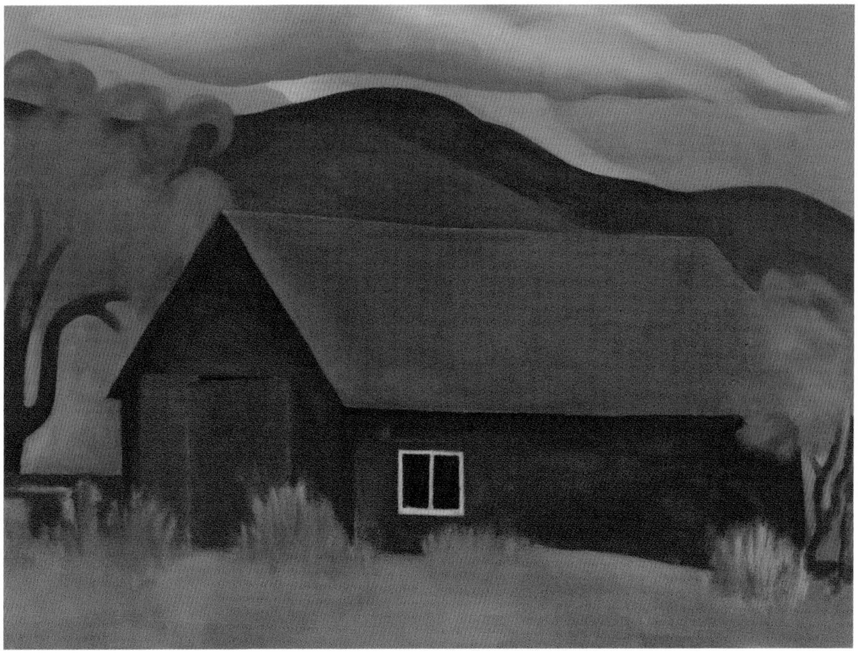

[도판42] 〈페튜니아 No. 2〉, 1924년, 캔버스에 유채, 91.4 x 76.2cm, 버넷 재단 및 제럴드, 캐슬린 피터스 부부 기증, 조지아 오키프 미술관, 산타페, 뉴멕시코, 미국. [1996.03.02].

오키프 또한 계속 정원 일을 해보려고 시도했다. 화가이자 시인인 에티 스테트하이머에게 너무나 많은 해충이 그녀의 노력을 무력화시켰다는 이야기를 비롯한 식물 기르기의 고충에 대해 편지를 쓰기도 했다. “마멋이 옮겨 심은 해바라기를 먹었고 감자벌레는 감자 덩굴을 먹었어요. 우박은 토마토, 콩, 옥수수를 망쳐버렸고요… 다른 집의 조망권 때문에 하나밖에 없는 어린 사과나무의 윗부분 전체를 잘라내 버렸어요. 그래서 지금 우리는 사과 소스를 얻지 못할 것이라고 생각하고 있어요.”[8] 이렇듯 종종 그녀의 꽃, 채소, 과일 나무의 정원에 어려움이 닥쳤지만 오키프는 계속 식물을 가꾸었고, 뉴멕시코로 이주한 이후에도 신선한 유기농 농산물을 지속적으로 경작했다. 다시 레이크 조지 이야기로 돌아가 보자. 꽃 기르기는 데이비드슨의 주요 관심사 중 하나였다. 당시, 미국 사회에서는 꽃 재배 열풍이 불었다. 루터 버뱅크(Luther Burbank, 1829~1926)라는 서부 지역 출신의 식물학자 덕분에 다양한 종의 꽃 품종 개량에 대한 관심이 전국적으로 점점 확산되고 있었다. 19세기 말부터 버뱅크는 계속 수백 종의 식물을 개발했고, 자신의 연구를 게재한 식물 카탈로그를 출간했다. 에린 코가 썼듯이, 버뱅크의 카달로그 속에 나타난 꽃의 색채라든가 잘린 이미지들은 오키프 작품의 꽃 형상과 시각적으로 매우 유사하다. 이 독특한 꽃의 모습은 곧 그녀의 작품 세계를 규정하는 특징이 된다. 사실, 오키프는 레이크 조지에서 버뱅크의 열렬한 추종자인 데이비드슨의 도움으로 처음 페튜니아를 심었다. 〈페튜니아 No. 2(*Petunia No. 2*)〉는 최초의 거대한 꽃 그림 중 하나였다**[도판 42]**.[9]

이 그림에서는 페튜니아가 밋밋한 회색을 뒷배경으로 캔버스의 아래 중앙에 놓여 있다. 자세히 들여다보면, 특유의 환하게 핀 다섯 개의 꽃잎과 그 꽃잎 주름 안쪽에 위치한 구멍에서 암술이 보인다. 또 다른 페튜니아는 일출 때 언덕에서 떠오르는 태양같이 뒤에서 떠돌고 있다. 매우 가까운 거리에서 들여다본 관점으로 그린 그녀의 꽃 그림은 꽃잎을 거의 완전한 추상으로 보이게 하는데, 이는 아마도 그녀가 열정을 쏟았던 정원 일에서 영감을 받았을 것이다. 그녀는 정원에서 꽃과 식물을 가꾸면서 그것들을 근접 거리에서 자세히 관찰함으로써 얻은 감각을 갖고 있었던 것이다. 비록 이러한 그림들의 꽃 형태를 여성의 성 기관으로 보고 지나치게 성적 특성을 부여하는 프로이트적인 정신분석학으로 해석하기도 하지만, 오키프는 단지 다른 주제들에서도 그토록 자주 연습했던 구성의 원리를 꽃에서도 적용하려고 한 것뿐이었다. 그녀는 항상 한편으로는 형상을 깊이 들여다보고 시각적으로 분석하려 했고, 다른 한편으로는 그 형상에서 핵심적인 것을 찾아내려고 했다. 후에 오키프가 이야기했듯이, 그녀는 여러 버전의 〈천남성(*Jack-in-the-pulpit*)〉* 시리즈를 그렸다**[도판 43]**. 천

* 꽃 이름은 설교자의 교단(pulpit) 같은 불염포와 원통형의 꽃차례(Jack)를 가진 꽃 모양에서 유래했다.

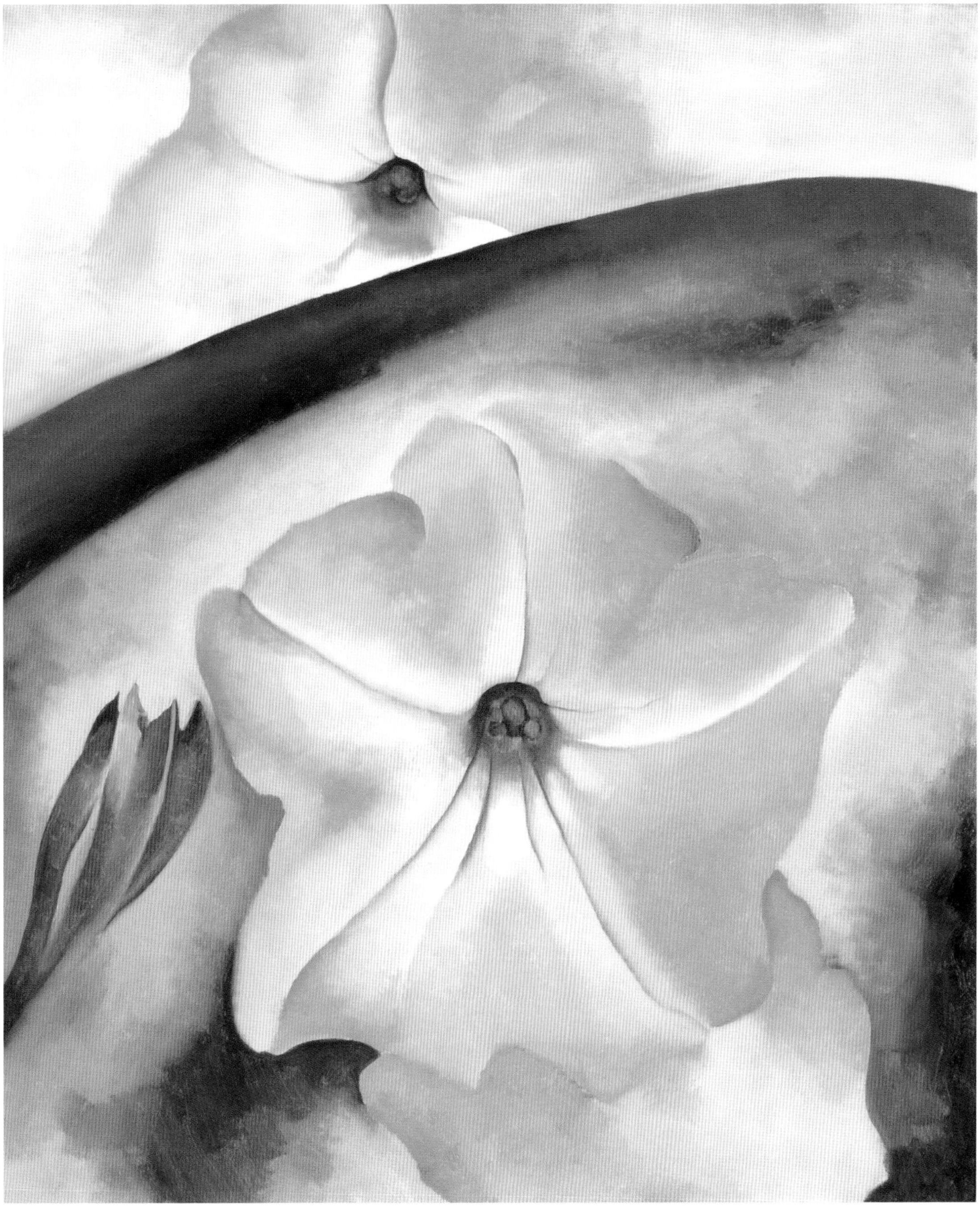

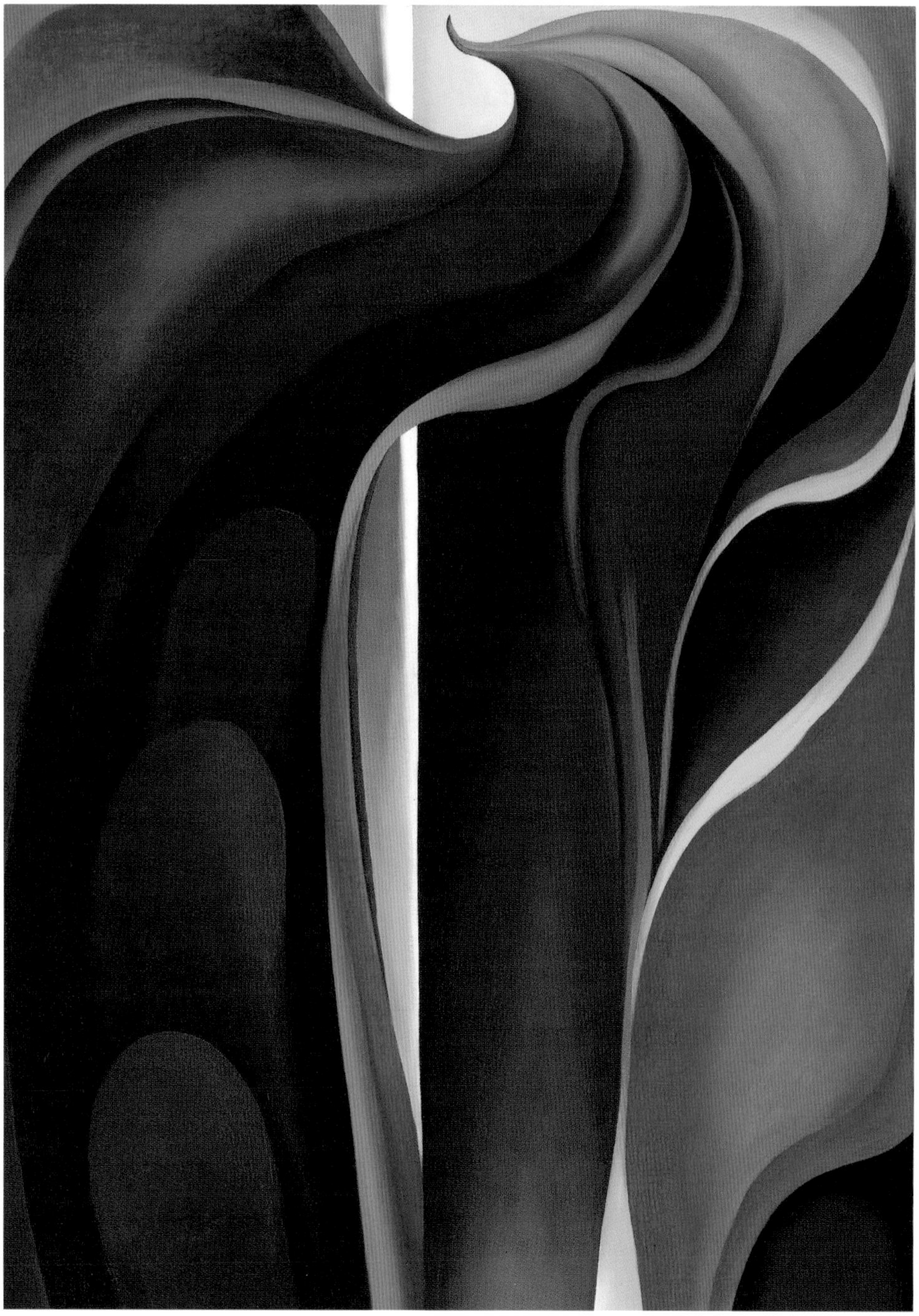

맞은편 [도판43] 〈천남성 No. 5〉, 1930년, 캔버스에 유채, 121.9 x 76.2cm, 조지아 오키프가 상속받은 알프레드 스티글리츠 컬렉션, 국립미술관, 워싱턴 D.C., 미국. [1987.58.4].

다음 쪽 [도판44] 〈깃대〉, 1925년, 캔버스에 유채, 88.9 x 46 cm, 버넷 재단 및 익명의 기부자의 기증, 조지아 오키프 미술관, 산타페, 뉴멕시코, 미국. [1997.02.01].

남성 연작은 갈수록 추상화되었다. 오키프는 어느 해 봄, 레이크 조지에서 여섯 점의 〈천남성 시리즈〉 작업을 했다. 그 첫 번째 작품은 매우 사실적이었다. 마지막 그림은 단지 꽃 전체에서 육수꽃차례* 부분인 '잭(Jack)'만 그렸다.[10] 오키프는 프로이트적인 분석이 꽃의 형상을 놓치게 했다고 생각했기 때문에 그런 해석들로부터 거리를 두었다. 그녀는 후에 자신의 꽃 그림들 자체가 사람들이 그것들을 어떻게 봐야 하는지 말하고 있다고 했다. "글쎄요. 내가 당신에게 잠시 시간을 내어 내가 본 것을 보라고 청했다고 합시다. 천천히 시간을 갖고 나의 꽃 그림을 보면서, 당신은 나의 꽃에서 당신이 이미 갖고 있던 온갖 이미지를 연상하겠지요. 그리고 당신이 그 꽃에 대해 생각하고 보는 방식으로 나도 생각하고 바라본다고 말합니다. 그런데 그렇지 않아요."[11] 사실 그녀도 언급했듯이, 프로이트의 관점으로 이 그림들의 의미를 해독하는 사람들은 자신들의 해석을 그녀의 작품들에 연결지어 자기들이 보기 원하는 것을 투사한 것뿐이었다. 오키프는 관람자, 특히 바쁜 뉴요커들이 자신의 꽃에서 늘 보았던 방식이 아닌 어떤 특별한 관점으로 겹겹의 꽃잎과 각양각색의 색채를 보고 잠시나마 일상의 멈춤을 경험하기를 원했다고 분명히 밝혔다.

오키프가 오두막집에서 레이크 조지 주변에서 수집한 물건들을 소재로 작업을 하고 있을 때, 스티글리츠는 한때 온실의 일부였던 또 다른 작은 구조물을 대상으로 사진 제작을 진행하고 있었다. 대체로 하나의 주제를 여러 버전으로 그렸던 오키프는 그 흰색 건물도 몇 점 그렸다. 스티글리츠가 사망한 이후에도 한 점 그렸는데, 그것은 바로 문밖에 서 있는 깃대와 파사드**의 대칭에 초점을 둔 작품이었다. 이 시리즈의 모든 작품에서 깃대는 화면의 가장 높은 지점까지 올라가 캔버스를 거의 균등하게 두 부분으로 분할한다. 기둥의 오른쪽에서는 화살표 모양의 풍향계가 완만한 대각선으로 위쪽을 향하고 있다. 파사드는 몇 개의 직사각형으로 구성되어 있는데, 그중 하나인 중앙의 검은색 문이 눈에 띈다. 그것은 문을 묘사하는 것 같긴 하지만 그보다는 출입구에 가깝다. 그 구조물이 어두운 방이었기 때문에 열려 있어도 '문은 항상 검은색으로 보였다'.[12] 이 주제의 각각의 그림들에서 문은 모두 늘 검정이었고 언제나 이렇게 열려 있었다. 완전히 닫혀 있는 문을 그린 것같이 보일지도 모르지만, 사실 오키프는 문 안쪽 실내를 컴컴하게 묘사함으로써 관람자가 스티글리츠의 화학적 실험실의 미스터리에 대해 상상하도록 했던 것이다. 〈깃대(*Flagpole*)〉라는 단순한 제목을 붙인 한 작품에서는, 광륜에 둘러싸인 빛나는 달이 위에 떠 있다[도판 44]. 이 작품과 다른 그림들의 검정으로 채색된 출입구는 그녀의 애비퀴우 집의 살리타의 문에 초점을 맞춘 일련의 그림들을 예견한다[도판 89 참조]. 의미심장하게도 그녀의 애비퀴우 살리타의 실제 문

* 꽃 천남성과 혹은 부들과에서 볼 수 있는 것으로 꽃자루가 없는 작은 꽃들이 굵은 꽃대 주위에 무수히 피는 꽃차례이다.

** façade, 건축물의 출입구 정면부를 가리킨다.

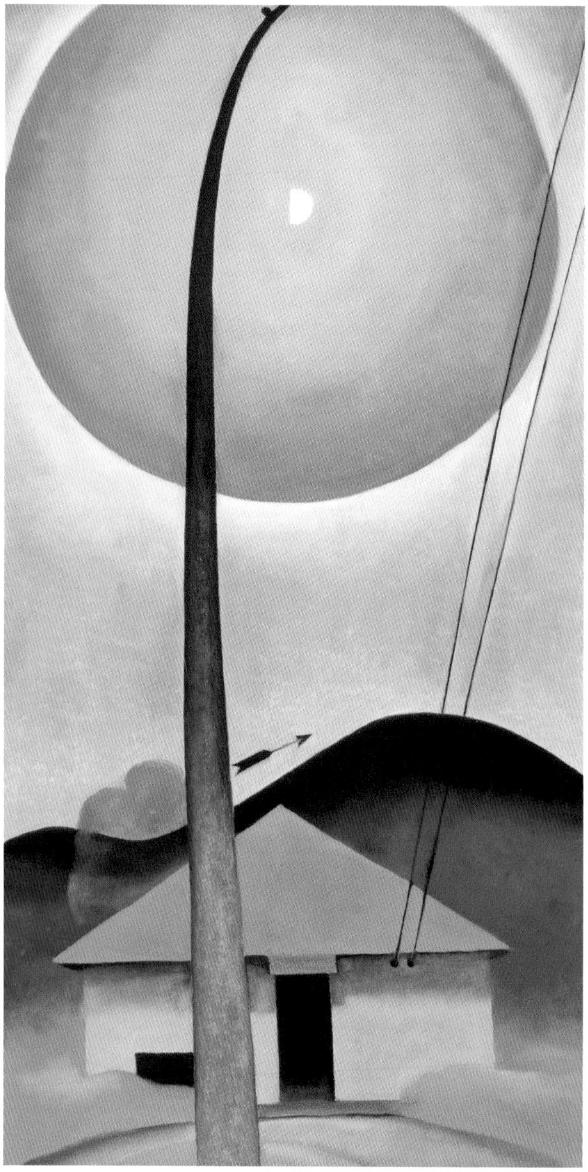

도 검은색으로 칠해져 있어서 닫았을 때 레이크 조지에 있는 스티글리츠의 암실의 어두컴컴한 실내와 비슷한 느낌을 주었다. 이 단조로운 검은색 직사각형이 개방성 혹은 폐쇄성 내지 내면성 혹은 외면성, 그 어떤 것을 의미하든지 간에, 그녀에게는 주요한 조형적 요소였음은 명백한 사실이다. 오키프는 자신의 집 창고 문에서 스티글리츠 암실의 느낌을 표현함으로써, 두 개의 서로 다른 구조물과 그녀 인생의 두 다른 시기 사이의 시각적인 유사성을 보여주려고 한 것 같다. 그녀가 애비퀴우 집과 스티글리츠의 레이크 조지 암실을 각각 여러 점 그렸다는 점에서 이러한 연관성을 충분히 읽을 수 있다.

뉴욕

오키프는 시골 지역에서 대도시로 이주한 것이 그녀의 감성을 무디게하고 점점 더 자신을 멍청하게 만든다고 생각했다. 그럼에도 불구하고, 빌딩 안팎의 전기 조명에서 창출되는 패턴이나 도시 거리의 기하학적 형태는 그림을 위한 새로운 주제가 되었다.[13] 뉴욕은 작품을 판매하는 데 있어 용이한 곳이었을 뿐 아니라, 조형 연구의 차원에서 시골 풍경과 전적으로 다른 대도시의 복잡성이라는 또 하나의 시각적 영역을 제시했던 것이다. 그녀는 언젠가 편지에 '뉴욕이 내 머릿속에서 빙빙 돕니다'라고 쓴 적이 있다. 뉴욕은 그녀에게 어지럽고 혼란스러운 곳이었고, 여러 가지 다양한 측면으로 이루어진 도시를 전체적인 모습으로 명확하게 파악하는 것이 쉽지 않았다. 사실상, 오키프는 '쭉 여기서 살면서 이 도시를 봐왔다면 자신이 도시를 이해하는 게 덜 어려웠을지도 모른다'고 생각했다. 그녀는 과거에도 뉴욕에 산 적이 있었지만, 다시 스티글리츠와 같이 그곳에서 산다는 것은 생소한 느낌으로 다가온 것 같다. 이렇듯 그녀는 뉴욕에서 이방인이었다. 그러나 이곳에서 아직 아무도 손댄 적이 없는 미개척의 작품 소재들을 발견했고, 그녀가 종내 무엇을 창조하든지 간에 그것은 완전히 새로운 것일 거라는 사실을 알았다. 그녀가 '뉴욕(New Yorks)'라고 이름 붙인 이 도시를 그린 작품들은 결국 '세상을 발칵 뒤집어 놓았다'.[14]

뉴욕을 그린 오키프의 첫 번째 작품, 〈달이 뜬 뉴욕 거리(*New York Street with Moon*)〉는 47번가를 묘사했다[**도판 45**]. 어느 날, 파크 애비뉴에서 59번가를 지나 계속 걸은 예술가는 지하철을 지나쳤고 마침내 자신이 46번가와 47번가 사

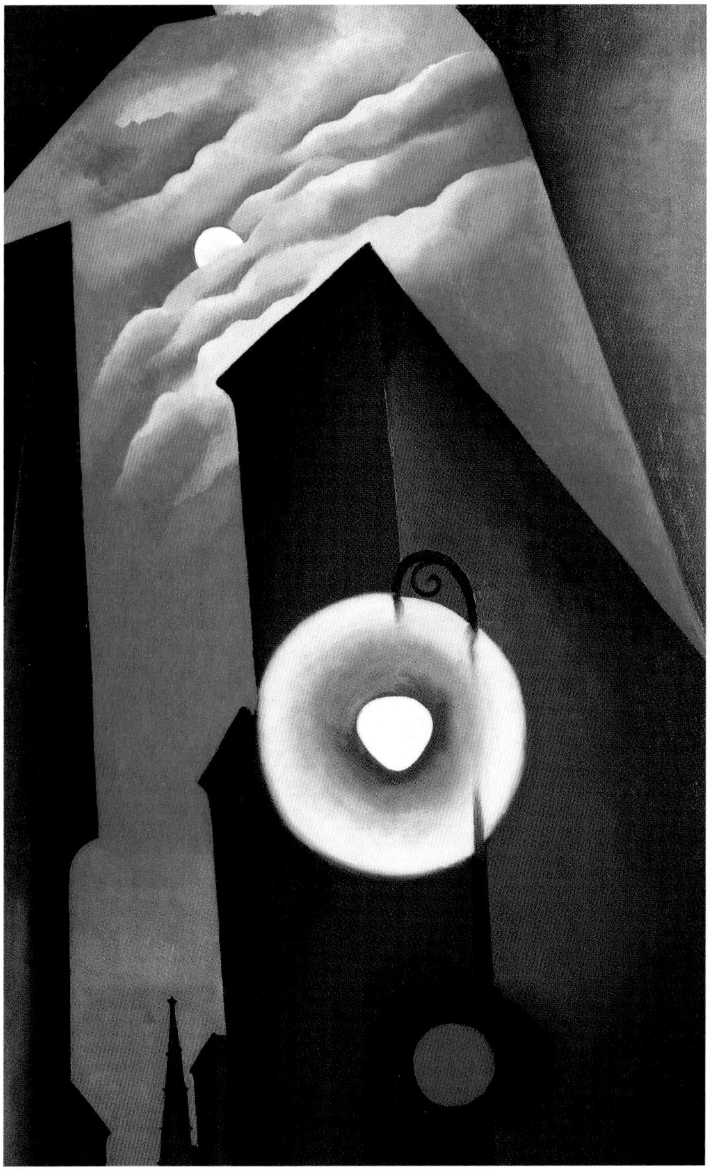

[도판45] 〈달이 뜬 뉴욕 거리〉, 1925년, 캔버스에 유채, 122 x 177cm, 카르멘 티센 보르네미사 컬렉션, 티센 보르네미사 미술관, 마드리드, 스페인. [CTB. 1981.76].

* 주교들이 공직의 상징으로 들고 다니는 멋진 지팡이 형태를 본떠 만들었기 때문에 지어진 명칭.

이의 입구에 있다는 것을 발견했다. 거기서 오키프는 유명한 셸턴 호텔의 건설 공사를 보았다. 셸턴 호텔은 처음에 59번가에 있는 적갈색 사암으로 지은 집에서 살던 오키프와 스티글리츠가 스티글리츠의 형제 리와 함께 이스트 65번가 60번지로 옮겼다가 다시 이사한 곳이었다. 1924년에 완공된 34층의 마천루 셸턴 호텔은 세계에서 가장 높은 호텔이자 엠파이어 스테이트 빌딩을 설계한 건축가 아서 루미스 하몬의 재능을 보여준 건축물이었다.

오키프는 뉴욕과 도시의 건축물들을 그리기 시작했고 자신이 그러한 복잡한 소재를 능숙하게 다룰 수 있음을 증명했다. 훗날, 오키프는 그녀가 처음 도시를 그리는 것에 흥미를 표명했을 때 남자들도 그다지 잘해내지 못하는 일을 여자가 어떻게 할 수 있겠느냐는 말을 들었다고 회상했다. 그러나 그녀는 집요하게 매달렸고, 46번가와 47번가 사이의 좋은 위치를 포착한 작품을 창조할 수 있었다. 위쪽을 올려다보는 시점으로 그린 이 그림에서는 수직의 불그무레한 건물이 청록의 터키석 색깔의 하늘을 향해 날카롭게 치솟아 있다. 스티글리츠의 암실 그림에서와 똑같이, 오키프는 왼쪽 구석에 구름 밖으로 비죽이 나와 살짝 보이는 달을 제시함으로써 이 작품에서도 빛을 가장 중요한 요소로 두었다. 또한, 전등의 필라멘트에서 나오는 인공 불빛이 지금은 철거된 채텀 호텔의 외관을 배경으로 후광 비슷한 형태로 빛나고 있다. 오키프는 주철로 제작된 이런 유형의 장식적인, 아치 디자인과 둥글게 구부러진 덩굴 형태를 가진 가로등을 특별히 좋아했다. 이 멋스러운 비숍 크룩 가로등*은 20세기 초 뉴욕 거리를 장식했는데, 작품 속 가로등도 그중 한 형태다.[15] 다음 해 이 그림은 1,200달러에 판매되었다.[16] 영감을 얻기 위해 대도시를 관찰하며 돌아다니던 오키프는 당시, 뉴욕의 역사에 있어 굉장히 중요한 순간을 목격할 수 있었다. 즉, 1916년, 도시계획 전문가들이 세계 최초로 토지사용 제한법을 제안했던 것이다. 1915년, 맨해튼의 에퀴터블 빌딩이 건설된 이후 뉴요커들은 초고층 빌딩의 규제되지 않은 수직적, 수평적 확장과 자연광의 차

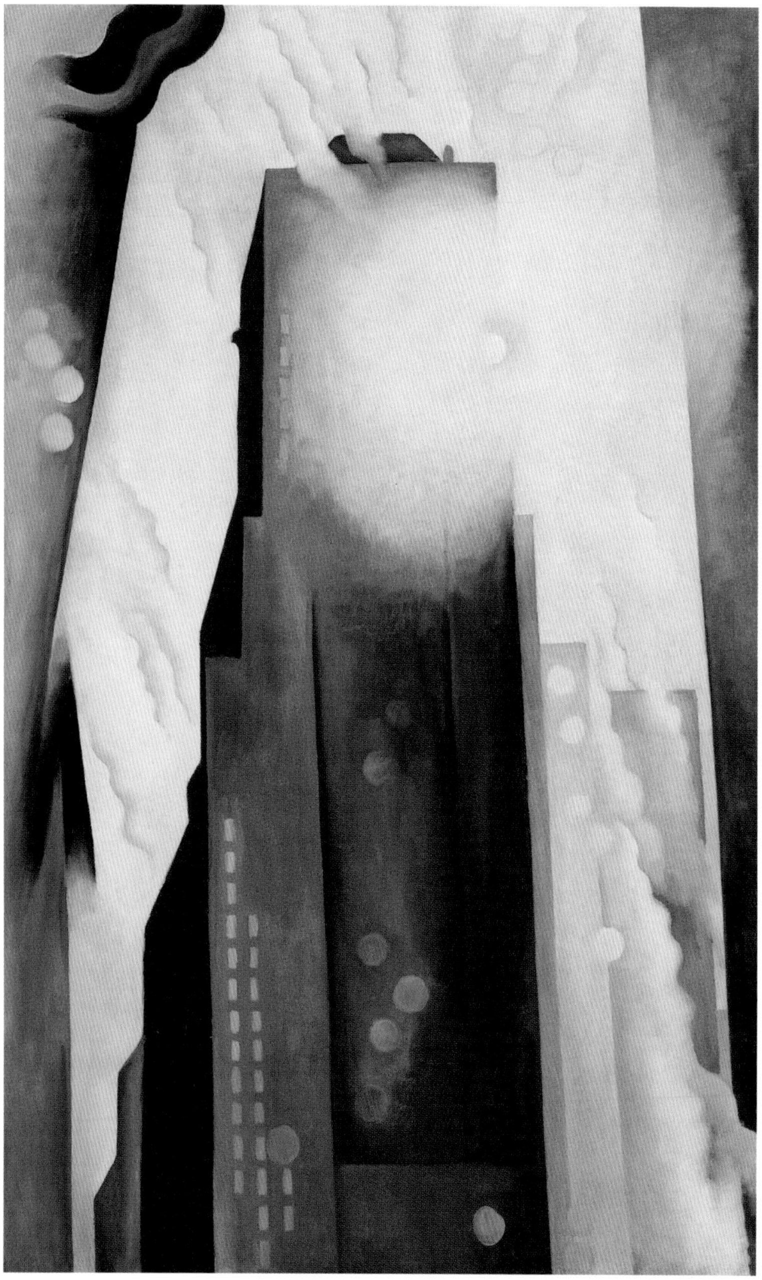

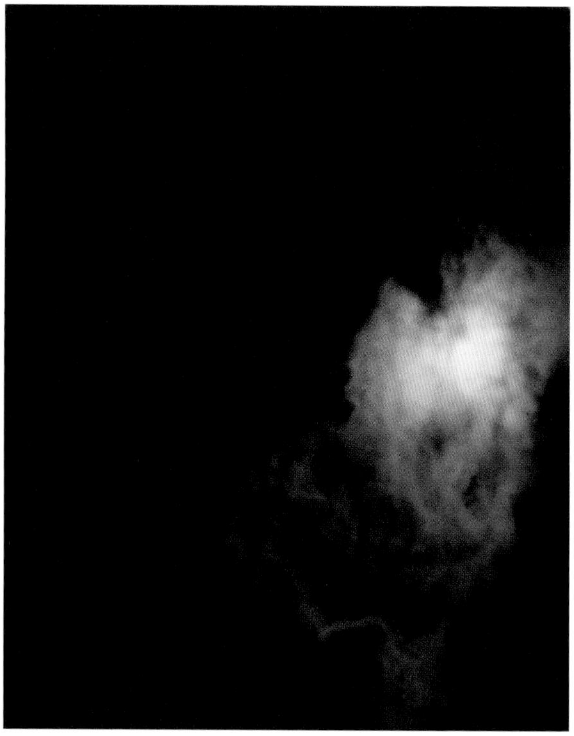

왼쪽 [도판46] 〈뉴욕의 셸턴 호텔과 태양 흑점〉, 1926년, 캔버스에 유채, 123.2 x 76.8 cm, 리 B 블록 기증, 시카고 미술관, 시카고, 일리노이, 미국, [1985.206].

오른쪽 [도판47] 알프레드 스티글리츠, 이퀴볼런트 HH1, 1929년, 젤라틴 실버 프린트, 12 x 9.4 cm, 조지아 오키프 재단 기증, 조지아 오키프 미술관, 산타페, 뉴멕시코, 미국, [2003.1.14].

단 가능성에 대해 점점 우려하기 시작했다. 도시계획 입안자들은 이러한 걱정을 덜기 위해 특정 거리의 너비에 따라 빌딩의 크기를 정하는 법을 통과시켰다. 그보다도 셸턴 호텔과 이후 지어진 아메리칸 라디에이터 빌딩과 같은 마천루들이 아르데코 양식의 계단식 외형으로 건설되었다는 점이 더 중요하다. 건축가들은 꼭대기를 향해 건물을 올릴 때 다평면적 층으로 디자인함으로써 건축물들이 도시 거주민들 위에 지나치게 위압적으로 우뚝 솟은 것처럼 보이지 않도록 했던 것이다. 이로 인해, 사람들은 땅 위를 걸으며 빛과 신선한 공기를 느낄 수 있게 되었다.

오키프는 새로 건설된 셸턴 호텔을 그린 〈뉴욕의 셸턴 호텔과 태양 흑점(*The Shelton with Sunpots, N.Y*)〉이라는 그림에서, 최근에 통과된 토지사용 제한법의 직접적인 영향을 보여주었다. 이 작품에서 오키프는 옅은 회색 하늘을 배경으로 눈부신 햇빛에 의해 희미하게 보이는 아르데코 스타일의 건축물 셸턴 호텔을 묘사하고 있다. 그림은 빌딩 오른쪽에 낮게 뜬 이른 아침의 해가 내뿜는 강한 빛을 보여준다. 태양의 강렬한 빛이 빌딩을 관통해 셸턴 호텔 오른쪽 부분을 흐릿하게 보이게 한다. "나는 어느 날 아침 작업을 시작하기 전에 셸턴 호텔을 보러 나갔다. 거기서 햇빛에 의해 건물 일부분이 먹혀 있는 모습과 빌딩과 하늘을 배경으로 태양 흑점이 여기저기 산재하는 광학적 일루전을 볼 수 있었다."[17] 오키프는 그 작품을 그리기 시작한 날 자신이 본 것을 기억해 '광학적 일루전'이라고 언급했지만, 떠다니는 빛의 구체들의 이미지, 즉 그녀가 표현한 대로 말하자면 '태양 흑점들'은 자연에서 볼 수 있는 모습이라기보다는 사진 촬영에서 나타나는 렌즈 플레어(lens flare)* 현상이다. 그녀는 그 사진 현상에서 아이디어를 얻어 자신의 그림에서 이런 방식으로 태양의 빛을 추상화했던 것 같다. 이는 아마도 같은 시기에 제작된 하늘과 구름을 찍은 스티글리츠의 추상적 사진들인 〈등가물(*Equivalent*)〉 시리즈에서 영향을 받았을 것이다**[도판 47]**. 당시 오키프의 작업실이 셸턴 호텔 안에 있었는데 실내에서 사진을 보고 이 그림을 그렸을지도 모른다.[18] 사실, 오키프와 스티글리츠는 뉴저지에서 조촐한 결혼식을 마친 직후 셸턴 호텔로 이사했다. 두 예술가는 소란 떨지 않고 조용히 결혼식을 치렀는데, 대신 오키프는 그들이 10년 이상 집(home)이라고 불렀던 건물을 그림으로 그려 자신들의 결합을 기념한 듯하다. 또한, 그녀는 이 빌딩의 계단식 건축 구조로 인해 어떻게 빛이 도시 거리의 작은 공간들을 가득 채우고 있는지를 보여줌으로써, 맨해튼에서의 빛에 대한 자신의 경험과 관찰을 표현했다.

1925년 봄, 스티글리츠는 앤더슨 갤러리에서 「알프레드 스티글리츠, 일곱 명의 미국인을 소개하다: 아더 G. 도브, 마스덴 하틀리, 존 마린, 찰스 데무스, 폴 스트랜드, 조지아 오키프,

* 렌즈를 통해 바라보는 이미지 안에 한 줄로 된 여러 개의 원이나 고리의 모습이 생기는 현상.

알프레드 스티글리츠의 최신, 그리고 공개된 적이 없는 159점의 회화, 사진, 오브제들」라는 전시회를 열었다. 당시 스티글리츠는 1921년 처음으로 오키프의 사진들을 전시한 이래 정기적으로 앤더슨 갤러리에서 전시회를 개최해오고 있었다.

그는 또한 1923년부터 매년 오키프의 단독 전시회를 열기 시작했는데, 이는 스티글리츠가 1946년 사망할 때까지 계속된다. 1925년에 그는 그 건물 내 작은 공간—크기가 작다고 하여 '인티미트 갤러리(Intimate Gallery)라고 이름 지은—을 렌트했다. 그곳 방 크기는 대략 가로, 세로가 3.7미터로 매우 협소했기 때문에 작품들은 종종 방의 조건에 맞춰 전시되곤 했는데, 어떤 경우에는 심지어 마루 바닥에 놓여지기도 했다. 스티글리츠는 여기서 앞에 언급한 예술가들의 작품을 전시했고, 이 갤러리가 미국적인 전시 공간이라고 확신했다. 그에게 있어, 그곳은 '미국적인 방'이었다.[19] 오키프는 미국적 감성에 뿌리를 둔 예술운동을 일으키려는 스티글리츠의 열망이 그릇되고 억지로 꾸민 부자연스러운 것이라고 생각했다. 그의 새로운 전시 기획은 특히, 얼마 전에 291화랑에서 에드워드 스타이켄과 함께 열었던 유럽 모더니스트 작품 전시회에 상반되는 것이었다. 순수한 미국적 미술을 만들어내자고 목청을 높이는 스티글리츠를 못마땅해한 오키프는 다음과 같이 말했다. "자신이 미국인이라고 말한다고 해서 미국인이 될 수 있는 것은 아니다." 그리고 "가능하다면, 그들은 대양을 건너가 파리에 머물 것이다. 나는 아니다. 나는 내 나라에서 할 일들이 있다"라며 비판적인 언급을 덧붙였다.[20] 사실, 그때까지만 해도 그녀는 다른 예술가들이 그들의 예술을 위해 해외로 갔던 것과는 달리 대서양을 건너 유럽으로 여행한 적이 없었다. 비록 그 시간에 미국 전역을 광범위하게 돌아다녔지만 말이다. 오키프는 내내 자신의 나라에서 그녀가 본 것들을 그렸다. 그녀는 미국적 감성으로 그렸다고 말로만 하는 것과 실제로 그렇게 그리는 것은 다르다고 생각했다. 그녀의 개인적인 작업 윤리는 이것에 대해 말하고 있는 것이다. 비록 그녀는 동료 예술가들에 대해 비판적 시각을 갖고 있었지만, 스티글리츠의 전시 계획에 참여했다. 오키프의 첫 번째 거대한 크기의 꽃 작품들 전시회는 앤더슨 갤러리의 꼭대기 층인 303호에서 열렸다. 한편, 〈달이 뜬 뉴욕 거리〉**[도판 45 참조]**를 포함한 그녀의 뉴욕 풍경 그림들은 일 년 뒤 전시회를 가졌다.

1926년 2월, 오키프는 워싱턴 D.C.에서 열린 전국여성당대회에 참석해 페미니스트 연사들 중 한 사람으로서 연설을 했다. 1916년, 미국 여성 투표권 협회에서 결성된 전국여성당은 끊임없이 연방 투표권 개정을 위해 로비를 했다. 애니타 폴리처는 앨리스 폴과 함께 여기서 활동하면서, 1920년의 헌법 수정 제19조의 비준에 이어 남녀평등 헌법 수정안을 주창했다. 이 대회에서 연설자들은 서로 다른 방향성을 띠었다. 어떤 이들은 여성 대표들을 선출하여 국회에 보내

남녀의 평등한 권리를 위해 일하게 해야 한다고 주장한 반면, 오키프는 청중들에게 여성이 재정적으로 독립하는 것이 우선이라고 강조했다.[21] 이것은 이 예술가가 그녀 자신의 삶에서 분명하게 표명했던 실천적 모토였다. 실제로도 1920년대 후반경, 그녀는 그림을 그려 자신과 남편을 부양했다.

또한, 오키프는 워싱턴 D.C.를 방문하는 동안 던컨 필립스를 만났다. 그는 현대 미술품을 소장한 최초의 미술관들 중 하나를 설립했고, 이미 스티글리츠로부터 오키프의 작품 세 점을 구매한 미술 수집가이자 비평가였다. 이때부터 두 사람은 오랜 세월 동안 서로에게 유익한 편지 왕래를 지속했다. 이러한 편지 쓰기를 통해, 오키프는 평생 가까운 친구들 또는 일 관계로 만난 지인들과의 관계를 구축했다. 그녀가 이곳에서 머무는 동안 남편에게 쓴 편지에서, 내셔널 몰(National Mall)*에 있는 건축물 몇 개를 그리고 싶다고 말했다. 그녀는 특히 워싱턴 기념비의 오벨리스크의 수직성에 매료되었다. "끝이 날카로운 삼각형으로 된, 구름을 지나쳐 푸른 하늘 속으로 치솟는 그 부드러운 흰색의 샤프트는 어지럼증을 일으킵니다. 정말 멋져요."[22] 그녀는 이 '흰색 샤프트'를 그리고 싶다는 꿈을 한참 후까지 실현하지 못했다. 1970년대 후반, 그녀를 돌봐주고 있었던 후안 해밀턴과 함께 워싱턴 D.C.를 다시 방문했을 때 그 기념비를 묘사한 일련의 추상 작품을 제작함으로써 비로소 소망을 이뤘다**[도판 115 참조]**.

1927년 6월, 브룩클린 미술관은 오키프의 작품들을 보여주는 그 첫 전시회를 열었다. 「조지아 오키프의 그림들」이라는 단순한 타이틀의 이 조촐한 회고전에서는 15점의 작품을 선보였다. 그녀는 1920년대 내내 앤더슨 갤러리에서 자주 전시회를 가졌고 전년도인 1926년 1월에는 인티미트 갤러리에서 36점의 회화 작품을 전시하긴 했지만, 이 전시회는 한 미술관이 그녀의 그림들을 대중에게 공개한 첫 전시회였다. 같은 해, 오키프는 다시 한번 예술적 영감을 위해 도시 풍경에 관심을 기울였고, 〈밤에 본 뉴욕의 라디에이터 빌딩(*Radiator Building – Night, New York*)〉을 그렸다. 그 빌딩이 건설된 지 3년 뒤였다**[도판 50]**. 23층의 마천루인 이 건축물은 망간으로 코팅된 검은 벽돌로 만들어졌고, 피너클(pinnacle)**, 피니얼(finial)***, 난간에서는 금색 하이라이트가 보인다. 이 빌딩의 밤의 모습을 묘사한 오키프의 그림에서는, 위에서 언급한 세부 사항이 위쪽의 실루엣에서는 나타나지만 낮에 희미하게 빛나는 금색 판벽은 보이지 않는다. 대신, 빌딩 뒤에서 빛줄기, 즉 그림에 좀 더 화려한 장관의 분위기를 주는 투광 조명이 발사되고, 훅 뿜어져 나오는 연기가 캔버스 오른쪽으로 서서히 사라진다. 오키프는 여기서 정면성, 대칭성, 수직성을 부각시킨다. 칠흑 같은 건물은 어두운 하늘 속으로 녹아든다. 존 미드 하웰스와 레이먼드 후드에 의해 설계된 이 검은 빌딩은 인종적 상징성을 명백히 보여주었다. 당시 비평가들

* 미국 워싱턴 D.C.의 국립공원, 링컨 기념관, 워싱턴 모뉴먼트(기념비), 미국 국회의사당, 백악관 등이 있다.

** 건물 지붕 위에 장식용으로 세운 작은 첨탑.

*** 지붕, 담 등의 꼭대기 장식 부분.

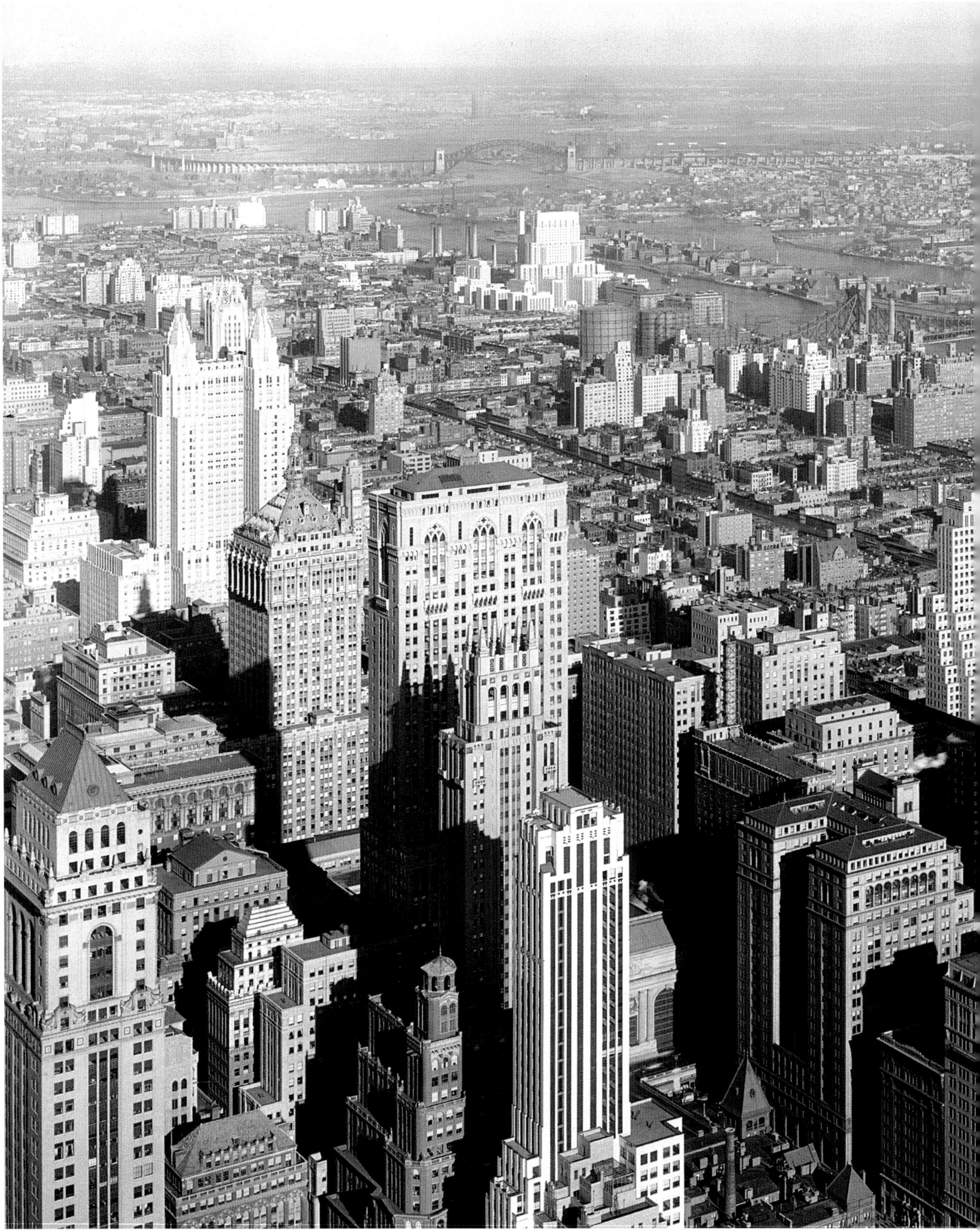

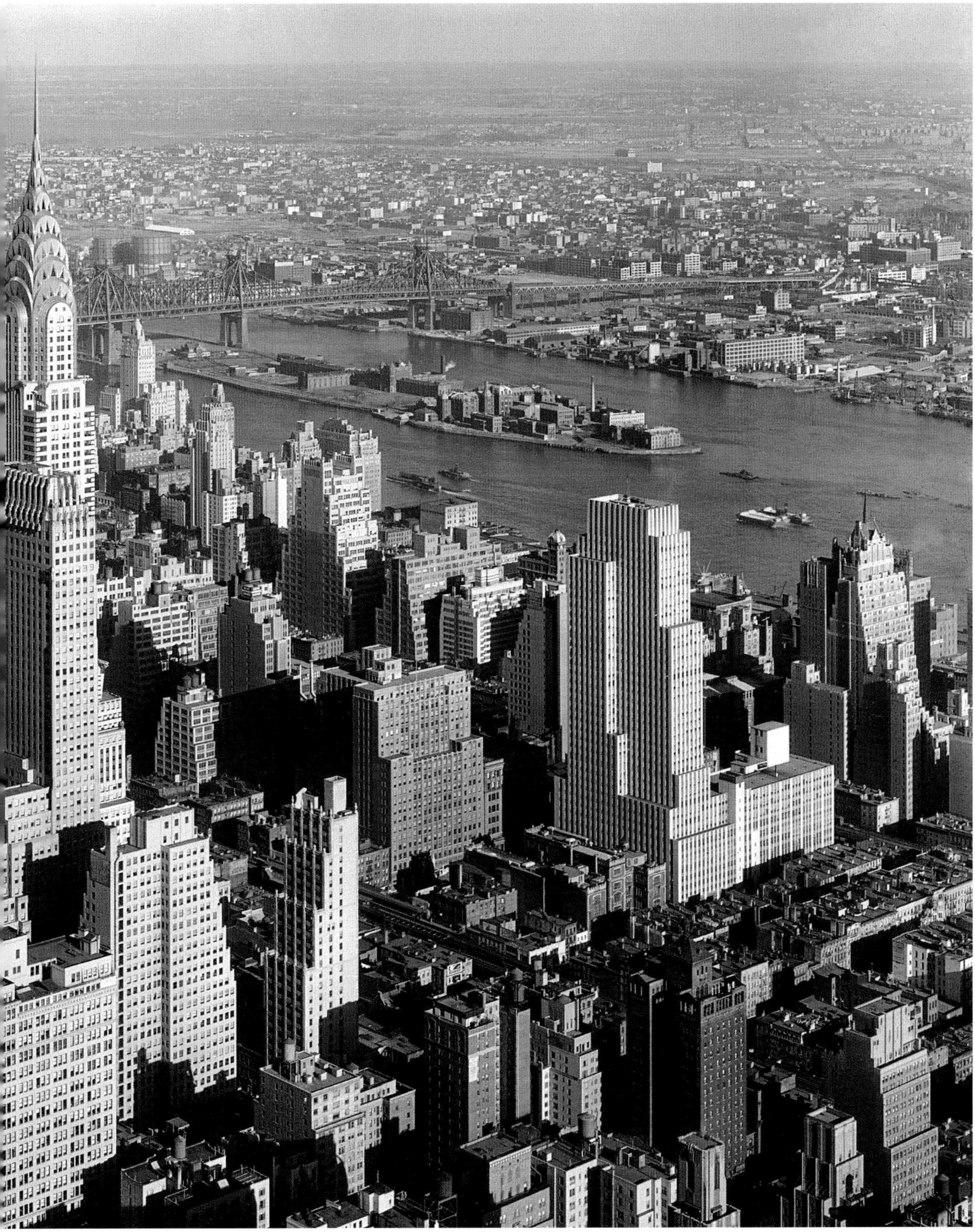

도 할렘 르네상스*가 등장하고 있던 새로운 시대를 주목하고 있었다.[23] 제트 블랙(jet-black)의 반짝거리는 빌딩 외관은 희미하게나마 맨해튼 거리의 우뚝 솟은 교회를 연상시키는 이 화려한 다평면 구조물을 한층 멋지게 보이게 한다. 사람들의 발길을 멈추게 할 만큼 매혹적인 라디에이터 빌딩은 브라이언트 파크나 5번가에서 살짝 보인다. 금색 장식은 심지어 스태튼 아일랜드같이 먼 곳에서도 보인다.

후드와 하우얼즈가 이 건축물을 설계한 한편, 유명하고 인기 있는 건축가 휴 페리스는 건물을 묘사한 그림을 제작해 대중에게 판매했다. 라디에이터 빌딩의 외관이 아주 독특하고 실험적인 특성을 갖고 있다는 것을 잘 알고 있었던 페리스는 다음과 같이 말했다. "이 빌딩은 부정할 수 없는 장점을 가지고 있다. 라디에이터 빌딩이 비전문가들 사이에서도 이 나라의 어떤 다른 건물보다 그 건축적 가치에 대해 많은 논쟁을 일으켰다는 사실은 의심의 여지가 없다."[24] 그는 밤 시간대 전등 불빛 아래 있는 빌딩들의 모습을 독자적인 스타일로 그린 일러스트레이션 작품으로 주목을 받았다. 그는 이 삽화들을 모아 『허영의 시장과 1920년대 뉴요커』라는 책으로 출판했다. 1929년경, 그는 또 『미래의 메트로폴리스』라는 책을 출간했는데, 이 책에서는 라디에이터 빌딩과 시카고 트리뷴 타워 같은 빌딩의 건축적 원리를 옹호하기도 했다. 예술적 감성과 야심 찬 비전을 가진 숙련된 건축가인 페리스는 도시 환경의 매력적이고 신비하기조차 한 이미지를 대중화했다. 라디에이터 빌딩은 단지 그 한 예였다. 이 건물을 그릴 때 페리스는 거리에서 위쪽을 올려다보는, 즉 지상에서 바라보는 관점으로 라디에이터 빌딩을 묘사했다. 건물은 산란된 투광 조명에 가려져 있어 마치 몽환적인 안개 속에 있는 듯 형상화되어 있다.

이와 대조적으로, 오키프의 작품은 검은색 외관과 대비되는 빛의 직사각형들로 인해 그녀의 모든 작품에서 볼 수 있는 산뜻한 특성을 지니고 있다. 또한, 페리스의 작품과 다르게 오키프는 라디에이터 빌딩을 똑바로 바라보는 관점에서 그렸다. 왜냐하면, 이 그림은 그녀가 매일 맨해튼을 내다볼 수 있는 셸턴 호텔의 최상층에서 작업한 결과물이기 때문이다. 오키프와 스티글리츠는 28층의 방 두 개짜리 아파트를 임차했고, 곧 30층으로 옮겼다. 그들은 두 아파트에서 뉴욕에서의 특권적 조망권(일반적으로 대부분의 고층 빌딩은 높은 층들의 경우 사무실 공간용으로 임대해 주었다), 즉 맨해튼의 지붕 선과 점점 이 대도시에서 늘어만 가는 마천루들을 볼 수 있는 전망을 가질 수 있었다.[25] 오키프가 찍은 한 날짜 미상의 사진에서는, 창에서 크라이슬러 빌딩이 내다보이고, 그림의 왼쪽에는 커튼이 드리워져 있다**[도판 51]**. 오키프가 크라이슬러 빌딩을 찍은 몇 년 후, 스티글리츠도 셸턴 호텔의 창문에서 내다본, 몇 년 만에 하늘로 치솟아 오른 수직적 형태들을 보여주는 당시 뉴욕의 모습을 사진 기록으로 남겼다**[도판 52]**.

앞쪽 [도판 48] 엠파이어스테이트 빌딩에서 북동쪽으로 본 맨해튼 도심 소감도, 1932년.

왼쪽 [도판 49] 맨해튼 거리에서 올려다 본 라디에이터 빌딩.

오른쪽 [도판 50] 〈밤에 본 뉴욕의 라디에이터 빌딩〉, 1927년, 캔버스에 유채, 121.9 x 76.2cm, 크리스탈 브릿지 미국 미술관, 벤턴빌, 아칸소, 미국.

* 1920년대 뉴욕의 흑인 지역인 할렘에 퍼진 흑인예술문화의 부흥.

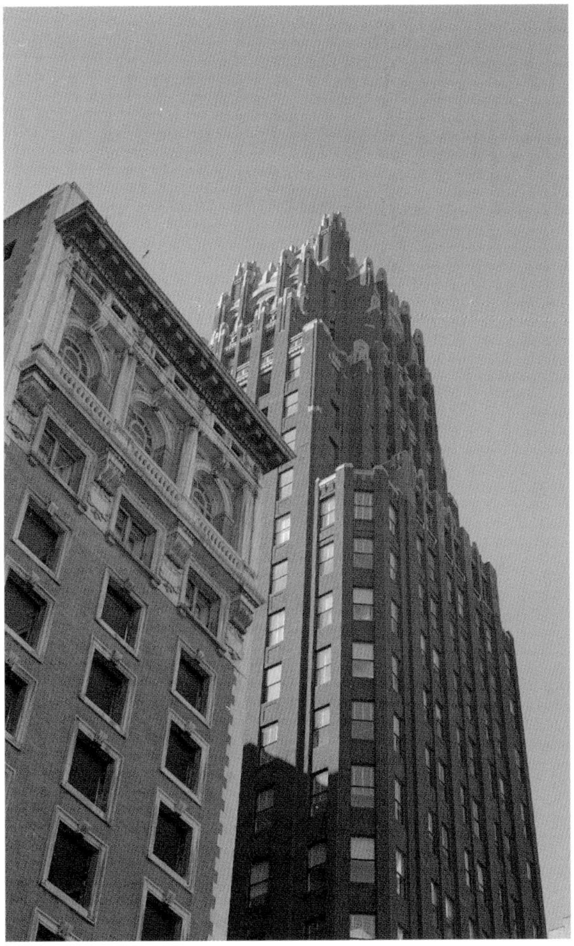

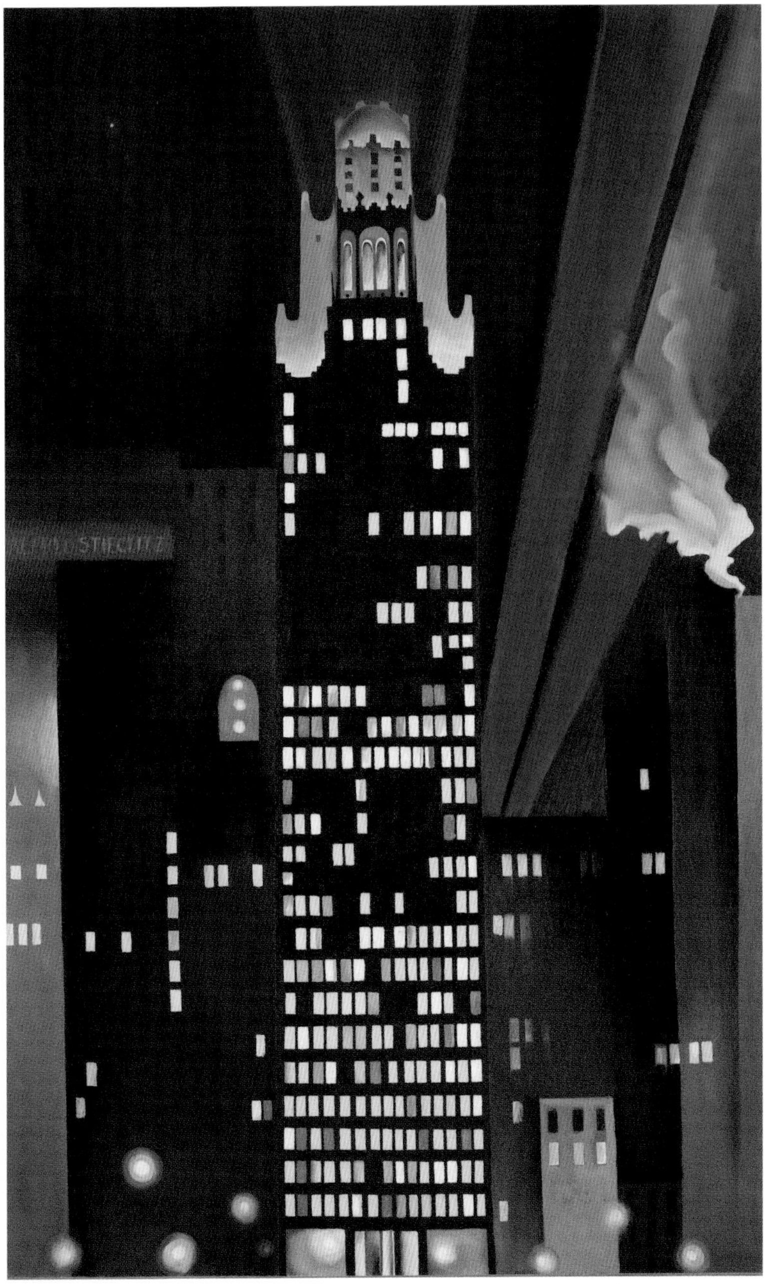
STIEGLITZ

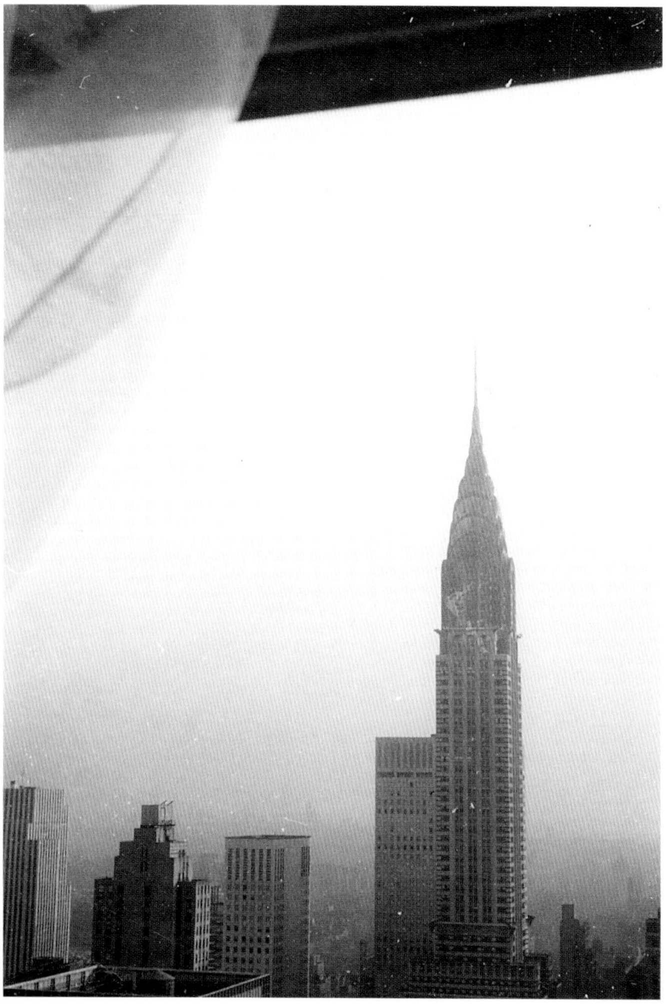

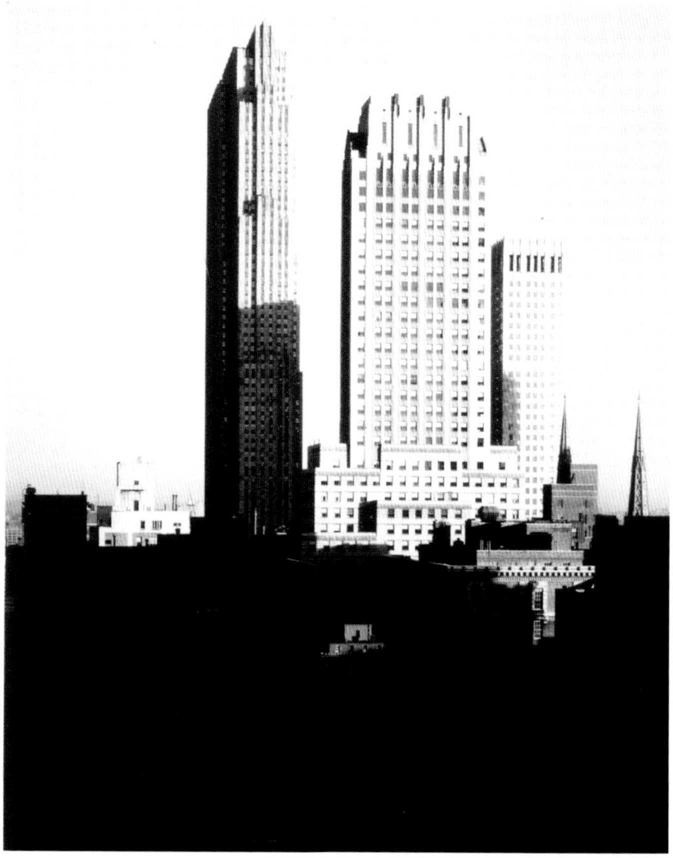

왼쪽 [도판51] 조지아 오키프, 뉴욕의 크라이슬러 빌딩, 날짜 미상, 젤라틴 실버 프린트, 7.9 x 11.4cm, 조지아 오키프 재단 기증, 조지아 오키프 미술관, 산타페, 뉴멕시코, 미국. [2006.6.1370].

오른쪽 [도판52] 알프레드 스티글리츠, 셸턴 호텔에서 내다본 뉴욕, 1935년, 젤라틴 실버 프린트, 23.8 x 19.4cm, 조지아 오키프 재단 기증, 조지아 오키프 미술관, 산타페, 뉴멕시코, 미국. [2003.1.21].

오키프는 1928에서 1930년 사이에 지어진 크라이슬러 빌딩뿐 아니라 라디에이터 빌딩도 직접 보았다. 그녀의 집 창문은 거대 도시 안에서 어렴풋이 나타나는 건축물들을 보여주는 그림틀이었다. 그녀는 분명히 셸턴 호텔의 아파트 실내에서 두 건물의 건설 공사를 지켜보았을 것이다. 그리고 그녀가 라디에이터 빌딩의 반짝거리는 외관에 흥미를 가진 것은 말할 필요도 없다. 오키프는 수년간 셸턴 호텔에 살면서 빛의 변화가 어떻게 이 건물의 모습을 다르게 보이게 하는지 관찰했다. 낮 동안에는 태양의 자연광이 그 검은색 표면을 비췄고, 밤에는 두광 조명의 인공 불빛이 빌딩의 희미한 실루엣 위에 폭포같이 쏟아졌다. 높다란 검은 건축물 라디에이터 빌딩은 뉴욕의 삶의 큰 부분을 차지했다.

1946년 스티글리츠가 세상을 떠난 후, 오키프는 남편의 소장품이었던 라디에이터 빌딩을 그린 자신의 회화 작품들을 피스크 대학에 기증했다. 남북전쟁이 끝난 지 겨우 6개월 후인 1865년, 테네시 해방노예국의 클린턴 B. 피스크 장군의 이름을 따서 테네시 주의 내슈빌에 설립된 이 대학은 특히, 이전에 노예였던 흑인들을 교육하려는 목적을 가지고 있었다. 이듬해, 피스크 대학교는 미국에서 대학 인가를 받은 최초의 아프리카계 미국인 교육 기관이 되었다. 오키프의 작품 〈밤에 본 뉴욕의 라디에이터 빌딩(*Radinto Building–Night, New York*)〉은 존 마린, 마스덴 하틀리, 찰스 데무스, 파블로 피카소, 디에고 리베라의 작품들, 스티글리츠의 사진 작품들 등 그의 수많은 개인 소장 예술품과 함께 이 대학에 기증되었다. 오키프와 스티글리츠의 친구이자 피스크 대학의 최초의 아프리카계 미국인 총장이었던 찰스 존슨 박사의 지인이자 할렘 르네상스의 유명한 후원자 칼 반 벡튼이 그녀에서 기증을 제안했던 것이다. 오키프, 반 벡튼, 존슨 박사의 협업으로, 피스크 대학은 알프레드 스티글리츠의 현대미술 컬렉션을 설립했고 오늘날까지 남아 있다.[26]

브룩클린 미술관에서 전시회를 마친 그 달에 오키프는 가슴에서 종양을 발견했다. 의사였던 스티글리츠의 남동생 리는 오키프의 몸에 암 덩어리가 있다고 했으나 곧 양성임이 밝혀졌고 제거 수술을 했다. 훗날, 오키프는 뉴욕의 마운튼 시나이 병원에서 치료를 받을 당시 마취로 인한 어둠이 그녀를 덮치기 직전 의사와 간호사들로 빙 둘러싸였던 경험에 대해 다음과 같이 회상했다.

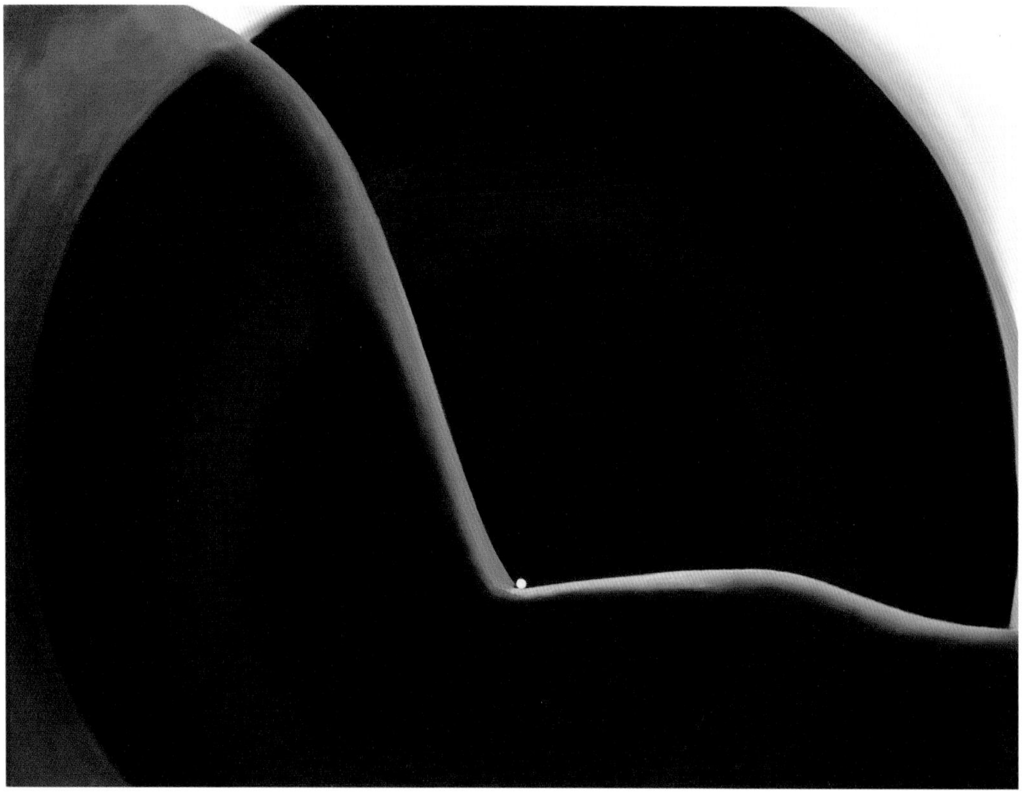

"나는 큰 방의 들것 위에 누워 있었고, 두 간호사가 내 위에서 어른거리는 것이 보였어요. 그리고 매우 거대하고 밝은 천공광이 내 위에 쏟아지고 있었지요. 나는 가능한 한 의식을 잃지 않으려고 했어요. 의사가 손을 씻는 소리가 들렸어요. 천공광이 빙빙 돌기 시작했고, 서서히 점점 작아지더니 검은 공간 속으로 사라졌어요. 나는 오른팔을 머리 위로 올렸다가 떨어트렸어요. 천공광이 컴컴한 방에서 작은 흰 점이 되었을 때, 나는 다시 왼팔을 머리 위로 올렸어요. 그리고 팔이 아래로 떨어지면서 흰 점이 매우 작아지더니 의식을 잃어버렸지요. 몇 주 후 그린 〈검은 추상(*Black Abstraction*)〉은 이 모든 기억을 담은 것입니다."[27]

[도판53] 〈검은 추상〉, 1927년, 캔버스에 유채, 76.2 x 102.2cm, 알프레드 스티글리츠 컬렉션, 1969년, 메트로폴리탄 미술관, 뉴욕, 미국. [69.278.2].

오키프가 수술 직전에 본 것, 그리고 팔을 이리저리 움직인 것에 대한 묘사는 빛, 어둠, 의식과 무의식의 뒤섞임을 떠오르게 한다. 그녀의 그림 〈검은 추상〉은 오키프 자신의 설명만큼 강한 감정을 표현하고 있지는 않지만, 그래도 어둠이 머리 위 천공광의 조명을 덮어버릴 때 그녀가 경험한 느낌은 전달해준다[도판 53]. 그녀는 수술 후 겨우 2주 뒤에 이 그림을 그렸다. 작품에서는 흰색으로 칠해진 느슨한 L자 모양의 균열이 파동하는 검은색 원을 깨서 여는 것같이 보인다. 그 어둠은 완전히 검은 것은 아니며 외부에서 비추는 매우 미미한 빛을 내포하고 있다. 흰 선이 꺾어진 바로 그 지점에 순백의 작은 구슬이 보이는데, 이것은 천공광이 어둠 속으로 사라지는 순간을 시각적으로 표현한 것이다.

뉴멕시코

1929년, 오키프와 그녀의 친구 벡 스트랜드는 뉴욕을 떠나 미국의 서부 지역인 뉴멕시코로 갔다. 폴 스트랜드의 최근 남서부 사진들과 영국 화가 도로시 브렛의 타오스(Taos)*에 대한 고무적인 이야기에 자극을 받았던 것이다. 당시 브렛도 셸턴 호텔에 살고 있었는데, 오키프와 스티글리츠가 사는 층에서부터 불과 몇 층 아래였다. 셸턴 호텔에 거주하기 전 한때, 브렛은 얼마간 타오스에 정착해 영국 작가 D.H. 로렌스와 그의 아내 프리다와 함께 라나님(Rananim)이라고 불린 유토피아적 공동체를 꿈꾸며 같이 살았다. 나중에는 독립해 그곳에서 홀로 생활했었다.[28] 이 세 사람은 타오스 푸에블로** 출신의 남성과 결혼한 부유한 뉴요커 메이블 도지 루한이 주관한 예술가, 문인들의 모임에 초대되기도 했다. 타오스와 유명한 로스 갈로스 랜치에 체류했던 현대미술가, 작가, 음악가, 무용가 중에는 마스덴 하틀리, 장 투머, 윌라 캐더, 마사 그레이엄, 레오폴드 스토코프스키, 칼 융 같은 유명 인사들도 있었다.

1910년대에서 1920년대 초반경, 타오스는 인기 있는 여행지였다. 그곳은 산타페와 함께 일종의 '예술가촌', 다시 말해서 좀 더 진정성 있는 라이프스타일을 추구하는 창작자들을 위한 문화적 중심지가 되었다. 특히 예술가들은 애치슨, 토피카 앤 산타페 같은 철도 회사들에게 서부를 낭만적인 이미지로 그린 그림들을 제공함으로써, 외부 세계에 미 남서부 지역***을 홍보하는 일에도 관여했다. ATSF는 토마스 모란, 메이나드 딕슨, 페르디난드 H. 렁그렌 같은 인기 있는 화가들의 초창기 후원자였다. 이 화가들의 그림은 달력, 메뉴, 그리고 동부 지역, 서부 지역의 독자를 위한 상업 소설의 삽화에 사용되었다.[29] 이리하여 남서부 지역의 이미지는 예를 들면 프레데릭 레밍턴의 그림에서 볼 수 있듯이, 광대한 미국에 대한

* 미국 뉴멕시코 주 북쪽에 있는 마을.

** 아메리카 원주민 부족.

*** 애리조나, 뉴멕시코, 텍사스 등.

상상력을 불러일으키는 어떤 것이었고 이러한 것이 곧 그 지역의 시각적인 특징이 되었다. 1912년 뉴멕시코가 미국의 한 주로 편입되었을 때, 이 지역은 미국인들에게 매우 낯선 매력을 가진 땅으로 다가왔다(이곳은 1848년 미국이 멕시코로부터 합병한 영토였다). 아메리카의 다른 지역에서 타오스를 방문한 사람들은 종종 넋을 잃고 완전히 빠져들었고, 어도비* 건축물과 원주민, 히스파노 주민이 대부분인 이 지역을 이국적인 곳으로 표현하거나 애정이 담긴 말로 묘사했다. D.H. 로렌스는 뉴멕시코를 '아메리카의 달'이라고 불렀다. 한편, 하틀리는 아메리카 원주민이 가진 원시적인 미학적 특성을 찬미했고, 그들을 이 세상에 존재하는 '무해한 아이들'로 표현하기도 했다.[30] 다른 사람들과 마찬가지로, 그 역시 '홍인종'이 최초의 진정한 아메리카인이며 본받을 만한 가치가 있다고 생각했다. 특히, 제1차 세계대전 이후 진심으로 미국적인 미술을 창조해내기를 원했던 예술가들은 자신들이 원시적인 문화라고 생각했던 것에서 새로운 미국의 정체성을 찾으려고 했다.

오키프와 벡 스트랜드도 이런 분위기 속에 있었다. 그들은 뉴욕에서 시카고까지 가는 고속 여객 열차인 '20세기 리미티드'를 타고 가서, 다시 ATSF 철도를 이용하여 캔사스를 지나 남쪽으로 달려 마침내 뉴멕시코 동부에 도착했다. 그들은 산타페 외곽에서 약 32킬로미터 떨어진 곳에 있는 기차역 마을인 라미(산타페에 성 프란시스 성당을 세운 유명한 프랑스인 신부의 이름을 본뜬)에 내렸다. 라미역은 모든 ATSF 건축물과 유사한 설계도면으로 건설되었다**[도판 54]**. 캘리포니아 미션 양식으로 지어진 이 역사말고도, 라미에는 비슷한 스타일의 프레드 하비 호텔, 즉 엘 오르티즈가 있었다. 이 호텔은 아메리카 원주민 문화에서 영감을 받은 메리 콜터의 실내 디자인으로 장식되어 있었다. 라미역은 오키프가 앞으로 매우 친밀감을 느끼게 되는 곳이었다. 라미역에서 바로 흙길 건너편에 있는 엘 오르티즈는 브라운 앤 만자나레스 잡화점 옆에 나란히 위치해 있었고, 근처에는 모두 독일 바이에른에서 수송해 온 체리 나무 목재로 만든 술집이 있었다.

산타페에 잠깐 머문 후, 오키프와 벡 스트랜드는 타오스와 로스 갈로스 랜치로 가는 험난한 길을 여행했다. 산타페에 있을 때 오키프는 어도비 양식으로 지어진 집의 14개 게스트룸 중 한 방에서 지내다가, 벡과 함께 그 집의 또 다른 어도비 구조물인 '핑크 하우스'로 옮겼다**[도판 55]**. 오키프는 거기서 커다란 나무, 미나리아재비를 비롯한 새로운 그림 소재를 발견했다. 키오와 랜치를 방문하기도 했는데, 전에 로렌스가 한동안 살았던 그곳 오두막에는 당시 브렛이 살고 있었다. 거기 머무는 동안 오키프는 로렌스의 집 앞마당에 있는 〈로렌스 나무(*Lawrence Tree*)〉를 그렸다**[도판 56]**. 그녀는 나뭇가지 아래 긴 나무 벤치에 누워 시야

[도판54] 에드워드 A. 켐프,
1930년 뉴멕시코 라미역의 하비 자동차들,
포토그래픽 프린트, 사이즈 미상, 뉴멕시코
역사박물관, 산타페, 뉴멕시코, 미국.

* 모래, 찰흙, 물 혹은 특정한 종류의 섬유나 유기 물질로 만들어진 천연 건축 자재다. 어도비 건축물은 뉴멕시코주의 타오스 마을에서 주로 볼 수 있다.

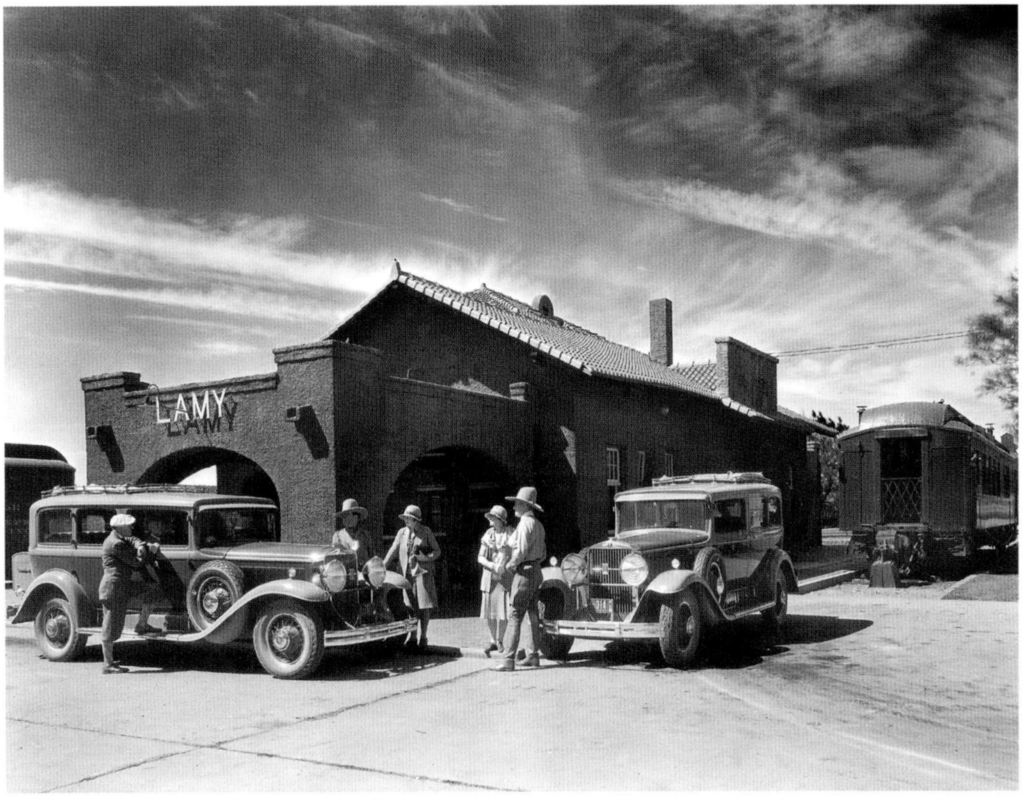

에 들어오는 거대한 폰데로사 소나무를 볼 수 있었고, 나무 뒤로는 별이 빛나는 밤의 세계가 펼쳐져 있었다. 그녀는 관람자가 이 그림을 여러 방향에서 감상할 수 있다고 했는데, 어느 시점에서 보든 여전히 어지럽게 만드는 특징을 가지고 있다. 그중 하나는 수직으로 우뚝 솟아 있는 나무 밑에서 똑바로 위를 보는 시점(몇 년 전 그린 〈달이 있는 뉴욕 거리〉에서의 묘사와 다르지 않은)이다**[도판 45 참조]**. 진한 붉은색으로 칠해진 맨 아래 부분은 원근화법적 공간을 향해 대각선으로 쭉 뻗어 나가고, 나뭇가지들은 마치 인간 신체의 동맥들처럼 사방으로 퍼져 있다. 이 동맥 같은 형태는 흰색 별들이 점점이 박혀 있는 사파이어색 하늘을 배경으로 어둡게 드리워진 나뭇잎의 실루엣과 만난다. 로렌스는 그의 글에서 이 나무에 대해 어떤 숭배의 감정을 표현했다. "집 앞의 이 큰 소나무는 고요하고 무심하게, 그리고 살아서 서 있다… 그늘이 깊게 드리워져 결코 꼭대기의 녹색 잎사귀들을 볼 수 없는 나무… 문밖으로 나가보면 나무 몸통이 수호천사처럼 거기 있다. 그것은 나무 기둥이자 긴 작업 탁자, 그리고 울타리 같기도 하다."[31] 오키프의 그림 역시 시적인 성격을 갖고 있다. 이 작품은 5년 전에 뉴멕시코를 마지막으로 방문했던 작가 로렌스에게 바치는 시였던 것이다.

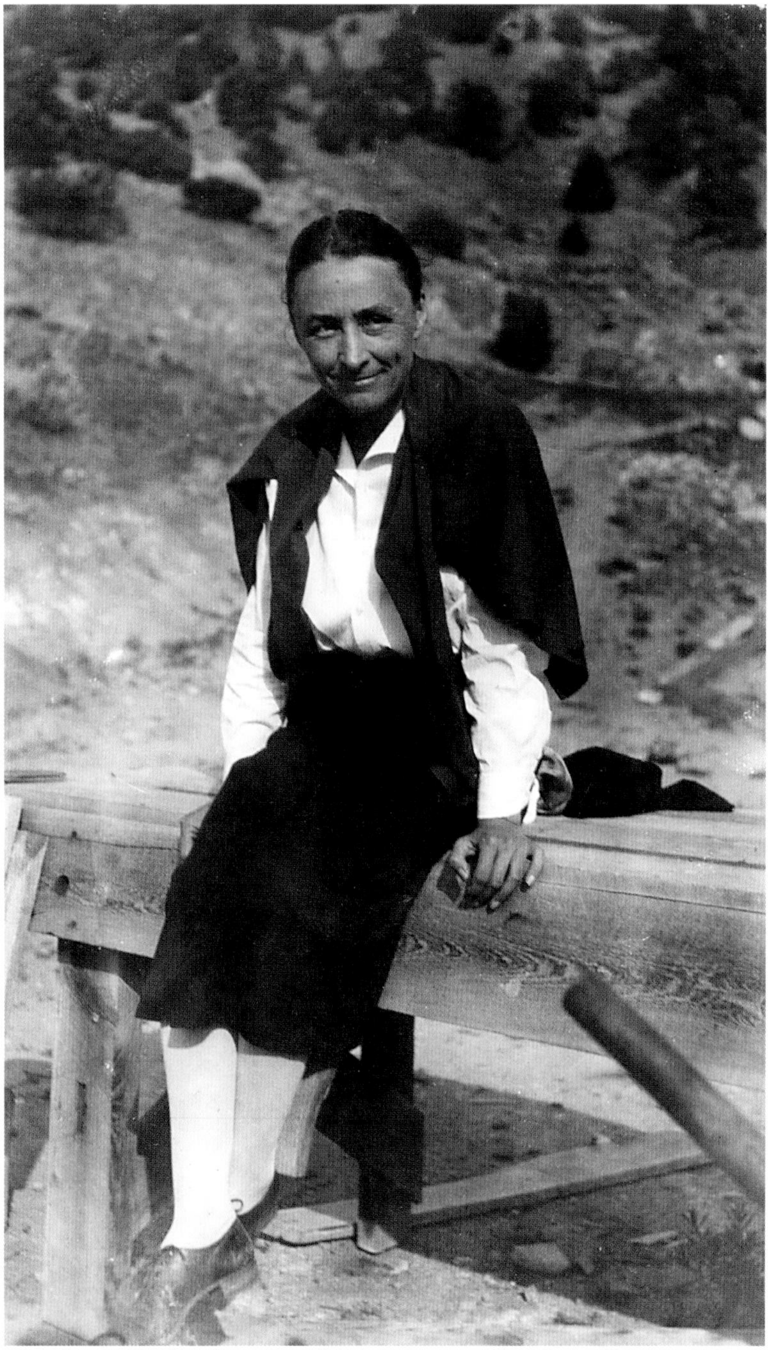

왼쪽 [도판55] 사진작가 미상, 뉴멕시코 타오스의 핑크 하우스 근처에 있는 조지아, 1929년, 포토그래픽 프린트, 사이즈 미상, 뉴멕시코 역사박물관, 산타페, 뉴멕시코, 미국.

맞은편 [도판56] 〈로렌스 나무〉, 1929년, 캔버스에 유채, 78.8 x 101.6cm, 엘라 갤럽, 매리 캐틀린 섬너 컬렉션, 워즈워스 아테네움 미술관, 하트퍼드, 코네티컷, 미국, [1981.23].

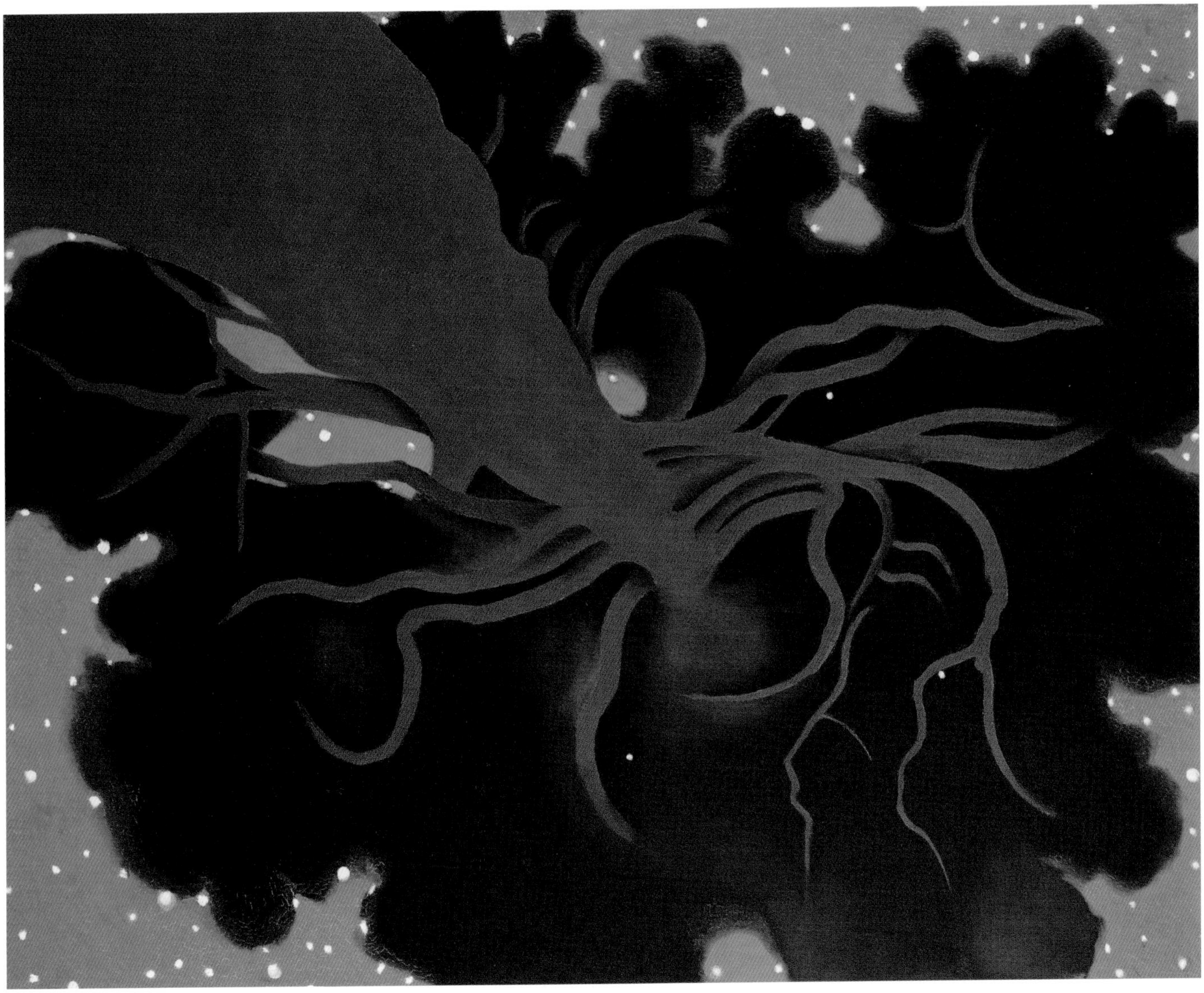

타오스에서의 첫 번째 체류 동안 오키프는 토니 루한에게서 운전을 배웠다. 타오스 푸에블로족 출신의 토니는 이전에 뉴욕의 사교계 명사 메이블 도지와 결혼한 적이 있었다. 그의 이름은 원래 스페인어 철자로 Lujan이었는데 영어식인 Luhan으로 바꾸었다. 몇 주간의 운전 교습을 받은 오키프는 마침내 660달러짜리 포드 모델 A를 사기로 결심했다. 운전 연습을 할 때 비포장도로를 달리는 동안 종종 차에 태운 사람들을 놀라게도 했지만 말이다. 그녀는 차를 사자마자 곧 그 안에서 그림을 그릴 수 있도록 개조했다. 이 포드차는 헬로(Hello)라는 애칭으로 불렸다. 앞의 조수석을 뜯어내고, 운전석의 나사를 풀어 좌석을 돌려 뒤쪽으로 향하게 했다. 그리하여 오키프가 작업할 때 뒷좌석은 캔버스를 위에 둘 수 있는 이젤 같은 기능을 했고, 그녀는 차 안에서 더위와 파리 및 악천후를 피할 수 있었다.[32] 시골 지역을 쭉 돌아보는 짧은 여행들에서 헬로는 바퀴 달린 스튜디오가 되어 주었다. 그녀는 이 차로 대부분이 비포장도로인 흙길(10년 후까지 그 주에는 포장된 공공 도로가 없었다)을 운전해 교회, 식물인 세이지브러시(산쑥), 무거운 십자가들이 보이는 풍경 속을 여기저기 돌아다녔다.

가톨릭 신앙은 북부 뉴멕시코 전 지역에서 부정할 수 없는 존재였다. 오키프는 마치 얇고 어두운 가톨릭교회의 베일이 뉴멕시코 풍경 전체를 뒤덮고 있는 것 같다고 말했다. 십자가는 어디에나 있었고 예상치 못한 곳들에서도 발견되었다. 그녀가 보았던 종교적 풍경의 하나는 페니텐데 형제단(Penitentes)*이 종교적 목적으로 만든 큰 십자가였다. 그녀의 그림에서는 확대된 십자가가 저녁 하늘과 물결 같은 산 형태를 배경으로 서 있다. 아직 타오스에 살 때 그려진 이 〈검은 십자가, 뉴멕시코(*Black Cross, New Mexico*)〉(1929)는 별개의 두 장면의 결합이었다. 하나는 언덕들을 걸어 다니면서 얼핏 보았던 십자가, 다른 하나는 타오스 산(오키프는 그것이 십자가 왼쪽에 있었다고 회상했다). 그녀는 산맥은 멀리 배경에 두고 전면의 칠흑같이 검고 두꺼운 십자가 형태는 캔버스의 대부분을 차지하도록 구성하는 방식으로, 각각 별개의 소재이긴 하지만 서로 연관된 두 가지 풍경을 창의적으로 콜라주한다. 배경의 물결치는 풍경 속에는 노란색, 자홍색, 회색이 번갈아 나타나며 다채롭고 몽환적인 색감을 창출한다. 1935년, 스티글리츠의 새로운 갤러리 '아메리칸 플레이스(American Place)'**[도판 57]**에서, 1919년부터 1935년 사이에 제작된 오키프의 작품들의 전시회가 열렸는데, 이 그림도 포함되어 있었다. 〈검은 십자가, 뉴멕시코〉는 그녀의 〈셸턴 호텔 30층에서 본 이스트 강(*East River from the Thirtieth Story of the Shelton Hotel*)〉(1928)과 〈천남성 *No. V*(*Jack-in-the-Pulpit No. V*)〉**[도판 43]** 옆에 걸렸다. 나란히 배열된 세 그림은 그녀가 다른 풍경들과 다른 관점들로 변화했다는 것을 분명하게 보여주고 있다. 또한, 그 작품들은 그녀가 집이라고 불렀던 많은 장소들 사이에서 점점 분열되는 한 예술가를 보여주기도 한다.

언덕과 도로를 따라 우후죽순같이 나타나는 십자가들 외에, 어도비 스타일로 지어진 교회의 두

* 뉴멕시코에 있는 스페인계 가톨릭교도들의 종교 공동체로, 채찍질 등 회개 고문을 하는 것으로 유명하다.

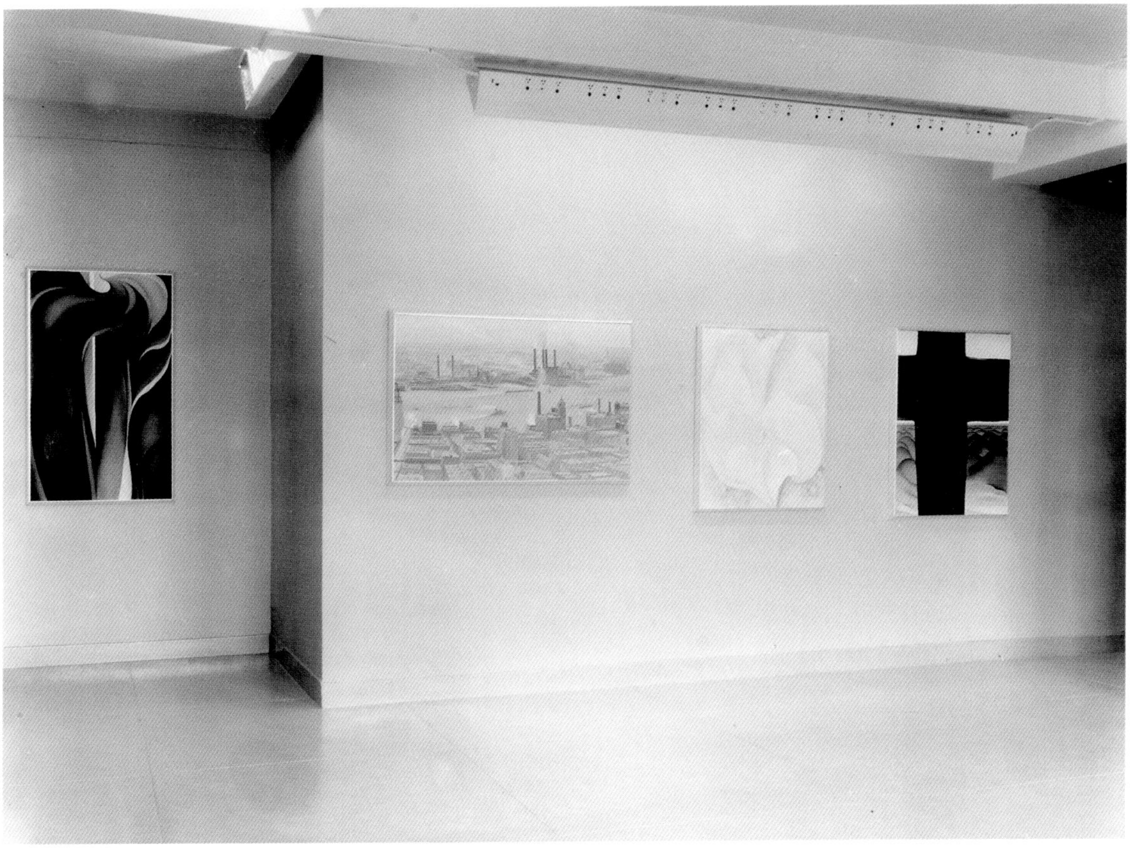

[도판57] 알프레드 스티글리츠, 아메리칸 플레이스의 조지아 오키프 그림 전시회(1919~1934), 1935년, 젤라틴 실버 프린트, 17.1 x 24.1cm. 조지아 오키프 재단 기증. 조지아 오키프 미술관. 산타페, 뉴멕시코, 미국. [2006.6.1160].

터운 구근 모양의 형태도 이 예술가의 눈을 사로잡았다. 〈란초스 교회 II(*Ranchos Church II*)〉**[도판 59]**는 미션 양식의 건축물 란초스 데 타오스를 묘사한 것이다. 이 지역의 다른 가톨릭교회의 모습과 유사한 란초스 데 타오스는 두터운 어도비 벽으로 건설되고 더 두꺼운 부벽으로 보강했는데, 이는 모두 공동체의 수고와 노동으로 건설된 것이었다. 아시시의 성 프란체스코를 추종하는 이 선교회는 프란체스코 수도회 건물에서 흔히 보이는 넓은 신도 좌석과 제단 뒤 장식벽(reredo)을 자랑한다. 신도 좌석은 비가(viga)* 와 스페인 식민지 양식으로 수작업한 불토(bulto)** 로 가득 찬 제단으로 이어진다. 하틀리와 벡 스트랜드를 포함하는 많은 예술가들은 이러한 종교적 형태들에서 영감을 발견했고, 자신들의 그림에 성인의 도상을 차용했다. 오키

* 천장에 대는 손으로 조각한 상인방.

** 나무로 만든 성인 조각.

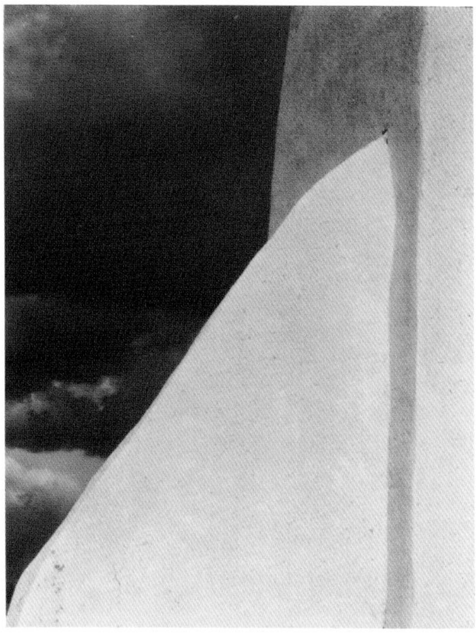

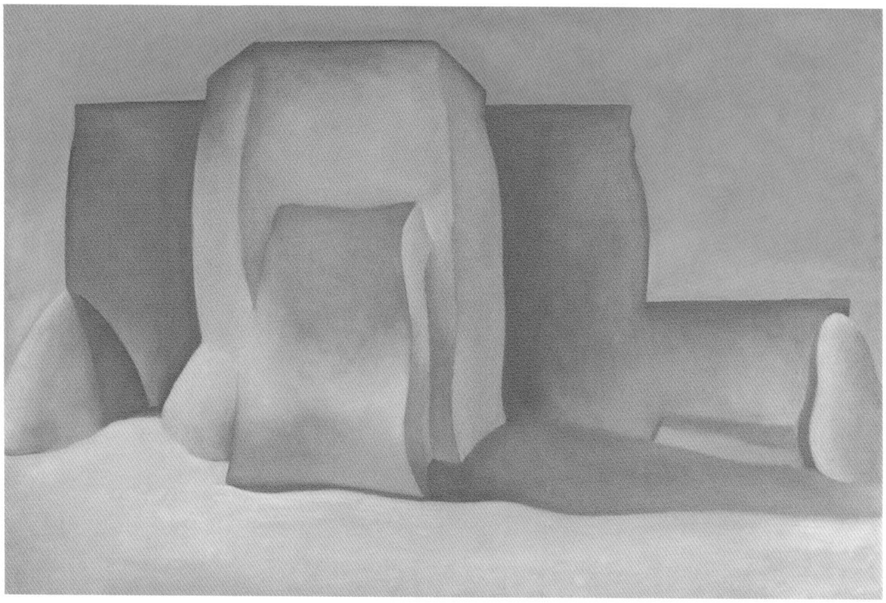

프는 남동쪽 정면에서 본 건물의 형식적인 특징을 포착함으로써, 내부와는 대조적인 교회의 독특한 외관을 표현했다. 폴 스트랜드는 후에 란초스 데 타오스 교회를 사선에 가까운 각도로 찍었다**[도판 58]**. 이윽고, 오키프는 토니 루한이 태어난 다층의 어도비 단지인 〈타오스 푸에블로(*Taos Pueblo*)〉를 그렸다**[도판 60]**. 이 그림에서 오키프는 사람들에게 초점을 맞추고 그들의 의상이나 몸을 이국적으로 묘사한 이전의 작품과는 반대로, 푸에블로 마을을 완전히 비어있는 것처럼 그렸다. 이러한 접근 방식은 늘 사람의 자취가 보이지 않는 그녀의 풍경화들과 일치하는 것이었다. 마침내 그녀는 타오스 너머의 지역들도 탐험했다. 그녀는 타오스 산맥에 있는 베어 레이크, 콜로라도주의 메사베르데 국립공원, 뉴멕시코주의 라스베이거스까지 캠핑 여행을 떠났다. 베어 레이크에 머무는 동안, 그녀는 〈베어 레이크, 뉴멕시코(*Bear lake, New Mexico*)〉(1930)라는 단순한 제목을 붙인 수직으로 높이 솟은 나무를 그렸다. 이 그림에서는 아름드리나무가 위로 뻗어 오르고 있는데, 그 몸통 줄기가 캔버스를 이등분한다. 〈로렌스 나무〉의 어지러운 느낌은 없지만, 이 나무 역시 밤하늘을 배경으로 그려졌다. 그녀는 또, 나바조 제품들로 유명한 갤럽 마을과 아코마 푸에블로 마을을 방문했다. 아코마 푸에블로는 뉴멕시코 서부 지역의 평원 꼭대기에 위치한 원주민 정착지로서 '스카이 시티(Sky City)'라고 알려져 있는데, 역사적으로 미국에 가장 오래 거주한 푸에블로족 마을이다. 이후, 그녀는 록키 산맥의 골짜기에 있는 철로 마을인 에스파뇰라를 지나갔고, 그녀가 '하얀 땅'이라고 불렀던 플라자 블랑카(Plaza

왼쪽 [도판58] 폴 스트랜드, 뉴멕시코의 란초스 데 타오스 교회, 1932년, 그라비어 사진, 14.9 x 11.7cm, 폴 스트랜드 재단, 세인트루이스 미술관, 세인트루이스, 미주리, 미국.

오른쪽 [도판59] 〈란초스 교회 II〉, 1929년, 캔버스에 유채, 61.3 x 91.7cm, 1930년 취득, 필립스 컬렉션, 워싱턴 D.C., 미국.

Blanca)를 탐험했으며, 여러 시간 동안 비포장 도로를 운전해 비스티 배드랜드(Bisti Badlands)에 다다르기도 했다. 비스티 배드랜드는 나중에 그녀가 그린 〈검은 땅(*Black Place*)〉**[도판 74 참조]**에서 그 모습을 드러낸다.[33] 오키프는 타오스에서 1930년 여름을, 뉴멕시코 알칼데에 있는 마리 갈랜드 소유의 H&M 랜치에서 1931년 여름을 보냈다.

오키프가 뉴욕에서 뉴멕시코로 정기적인 계절 여행을 시작한 이 시기는 개인적으로나 국가적으로 모두 새로운 단계로 이행해가고 새 모습을 형성해가는 중요한 때였다. 사생활 측면에서 보면, 오키프는 당시 세계적 유통업체인 시어스 로벅사의 상속녀 도로시 노먼과 바람을 피우기 시작한 스티글리츠에게서 멀어져 갔다. 그리고 뉴욕 현대미술관을 포함한 여러 미술관들이 정기적으로 그녀의 전시회를 열어주기 시작함에 따라, 더 이상 재정적으로 신경을 많이 쓰지 않게 되었다. 뉴욕 현대미술관은 1929년 12월, 「19명의 미국 현대예술가 회화 전시회」이라는 타이틀을 붙인 제2회 창립전에서 오키프의 회화 작품 5점을 전시했다. 한편 국가적으로 볼 때, 당시 미국은 1929년 10월 29일에 일어난 운명적인 주식 시장 붕괴의 영향을 감지하고 있을 때였다. '검은 월요일(Black Monday)'이라고 불리게 된 주식 대폭락은 이후 십 년 간의 경제적 불황으로 이어졌다. 그 후 곧 스티글리츠는 그가 운영하던 인티미트 갤러리의 문을 닫았다. 한편, 미국 경제대공황을 나타내는 대표적인 사진 〈이민자 엄마〉를 찍은 도로테아 랭과 같은 사진작가들이 도시와 농촌을 불문한 전 미국인들의 빈곤을 묘사한 사진 작품들을 통해 예술가의 사회적 책임을 일깨우는 활동을 하고 있었다. 더스트 볼(Dust Bowl)* 지역 풍경, 후버빌(Hooverville)**, 그리고 무료 급식소 대기줄 등이 주요한 주제였다. 스티글리츠와 사적인, 그리고 직업상의 관계를 동시에 끊은 폴 스트랜드도 라사로 카르데나스(훗날 멕시코 제44대 대통령이기도 했던) 장군 밑에서 멕시코 혁명의 기치를 내세우고 작품활동을 했다. 당시의 경제적인 분위기와 다른 작가들의 작품 경향이 사회 참여적인 방향으로 흘러갔지만, 오키프는 사실적 사회주의 양식의 회화에 휘둘리지 않았고 전혀 관심도 없었다. 남편의 불륜 때문에 한 여자로서 이미 극심한 우울증에 빠져 있었기 때문이다. 또한, 그녀는 가부장적 사고에 대항하여 작업하는 것에 만족했을 뿐 사회주의적인 것에는 관심이 없었다. 어쨌든, 미국 전역이 10년 동안 엄청나게 파괴적인 재정적 혼란으로부터 고통 받았고, 정부는 공공사업진흥국과 같은 정책들을 통해 실직자들을 위한 공공 일자리를 만들어내고 있었다. 그러나 오키프는 재정적으로 넉넉했고 그녀의 수입 대부분을 스티글리츠와 나누어 썼다. 그럼에도 불구하고, 라디오 시티 뮤직홀의 벽화 프로젝트를 완성하지 못한 것에 대한 자책감과 스티글리츠의 외도로 인한 스트레스로, 1933년 병원에서 정신 신경증 장애 진단까지 받는 등 개인적으로 정신적 고통을 겪고 있었다. 뉴욕의 닥터스 호스피틀에서 치료를 받아 회복된 그녀는, 이후 버뮤다에 있는 친구들과 함께 지내면서 요양을 했다.

* 1930년대 닥친 가뭄과 지나친 경작으로 인한 토지 황폐화가 원인이 돼 생긴 미중남부의 건조지대. 여기서 불어오는 먼지 폭풍이 사람들을 질식시켰고 결국 농지를 떠나야 했다.

** 대공황 시기 미국 노숙자들이 지은 판자촌.

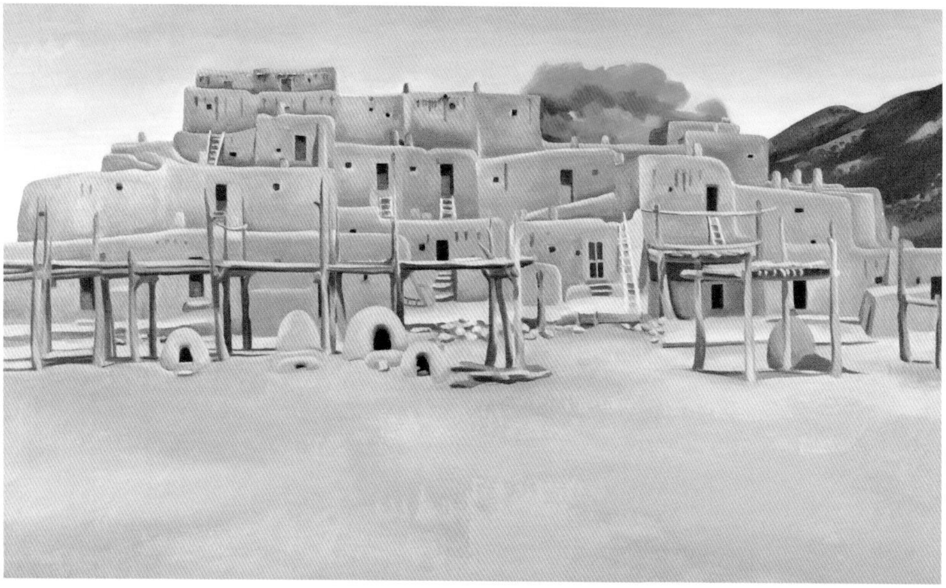

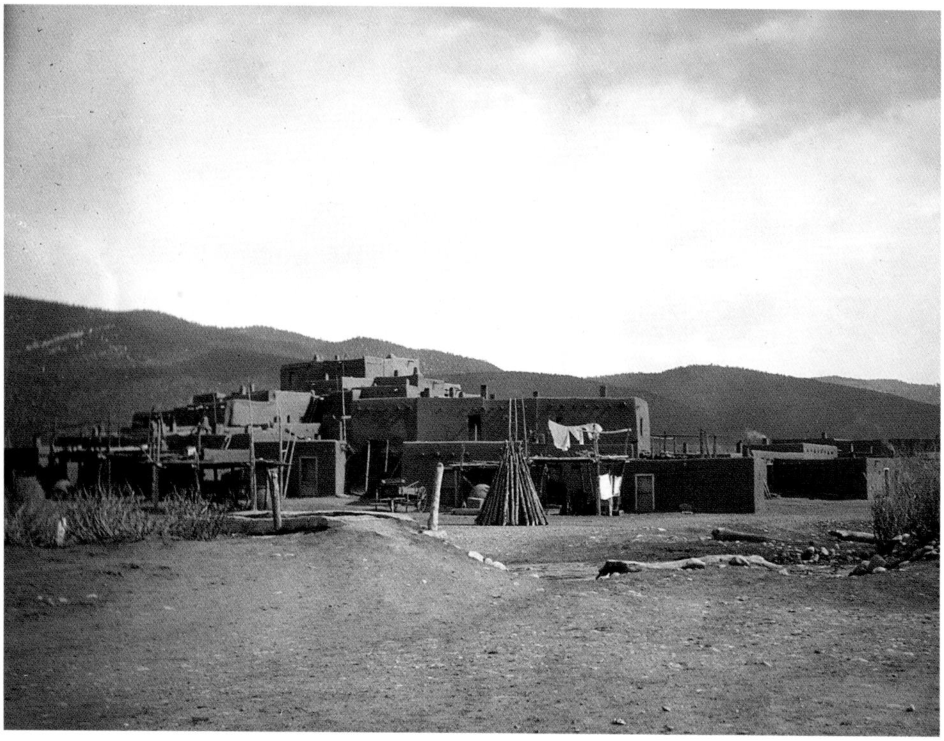

위 [도판60] 〈타오스 푸에블로〉, 1929~1934년, 캔버스에 유채, 61 x 101.6cm, 아이틀저그 미국 인디언 서부 미술관, 인디애나폴리스, 인디애나, 미국.

아래 [도판61] 허먼 S. 호이트, 타오스 푸에블로, 1920~1930년, 포토그래픽 프린트, 12 x 17.8cm, 뉴멕시코 역사박물관, 산타페, 뉴멕시코, 미국.

오키프는 다시 뉴멕시코에 돌아왔다. 1934년경, 이제 40대가 된 그녀는 이 지역에 친밀감을 느끼게 되었다. 정기적으로 H&M 랜치에 머물었고 리오 그란데의 지류인 차마강을 따라 드라이브도 했다. H&M 랜치에서 무더운 여름 몇 달을 보내던 어느 날, 그녀는 이웃에 또 다른 목장이 있다는 말을 들었다. 그녀는 존 콜리어(아메리카 원주민 출신 변호사)의 아들인 찰스 콜리어를 자신의 믿음직스러운 포드차에 태우고 익숙하지 않은 낯선 흙길을 운전했다. 그들의 목적은 사막의 오아시스같이 보였던 고스트 랜치를 찾는 것이었다. 첫 번째 시도는 성공적이지 못했지만, 곧 오래된 동물 두개골로 표시된 그 목장으로 통하는 비밀스러운 문을 발견했다. 거기서 오키프는 줄무늬가 있는, 오랜 세월을 두고 비바람에 깎인 희고 붉은 점토 지형인 메사(고원)의 매우 건조한 풍경을 보았다. 고품질 규질암이 사방에 널린 평평한 꼭대기를 가진 세로 페데르날* 이 제메즈 산맥의 남쪽 가장자리에서 강철의 빛깔과 같은 검푸른 색을 띠고 어렴풋이 나타났다. 때로 회색 먹구름이 폭풍우를 만드는 산뜻한 옅은 파랑의 하늘이 세이지색 잡목림과 대비를 이루는 그 풍경은 전적으로 새로운 색채를 보여주었다.[34]

애초에는 7월 말까지 머물 새로운 장소를 찾으려고 했던 것이 결과적으로 고스트 랜치에서 그녀의 새로운 삶을 시작하는 계기가 되었다. 처음 몇 년간은 여름 동안만 살기 위해 게스트하우스의 방 하나를 얻곤 했는데, 마침내 그곳에서 약 2만 8천여 제곱미터의 땅을 구매했던 것이다. 그 이후로, 오키프는 각기 다른 곳에 위치한 두 개의 집을 갖게 되었다. 하나는 뉴욕의 고층 건물들 사이에 있는 스티글리츠와 함께 사는 집, 다른 하나는 평평한 지붕의 어도비 양식으로 지어진 뉴멕시코의 혼자 사는 집이었다. 해마다 뉴멕시코의 집에 다니러 갔지만, 시간이 흘러도 여행은 도무지 쉬워지지 않았다. 그러나 그녀는 환경에 적응하는 데 필요한 이러한 과도기를 결코 소홀히 여기지 않았다. 사실, 오키프는 매번 올 때마다 숨을 가쁘게 만드는 고스트 랜치의 높은 고도에 적응해야만 했다.[35] 그녀는 남편이 사망할 때까지 계속 두 집을 오갔는데, 각각의 집은 다른 집에 그 흔적을 조금씩 남겼다. 그림을 그리기 위해 뉴멕시코에서 수집하여 레이크 조지로 운송해온 뼈조각들과 마찬가지로, 그녀의 뉴멕시코 풍경을 그린 작품들은 남서부 지역과 '먼 곳(Faraway)'에서의 경험과 추억의 대체물이 되었다. 그러한 작품들을 통해 오키프는 뉴멕시코의 또 다른 삶을 회상할 수 있었다. 먼 훗날 오키프는 처음 고스트 랜치에 왔을 때를 추억하면서 그곳이 매우 중요한 곳이라는 것을 처음부터 알아차렸다고 말했다. "여기 온 순간, 나는 이곳이 내가 살 곳이라는 것을 알았다."[36] **[도판 62]**

* Cerro Pedernal, 부싯돌 산을 뜻하는 스페인어.

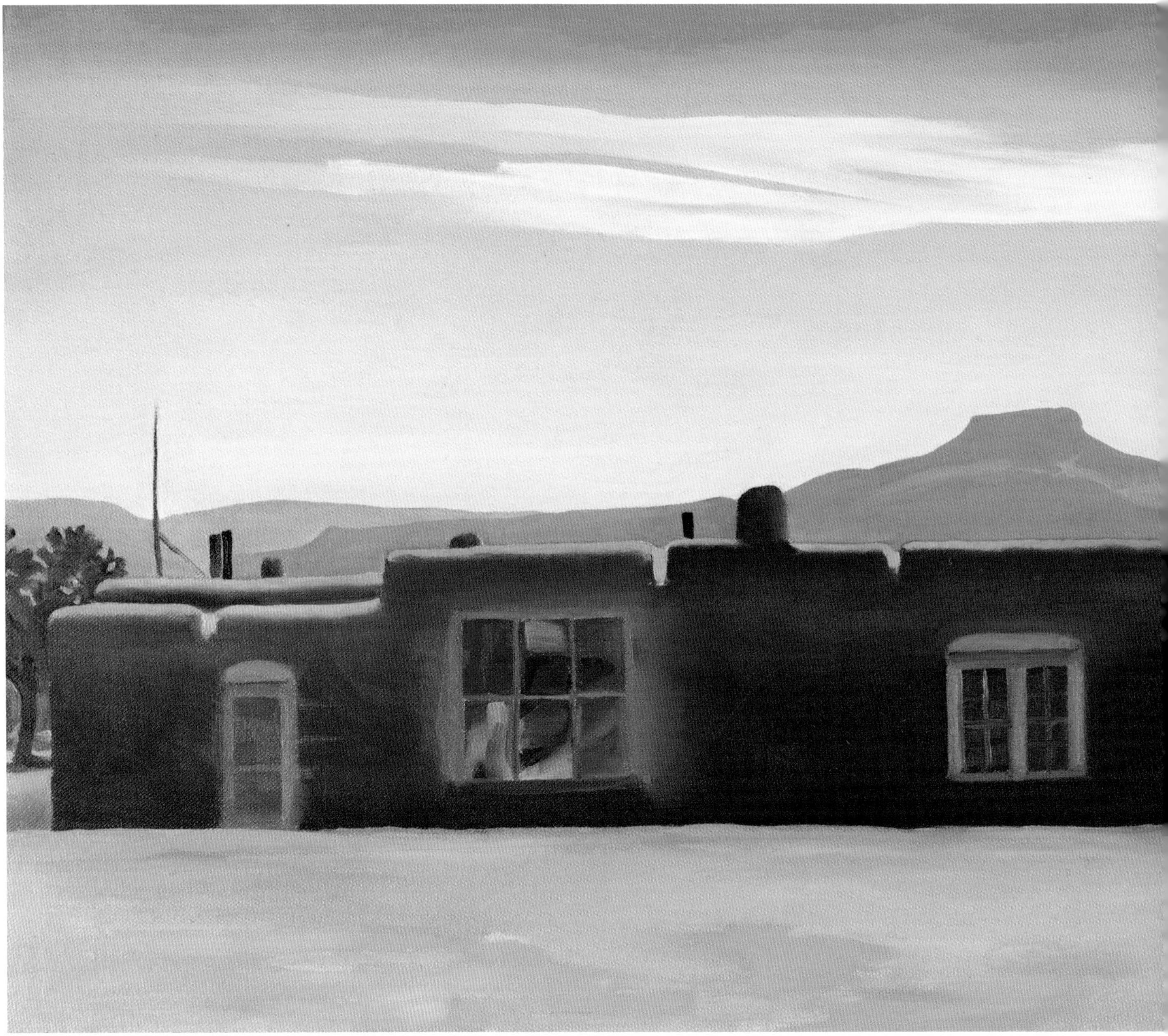

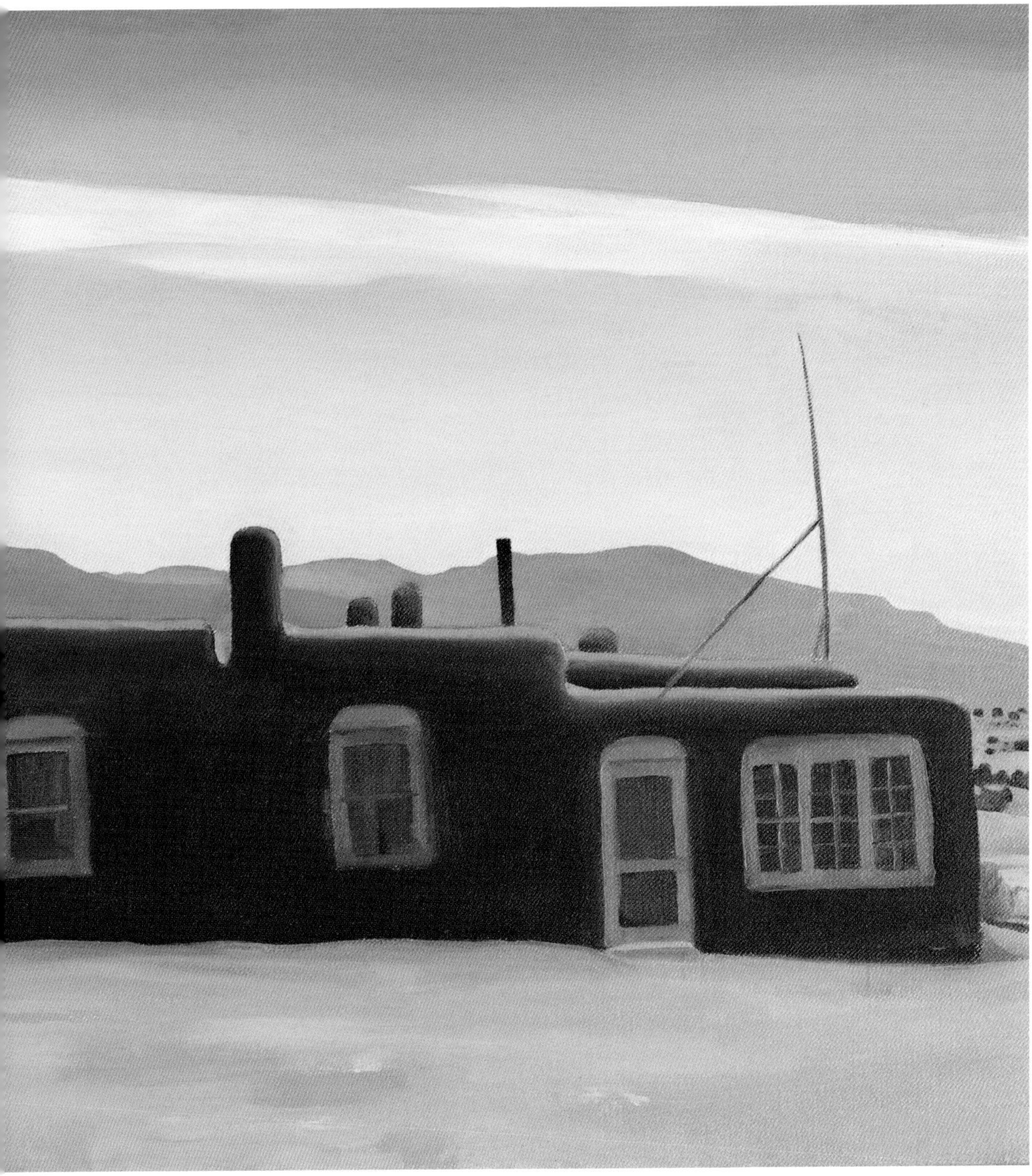

[도판62] 〈내가 사는 집〉, 1937년,
캔버스에 유채, 35 x 76cm,
예일 미술관, 뉴헤이븐, 코네티컷,
미국.

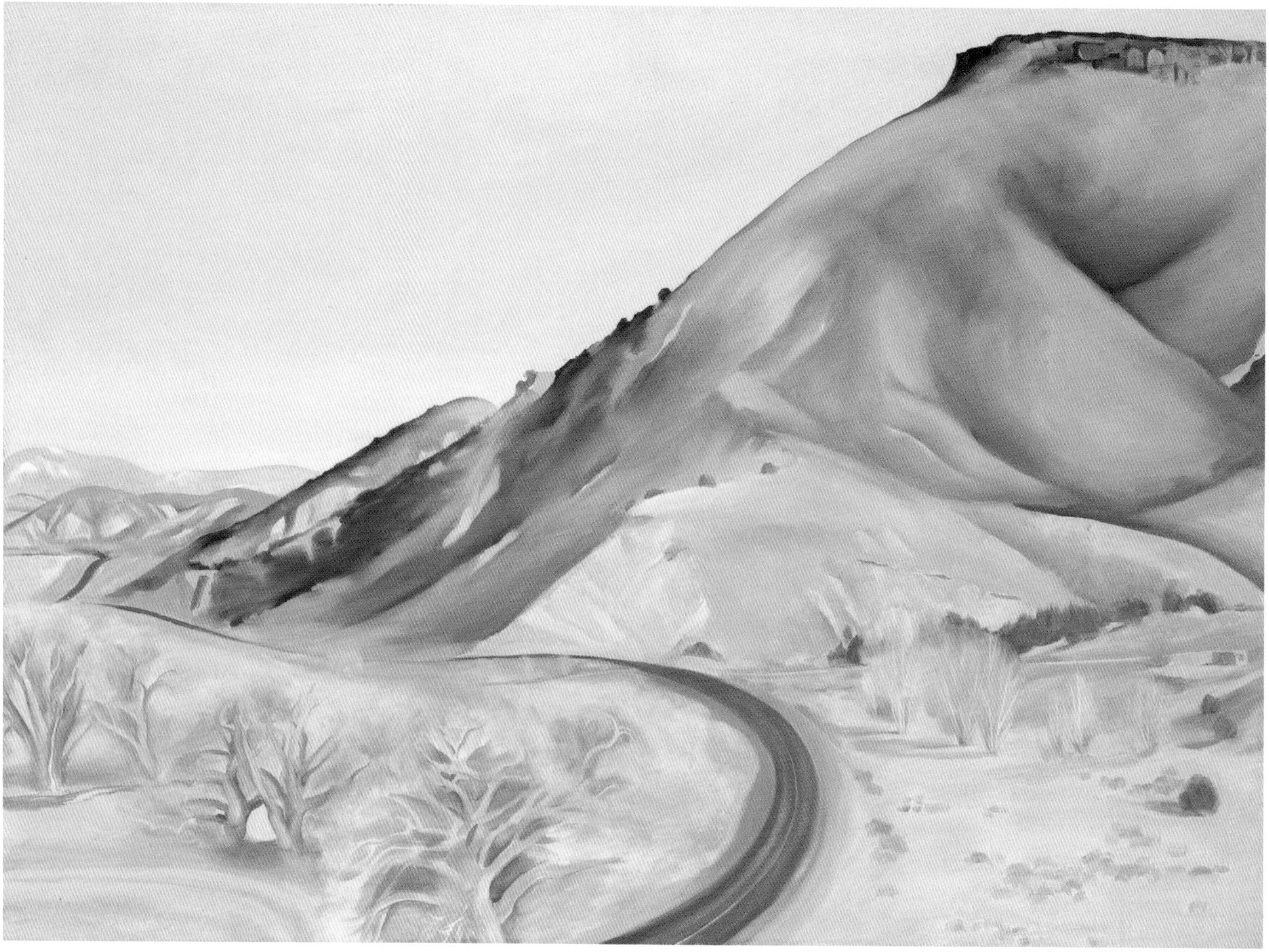

"내가 아는 다른 어떤 곳보다 여기 살고 싶다. 그것은 아무도 나를 찾아오지 못하는, 아주 멀리 떨어진 지구의 맨 끝에서 매우 편안하게 홀로 살 수 있는 길이다. 나는 이런 삶이 좋다."

황무지, 그리고 그 너머
The Badlands and beyond

[도판63] 〈메사와 로드 이스트 II〉, 1952년, 캔버스에 유채, 66 x 91.4cm. 조지아 오키프 재단 기증. 조지아 오키프 미술관, 산타페, 뉴멕시코, 미국.[2006.05.235].

1952년, 오키프는 그녀를 애비퀴우 집으로 이끄는 도로를 그리기 시작했다. 당시에는 84번 도로로 알려져 있었다. 수많은 소도시들을 구불구불 지나가는 84번 도로는 대략 차마 강의 물줄기를 따라 흘렀다. 길은 그녀가 차량을 정비하고 식료품과 물품을 구입하곤 해서 이미 친숙했던 에스파뇰라로 이어졌고 그곳을 지나 산타페로 연결되었다. 애비퀴우로 가는 길은 오키프 삶에 있어서 매우 현실적인 것, 즉 그녀를 외부 세계와 연결해주는 선이었다. 〈메사와 로드 이스트 II(*Mesa and Road East II*)〉에서 오키프는 아스팔트로 포장되고 노란색 선이 중앙을 따라 그어진 흔적이 보이는 이 도로를 그렸다**[도판 63]**. 이 '신(新) 도로'는 애비퀴우의 '구(舊) 도로'를 대체했고, 가까이 혹은 멀리 있는 작은 도시들에 더 쉽고 빠르게 갈 수 있도록 해주었다. 오키프는 자신의 집에서 보이는 신 도로의 경관을 좋아했다. 그녀는 차마 도로(Chama Road)를 길가 쪽에서 본 관점으로 그렸다. 〈메사와 로드 이스트 II〉에서는 거대한 고원이 오른쪽에 있고, 희미한 미루나무 대열이 우리 시야에서는 보이지 않는 넓은 강둑을 따라 왼쪽에 줄지어 있다. 길은 험난한 굴곡으로 휘어지다가 마침내 저 멀리 사라진다. 오키프는 이 길에 대해 다음과 같이 말했다.

"애비퀴우 집에 있는 내 방의 벽들은 유리로 되어 있어, 창밖으로 에스파뇰라, 산타페, 그리고 세상으로 가는 길을 볼 수 있어요. 오르락내리락하는 길의 풍경, 그리고 그 길이 마치 내 방의 벽을 향해 빠른 속도로 달려와 나를 완전히 휩쓸며 지나가는 것같은 느낌이 나를 매혹시킵니다. 나는 카메라로 이 길의 사진을 두세 장 찍었어요. 그 사진들 중 하나는 길을 전부 담기 위해 카메라를 경사지게 기울여 찍었지요. 그래서 우연히 길이 공중에 서 있는 것같이 보이게 되었고, 그것이 나를 무척 즐겁게 했어요. 그리고 이렇게 뜻밖에 발견한 새로운 형태로 길을 드로잉하고 채색하기 시작했지요. 나무들과 뒤에 있는 메사는 그림에서 중요하지 않았어요. 중요한 것은 바로 길이었어요."[1]

[도판64] 북동쪽으로 차마강을 굽어보는 조지아의 애비퀴우 집 침실 창문을 통해 본 바깥 풍경, 1996년.

오키프는 이 길을 매일 보았다. 그녀가 뉴멕시코에서 두 번째로 구입한 애비퀴우의 농장 단지 안에 있는 집은 그 길 위에 자리 잡고 있었고, 높은 곳에 위치한 침실 창문에서 아래쪽으로 길을 내려다볼 수 있었다**[도판 64]**. 길을 묘사한 첫 작품에서는 〈메사와 로드 이스트 II〉에서처럼 길 풍경을 다소 재현적으로 보여준다. 시간이 흐름에 따라 그림은 점점 추상적으로 되었다. 그 과정에서 특정한 풍경과 연관되는 길의 세부 묘사는 점차 사라졌다. 도로의 차선을 표시하는 노란색 선과 나무들도 사라졌다. 원근법적인 공간을 보여주는 사실적인 땅의 묘사도 평평한 색면으로 바뀌었는데, 이는 한줄기 푸른색 길이 그 지역 땅의 붉은 색조를 묘사하는 분홍빛 언덕 속에 녹아 든 〈길을 따라서(*Road Past the View*)〉에서도 볼 수 있다**[도판 65]**. 코발트블루로 채색된 산맥이 화면의 왼쪽 사분면의 맨 가장자리에 보인다. 도로 자체는 산맥과 비슷한 톤으로 채색된 리본 모양의 형태다. 또 다른 길을 주제로 한 〈겨울 길 I (*Winter Road I*)〉은 〈길을 따라서〉 바로 직전에 완성되었는데, 순백의 바탕에 그려진 붓글씨 같은 짙은 갈색의 선이 왼쪽 모서리 쪽으로 구부러져 있다**[도판 66]**. 중력 법칙을 거부한 채 마치 길 자체가 서 있는 것처럼 그려져 거의 추상에 가까운 작품이다. 작품은 은근히 관람자에게 선을 사실적인 길이 아니라 추상적인 형상으로 보도록 유도한다. 이것은 더 이상 공간 속으로 사라지는 길이 아니라, 단지 캔버스 꼭대기에서 밑면으로 구부러지는 선일 뿐이다.

초기에 오키프는 길이 더 광범위한 주변 환경의 한 모습이며, 실험을 위한 출발점으로서의 역할을 할 수 있다는 것을 도우에게 배웠고 이를 잊지 않았다. 도로는 현실의 삶으로 가는 다리, 그리고 뉴멕시코 밖의 사람들과의 연결망으로서 중요했다. 이러한 의미에서 길은 은유적인 의미를 내포하고 있었지만, 한편으로는 그녀가 애비퀴우에서 다른 곳으로 드라이브하며 오가는, 매일매일 일상적으로 이용하는 실제의 길이라는 점에서 현실적인 것이기도 했다. 길은 또한 단순히 하나의 형태, 즉 그림을 구성하는 하나의 형식적 요소였다. 그것은 그녀의 손에 의해 추상화 과정을 거쳐 점점 축약되는 구성의 핵심적인 요소이기도 했던 것이다. 오키프는 〈길을 따라서〉에 앞서 〈겨울 길 I〉을 그렸다. 이는 오키프가 추상을 향해 직선적으로 나아갔던 것은 결코 아니었고 그녀가 선택한 시각적 언어가 무엇이든 간에 세상을 묘사하는 작업이 하나의 접근 방식으로 제한되지 않았다는 것을 보여준다. 추상표현주의자들이 물감 매체를 찬양하고 그 재료의 특질, 혹은 캔버스의 평평한 표면을 강조한 반면, 오키프는 어떤 하나의 미술 운동에 확고하

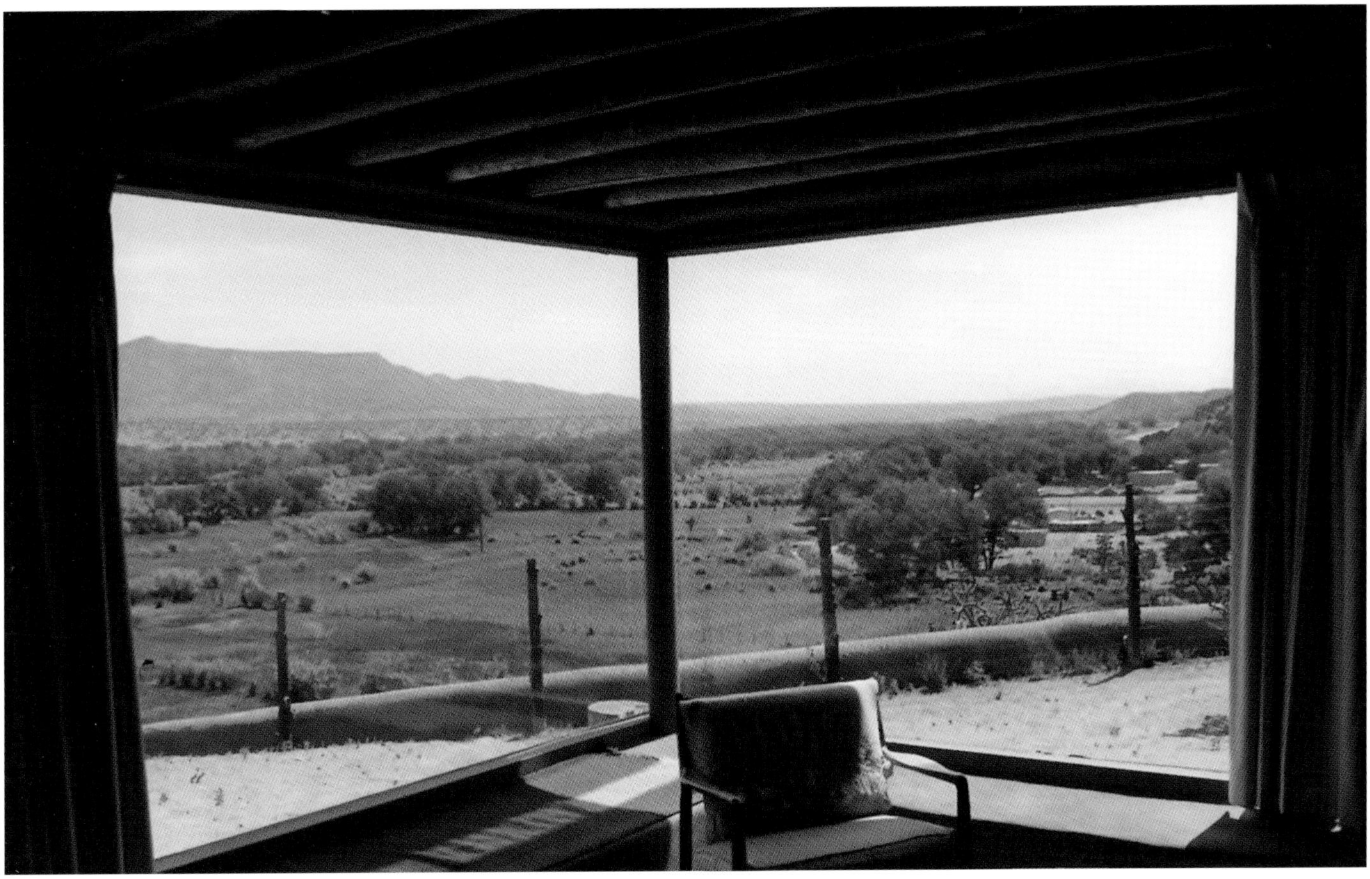

게 머무르지 않았다. 그녀는 쉽게 추상적 그림을 그릴 수 있었듯이, 또 언제든 반재현적인(semi-representational) 소재로 돌아갈 수 있었다.

이 장에서는 뉴멕시코에서의 오키프의 삶과 뉴욕, 시카고, 워싱턴 D.C., 그리고 그밖의 모든 곳에서 그녀가 어떻게 세상과 소통했는지에 대해 살펴본다. 오키프가 건조한 남서부 지역에 있는 두 집에서 고립되어 생활한 것처럼 보이고 일부의 그림은 이러한 해석을 뒷받침하기도 한다. 그러나 그녀는 현지인과 이주민 모두와 교류하면서 지역사회 안팎과의 관계를 유지했다.

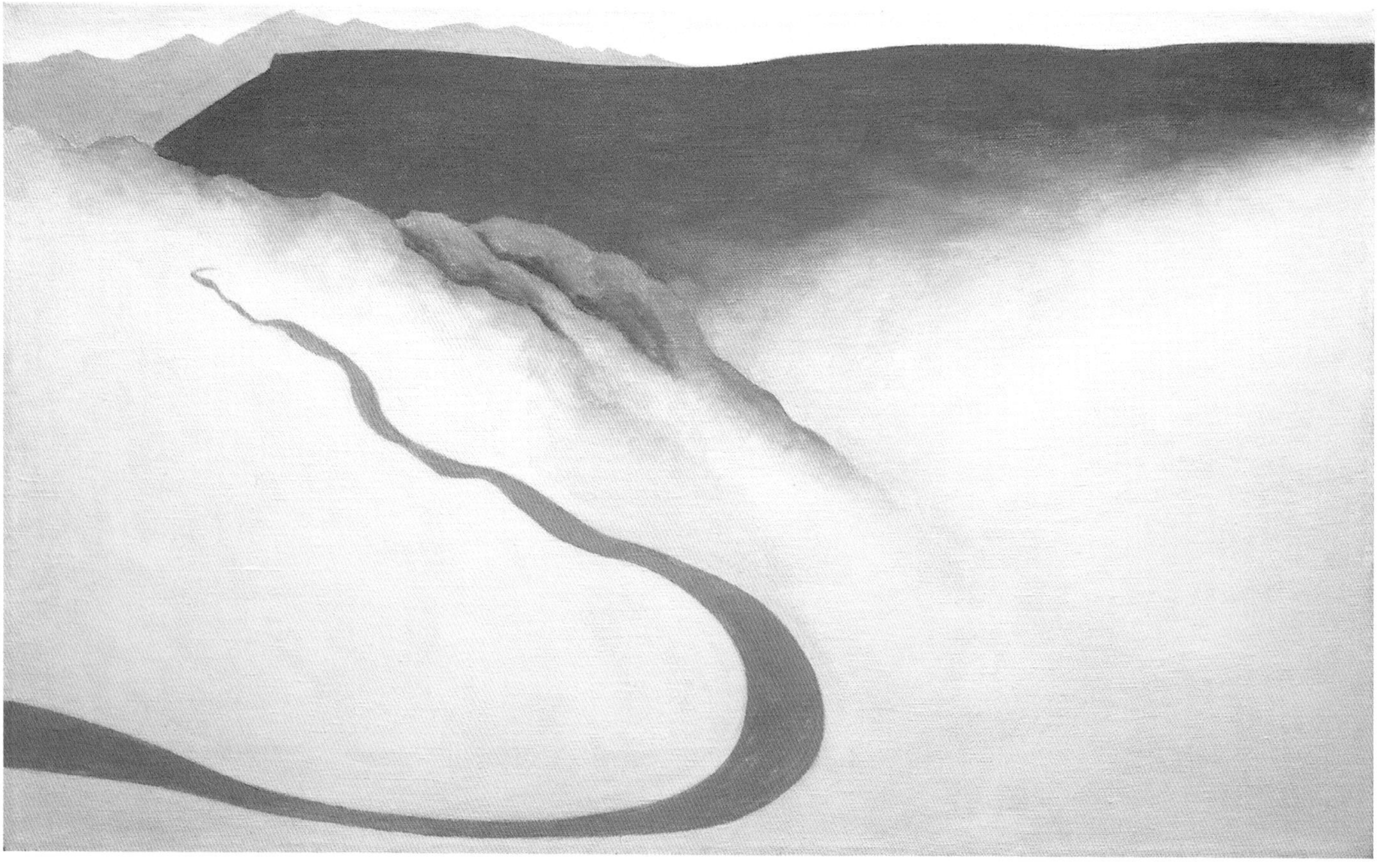

위 [도판65] 〈길을 따라서〉, 1964년,
캔버스에 유채, 47.7 x 76.2cm.
칼과 마릴린 토마 부부 컬렉션.
토마 재단. 산타페, 뉴멕시코, 미국.

맞은편 [도판66] 〈겨울 길 I〉, 1963년,
캔버스에 유채, 55.9 x 45.7cm.
조지아 오키프 재단 기증. 국립 미술관,
워싱턴 D.C., 미국. [1995.4.1].

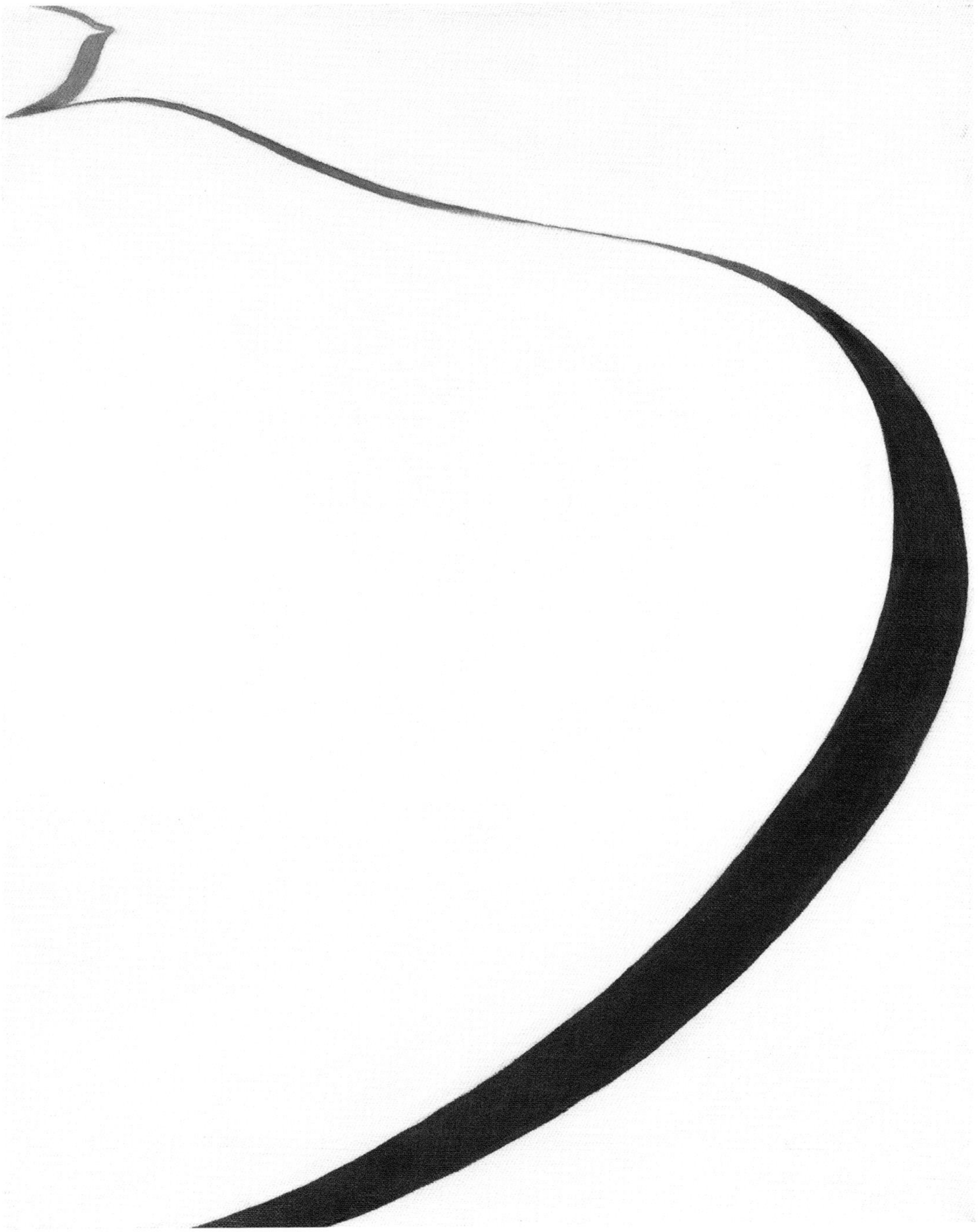

그녀가 본 뉴멕시코는 문화적으로 매우 다양하고, 원주민, 히스패닉, 영국계 백인 사이의 식민지 역사가 아직도 현재를 지배하고 있는 곳이었다. 인종, 민족 간의 골이 깊었지만, 이질적 문화들 간의 접촉과 매일매일의 일상적인 교류 또한 일반적인 것이 되어 있었다. 음식에서 언어에 이르기까지 뉴멕시코는 그녀가 이전에 살던 곳과 완전히 달랐다. 창문을 통해 마천루들의 건설 현장을 목격했던 뉴욕에서와 마찬가지로, 오키프는 이곳 북부 뉴멕시코에서도 원자 폭탄을 비밀리에 만든 로스앨러모스 국립연구소에서부터 그녀의 집 가까이에 있는 차마강의 댐 건설에 이르기까지 엄청난 변화를 겪고 있는 모습을 볼 수 있었다. 이 무렵, 그녀는 제2차 세계대전이 사회에 미친 영향을 감지할 수 있었다. 또한, 지역의 좁은 길 곳곳이 도로 포장되는 것을 포함해 북부 뉴멕시코 전역에 걸쳐 사회 기반 시설의 현대화가 이루어지고 있는 것을 목격하면서 주변 환경이 서서히 변하고 있다는 것을 알았다. 오키프는 당시 국제 사회의 냉전주의에 두려움을 느끼고 자신의 애비퀴우 주거지에 방공호를 만들기도 했다.

도로를 그린 작품들은 북부 뉴멕시코라는 물리적 장소, 그리고 스티글리츠 사후 그곳에서 남은 여생을 보내기로 한 결심과 관련된 열쇠이다. 뿐만 아니라, 그녀가 늘 어디론가 다른 곳으로 떠날 것을 생각하고 있었음을 시사한다는 점에서도 의미가 있다. 실제로 그녀의 현관 바로 옆에 위치한 도로는 애비퀴우 집에서 그곳을 벗어나 에스파뇰라, 산타페, 혹은 훨씬 더 먼 곳에 이르기까지 '그 어디든' 인도해 주었다. 사실, 뉴멕시코는 오키프가 훗날 언젠가 시작하게 될 세계 일주 여행의 출발점이었다. 길을 그린 그림들에서 지역의 주요 도로는 외부세계로의 연결망으로 표현되었다. 오키프는 평생을 두고 계속 길을 모티프로 하여 작품을 제작했다. 텍사스 캐니언, 뉴욕의 경관과 마찬가지로, 길이라는 하나의 소재도 오키프가 그녀의 작품에서 여러 가지 다른 창의적인 방식으로 접근하고 구성하도록 영감을 주었다. 각각의 접근 방식은 그녀에게 새로운 관점을 제시했고, 관람자에게는 어떤 주제에 대해 새로운 시각으로 보게 했던 것이다.

고스트 랜치

1934년 7월, 오키프는 고스트 랜치(Ghost Ranch)에 도착하자마자 목장의 소유주이자 관리인인 캐롤 스탠리와 숙소에 대해 의논했다. 원래는 거의 모든 방이 이미 예약이 되어 있어 불시에 들이닥친 오키프는 그날 밤만 간신히 묵을 수 있는 상황이었다. H&M 랜치를 떠나 고스트 랜치에 하나 남은 숙소에 든 오키프는 한밤중 다른 방문객이 갑작스레 맹장염에 걸렸다는 소식에 잠을 깼다. 덕분에 비게 된 방을 예약하여 애초에 기대했던 것보다 더 오래 머물 수 있게 되었다. 그리하여 그녀는 가을에 뉴욕으로 떠날 때까지 그곳에 있었다. 체류하는 동안 오키프는 남자와 여

위 [도판67] 조지아의 애비퀴우 집과 스튜디오 조감도, 1979년. 애비퀴우는 사진 맨 위 오른쪽에 위치하고 있다.

아래 [도판68] 조지아가 냉전의 긴장 속에서 애비퀴우 집에 지었던 방공호.

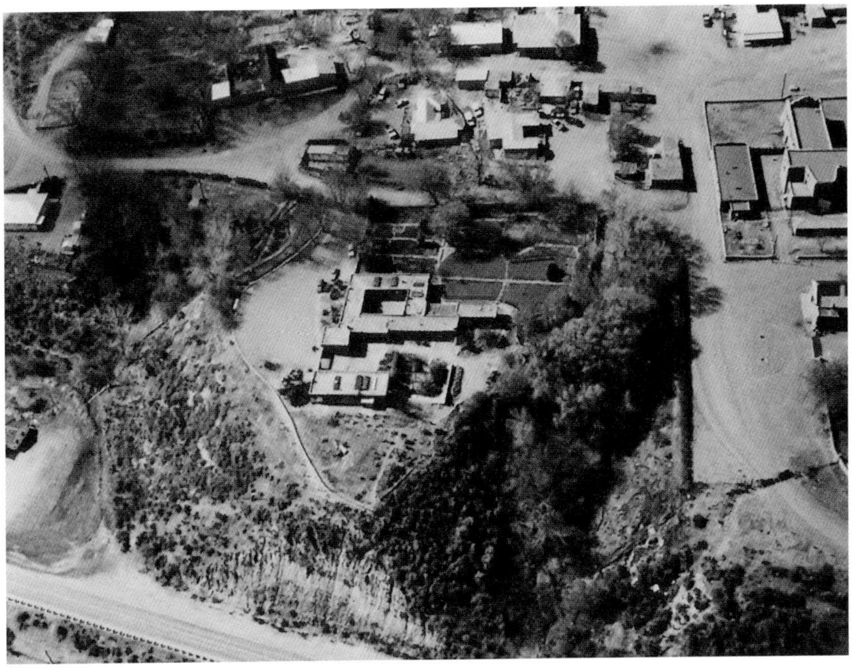

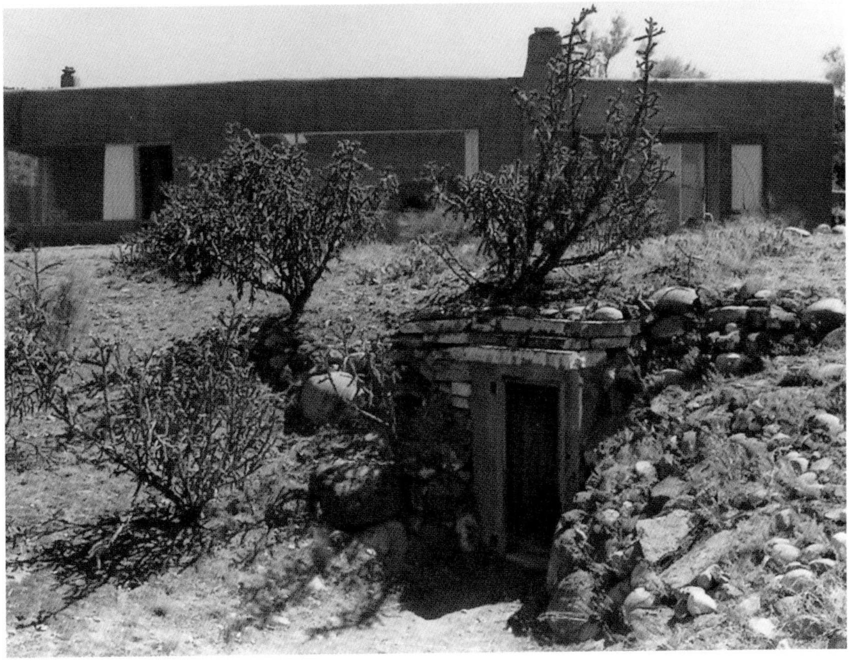

자들이 말을 타거나 가지뿔영양들이 돌아다니고 있는 8만여 제곱미터의 관광용 목장을 보았다. 그곳은 동부 지역의 명망 있는 가문의 사람들이 도시를 떠나 미국의 변두리 지역의 시골식 생활을 경험할 수 있는 곳, 혹은 문화인류학자, 작가, 음악인, 환경 운동가, 과학자, 그리고 특히 예술가들이 휴식을 위해 찾는 곳이었다.

한때 '란초 데 로스 브루호스', 즉 '마녀들의 목장'이라고 불린 이 지역은 히스패닉계 세 명의 소도둑, 그 유명한 아큘레타 형제들과 불운한 희생자들 간의 폭력적인 교전의 장소로 잘 알려져 있었다. 이 목장이 있는 지역은 어두운 역사를 가지고 있었던 것이다. 심지어 많은 사람들이 이곳에 아큘레타 형제들의 악행에 의해 죽음을 당한 사람들의 유령이 출몰한다고 믿었다. 이런 미신이 소문으로 떠도는 가운데, 목장의 소유주는 여러 번 바뀌었고, 마침내 스탠리의 손에 넘어갔다. 아마도 그녀의 전 남편이 1920년대 말 어느 때인가 카드 게임에서 이겨 땅문서를 획득한 것 같다.[2]

목장에는 영양, 양, 소, 말들의 유골들이 넘쳐났다. 왜냐하면, 1930년대 발생했던 기록적인 심각한 가뭄으로 가축 희생이 엄청나게 많았기 때문이다. 게다가 과잉 방목으로 인한 문제에 대응해 제정된 테일러 방목법에는 야생마들이 연방 토지에서 배회하는 것이 발견되면 정부가 고용한 명사수들이 몰살해 버린다는 규정이 있었다. 그런데 그 연방정부에 소속된 토지가 바로 고스트 랜치에 인접해있었다. 그리하여 한 작가가 언급했듯이, 이 지역은 무스탕*들의 묘지였지만, 이 무렵, 오키프

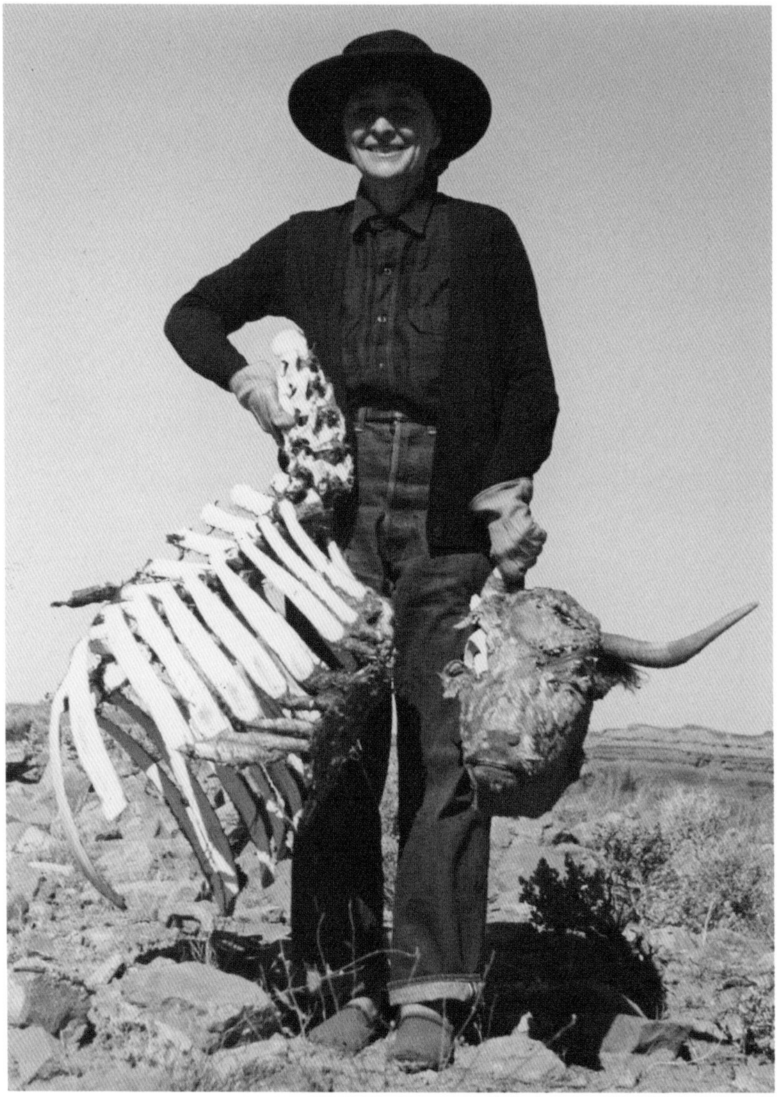

* 아메리카산 작은 야생마.

[도판69] 앤셀 아담스, 뉴멕시코 고스트 랜치에서 죽은 동물 잔해를 들고 있는 조지아 오키프, 1937년, 젤라틴 실버 프린트, 23.2 x 18.1cm, 크리에이티브 포토그래피 센터 컬렉션, 애리조나 대학교, 애리조나, 미국.

가 유골 그림들을 그리는 데는 확실히 도움이 되었다고 할 수 있다. 그녀는 열정적으로 동물의 유골들을 수집하러 다녔고, 심지어 당시 신출내기 고고학자였던 프랭크 히븐이나 잭 맥키번과 같은 랜치의 다른 거주자들에게도 그녀를 위해 유골을 수집해 달라고 부탁했다.[3] 그녀는 평생을 두고 유골 수집품들을 계속 소장했다. 〈접시꽃과 숫양의 머리(*Ram's Head with Hollyhock*)〉(1935)는 한때 랜치 주민인 도로시 번햄이라는 젊은 여성이 소유하고 있던 앙고라 염소의 두개골을 보고 그린 것이다. 소문에 의하면, 그 염소가 죽었을 때 사체를 매달아 건조시켰다고 한다. 그런데 이 지역의 개들이 달려들어 뿔을 물어뜯어 버렸다. 그림에서는, 염소의 제멋대로 뻗어 나간 뿔의 구부러진 끝쪽이 개들의 이빨에 씹혀 있고, 전체가 바싹 마른 두개골은 늦여름의 짙은 구름과 고스트 랜치 언덕 위 사이에 놓여 있다. 이러한 풍경을 많이 그렸던 오키프는 훗날, 양 머리를 위에 떠 있는 모양새로 표현한 것은 아주 적절했다고 회상했다. 두개골은 염소 주둥이 주변 부분이 건조한 깊은 골짜기의 틈새처럼 보인다는 점에서, 어떤 측면에서는 지역의 풍경을 반영했다고 볼 수 있다. 히스패닉 현지인들이 바라 데 산 호세라고 부르는 접시꽃은 동물의 오른쪽 눈 위에 거의 요염하게까지 느껴지는 포즈로 자리 잡고 있다. 북부 뉴멕시코의 정원에서 인기 있는 접시꽃은 성 요셉의 지팡이와 관련된 종교적 도상의 의미를 가지고 있기도 하다.[4] 오키프는 이 지역을 처음 방문했을 때부터 뼈를 그린 그림들에 꽃을 배치하기 시작했는데, 아마도 벡스트랜드가 그녀의 그림에 실크 꽃을 조합하는 것에 영감을 받았을 것이다. 실크 꽃은 북부 뉴멕시코의 묘지의 망자들의 무덤 앞에서 흔히 발견할 수 있는 지역적 풍경의 한 모습이었다. 사실 꽃과 유골은 둘 다 남서부 지역의 고유한 것이었는데 1930년대 내내 둘 다 오키프의 그림에서 빈번하게 나타난다. 1930년대 후반, 사진작가 앤설 애덤스는 유골을 수집하고 있는 오키프의 사진을 찍었다. 그는 이 사진에서 분해 과정에 있는 커다란 소의 두개골과 갈비뼈를 들고 득의만면한 예술가의 모습을 잡아냈다**[도판 69]**. 사진을 보면, 소 두개골은 아직 부분적으로 털로 덮여 있고, 오키프는 리바이스 청바지, 남성용 버튼다운 데님 셔츠, 남아메리카에서 수입된 카우보이 스타일의 펠트 모자 등 독특한 웨스턴식 복장을 하고 있다. 오키프는 손에 유골을 든 채 진짜 서부 사람인 양 자연스럽게 포즈를 취하고 있는데, 이는 그녀가 좋아한 또 다른 페르소나였다. 많은 예술가들이 그렇듯, 오키프도 자기 이미지 만들기에 매우 능숙했다.[5]

이후 3년간 매 여름마다, 오키프는 건조한 피에드라 롱브레*분지의 한가운데 자리 잡고 있는 메마른 땅에서 동물들의 시체나 활기에 찬 고스트 랜치 방문객들을 그리며 보냈다. 그녀는 부엌이 없는 가든하우스의 작은 방갈로에 살았다. 그래서 고스트 랜치의 다른 거주자들처럼 한군데 모여 공동으로 식사를 해야 했다. 이때 식사 시간을 통해 오키프는 고스트 랜치에 자주 오고 심

* 스페인어, 반짝이는 바위 계곡이라는 뜻.

지어 거기에 자신들의 집을 지었던 록펠러, 팩, 존슨 가문 등 동부 지역의 저명한 명문가 사람들과 알고 지내게 되었다. 그녀는 사람들에게 다정하고 때로는 깊은 생각에 잠긴 듯하며 대체적으로 타인에게 말을 먼저 거는 그런 사람으로 기억되었다. 그녀는 내성적인 성격이었지만 랜치의 토박이 스태프들과 같이 식사하곤 했고, 매일매일의 랜치 활동에 대해서 그들과 활발하게 대화했다.[6]

고스트 랜치의 우뚝 솟은 암벽 주변과 아래에 줄지어 솟아 있는 건물들 너머에 있는 그 지역은 마치 지질학적 기념비들 같은 지형으로 가득한 거의 무한한 광야, 그리고 문화사적 영역처럼 보였고, 오키프에게 탐험에 대한 유혹의 손길을 뻗쳤다. 오키프는 망설임 없이 도보로, 차로 종횡무진 돌아다녔고, 곧 그 지역 환경에 익숙해졌다. 한번은 그녀의 드라이브 친구인 아서 팩의 아내 브라우니 팩과 함께 차마강에 갇힌 적도 있었다. 극적으로 변화무쌍하고 둘쭉날쭉한 콜로라도 고원의 한 구역에 자리 잡은 고스트 랜치는 포 코너스* 지역과 오늘날 미국의 최대 인디언 보호 구역인 나바호 자치국의 동쪽 가장자리에 위치해 있었다. 차마강은 애비퀴우를 관통하여 리오그란데로 흘러 들어갔는데, 그 강둑은 오래된 미루나무들로 뒤덮여 있었다. 또 리오그란데강 길을 따라 푸에블로족(그 원주민 마을이 현재 19개 남아 있다)과 히스패닉계 마을들이 군데군데 산재해 있었다. 강의 윤곽선을 표시해주는 미루나무들은 그녀가 가장 좋아하는 소재였고, 다른 주제들과 마찬가지로 시리즈로 계속 그렸다.

오키프는 가까이에서 페데르날이 황무지에 우뚝 솟아올라 있는 것을 볼 수 있었다. 그녀는 몇 번이고 계속해서 이 풍경을 그렸다. 〈고스트 랜치 풍경(*Ghost Ranch Landscape*)〉은 페데르날을 묘사한 많은 작품 중 하나였는데, 여기서는 페데르날이 노간주나무 뒤로 보인다**[도판 70]**. 언젠가 자신이 페데르날을 충분히 많이 그렸기 때문에 그 산은 자기 것이라고 말했을 만큼 이 예술가에게 그곳 지형은 매우 중요한 것이었다. 한편, 독특한 지형을 가진 이곳은 토착 원주민 부족들과 아주 오랜 연계성을 갖고 있었다. 다시 말해서, 모두 애서배스카어파**에 속하는 서쪽의 나바호족과 동쪽의 지카릴라 아파치족에게 이곳은 중요한 의미가 있었다. 이 땅은 또, 리오그란데강 상류 지역에 사는 푸에블로족의 한 부류인 테와족에게도 의미가 깊은 곳이었다. 나바호족에 의하면, 페데르날은 번개와 선명한 무지개 사이에서 태어난 우주적 인물인 '변화하는 여인'이 탄생한 곳이다. 아파치족에게도 페데르날의 꼭대기는 '스파이더 우먼'이 지구에 왔을 때 처음 본 산이었기 때문에 신성시되었다. 고대의 원주민들은 페데르날 도처에 널린 규질암으로 도끼, 화살촉, 창을 포함한 도구들을 만들었는데, 그것들은 현대에 와서 뉴멕시코 북부와 서부 전역의 정착지에서 발견되고 있다. 이 유물은 BC 7000년 전으로 거슬러 올라가며, 수천 년 동안 이 지역

위 [도판70] 〈고스트 랜치 풍경〉, 1936년, 캔버스에 유채, 30.5 x 76.2cm, 제롬 M. 웨스트하이머 시니어, 조지아 오키프 미술관, 산타페, 뉴멕시코, 미국. [2005.02.001].

아래 [도판71] 고스트 랜치 근처 84번 도로에서 본 풍경.

* Four Corners, 미국 뉴멕시코, 콜로라도, 유타, 애리조나의 4개의 주가 한 곳에서 만나는 지점을 가리킨다.

** Athabaskan languages, 북아메리카 서부의 원주민 언어들이 이루는 큰 어파.

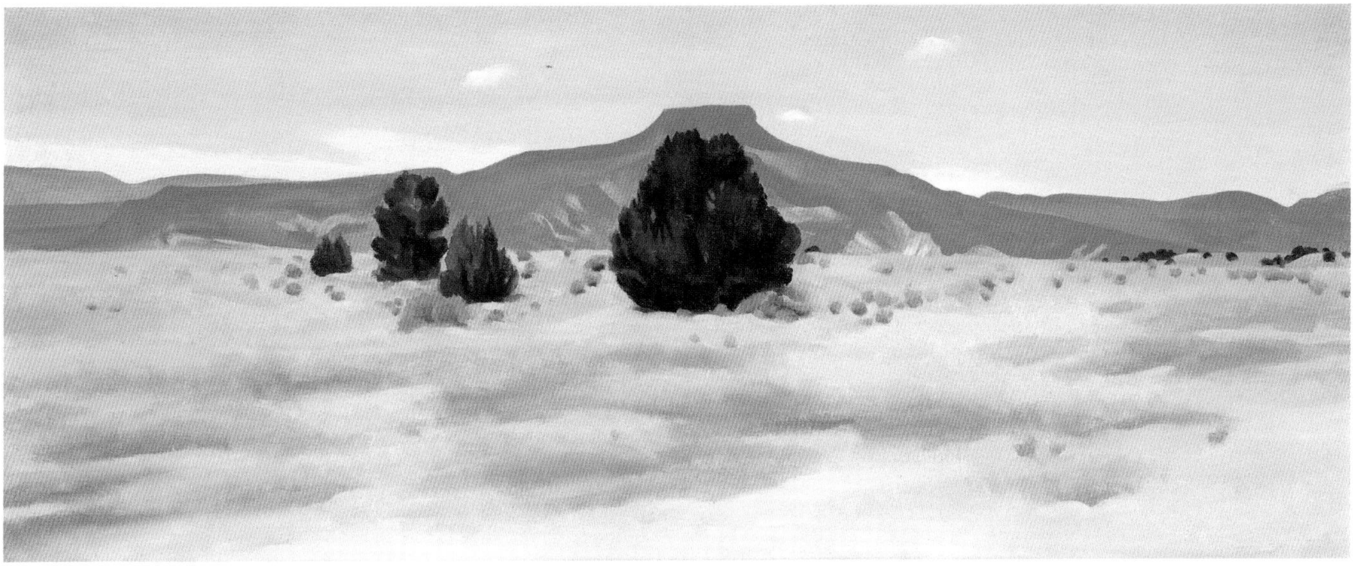

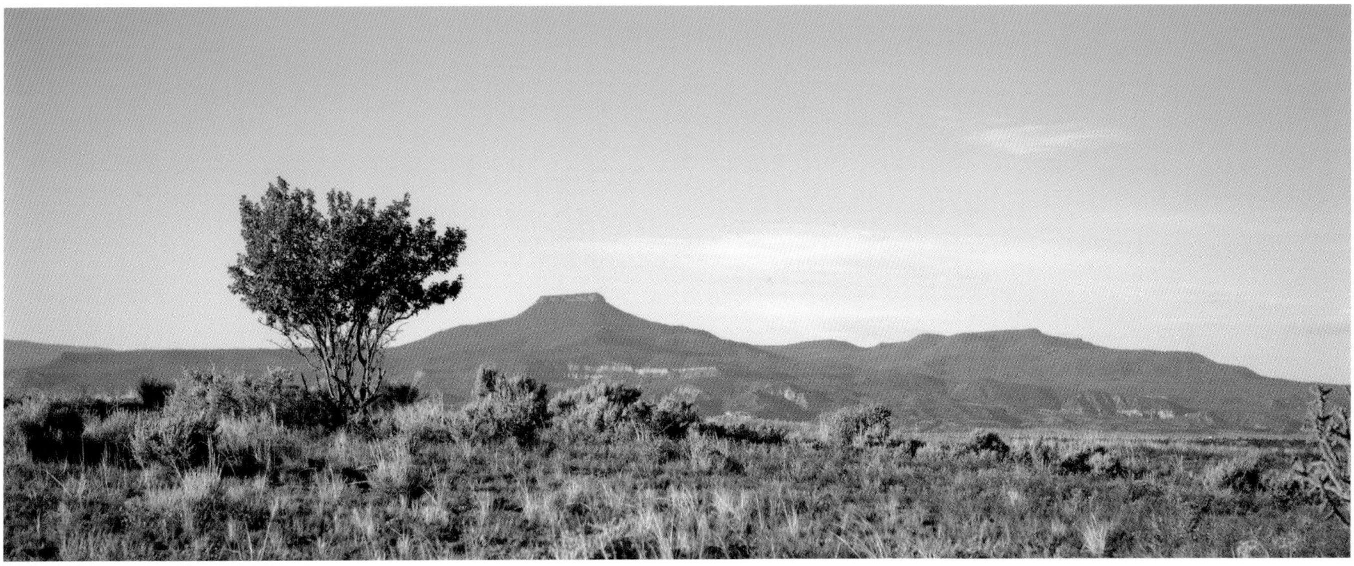

에 살아온 원주민의 켜켜이 쌓인 오랜 역사를 증명한다.[7]

오키프가 사는 곳에서 저 멀리 보이는 페데르날은 서쪽으로는 그랜드캐니언, 북쪽으로는 솔트레이크까지 쭉 뻗어있었다. 1937년, 그녀는 앤설 애덤스, 데이비드 맥알핀, 오빌 콕스(랜치의 안내원이자 기계공) 및 다른 친구들과 함께 그룹 투어로 유타주의 모뉴먼트 밸리까지 여행했다. 그곳은 전에(1929년) 찰스 콜리어, 스퍼드 존슨, 마리 갈랜드와 그녀의 남편이자 실험영화 제작자인 핸와르 로다키에비츠와 같이 간 적이 있었다. 여행 중 찍은 사진은 평지의 풍경 속에 돌출한 커다란 바위 앞에 주차하고 있는 고스트 랜치 차량을 보여준다[도판 72]. 차의 문에는 랜치의 독특한 로고인 황소 두개골이 그려져 있다. 오늘날에도 여전히 사용되고 있는 이 로고는 몇 년 전에 팩이 스탠리에게서 랜치를 샀을 때 그에게 선물한 오키프의 단순한 선 드로잉 작품에서 따온 것이다.[8] 그녀는 타오스에 머물 무렵부터 콜로라도 고원의 동쪽 경계에 대해 알고 있었다. 그곳은 리오그란데 리프트(Rio Grande Rift, 세계에서 가장 큰 화산 분지 중 하나인 발레스 칼데라가 그 옆에 위치해 있다)의 깊게 갈라진 틈이 땅을 쪼개고 있는 지형이었다. 전체적으로 고원은 약 30만 제곱미터 규모의 땅이었으며, 그중 고스트 랜치는 작지만 중요한 부분이었다. 건조한 기후 때문에 초목은 그리 많지는 않았다. 계절성 폭우가 토사를 휩쓸어가고 협곡들을 깎아내 그 지역의 독특한 외형을 형성한 것으로 알려져 있다.[9]

그녀는 더 멀리 서쪽으로 여행하여, 캐니언 드 첼리에서 스네이크 댄스*를 관람했고, 생그레데 크리스토 산맥 기슭에 있는 마을인 투루차스와 트람파스도 방문했다. 가깝거나 먼 곳들을 여기저기 여행 다닌 오키프는 뉴멕시코에서 애리조나까지 이어지는 추스카 산맥도 탐험했다. 그녀는 이 자동차 여행에서 비스티 배드랜드와 맞닥트렸는데, 이곳은 차코 캐니언 바로 북쪽에 위치한 AD 1100년경에 세워진 대규모 원주민 정착지였다.

비스티 배드랜드, 즉 드나진 자연보호구역은 나바호 자치구 내 약 100킬로미터의 지역에 걸쳐 있다. 셰일석, 화산재, 석회석의 층으로 만들어진 부드러운 언덕들이 평평한 광야에 나타나는데, 언덕들은 땅에서 솟아오른 석회암으로 덮인 그레이 색조의 돌기둥 후두 같은, 혹은 소용돌이 모양의 형성물들을 가지고 있다. 오키프는 고스트 랜치에서 이 지역까지 수백 킬로미터를 여행하면서 독특한 색채의 언덕들을 여러 점 그림으로 그렸다. 그녀는 이곳을 '검은 땅'이라고 불렀고 '1마일 길이의 코끼리'같이 보인다고 말하기도 했다. 오키프는 그곳을 여행할 때, 샴고양이와 미국 원주민 미술에 매료되어 있었던 작가 지망생 마리아 샤봇과 동행했다. 오키프는 1937년 나바호족 치료 주술사 호스틴 클라의 도움으로 산타페에 후에 휠라이트 박물관으로 개명된 '나바호족 의례용품 박물관'을 설립한 보스턴의 부유한 메리 휠라이트의 소개로 샤봇을 알

* 매년 8월, 공연자들이 살아있는 뱀을 입에 넣고 춤을 추는 아메리카 원주민 호피족의 의식.

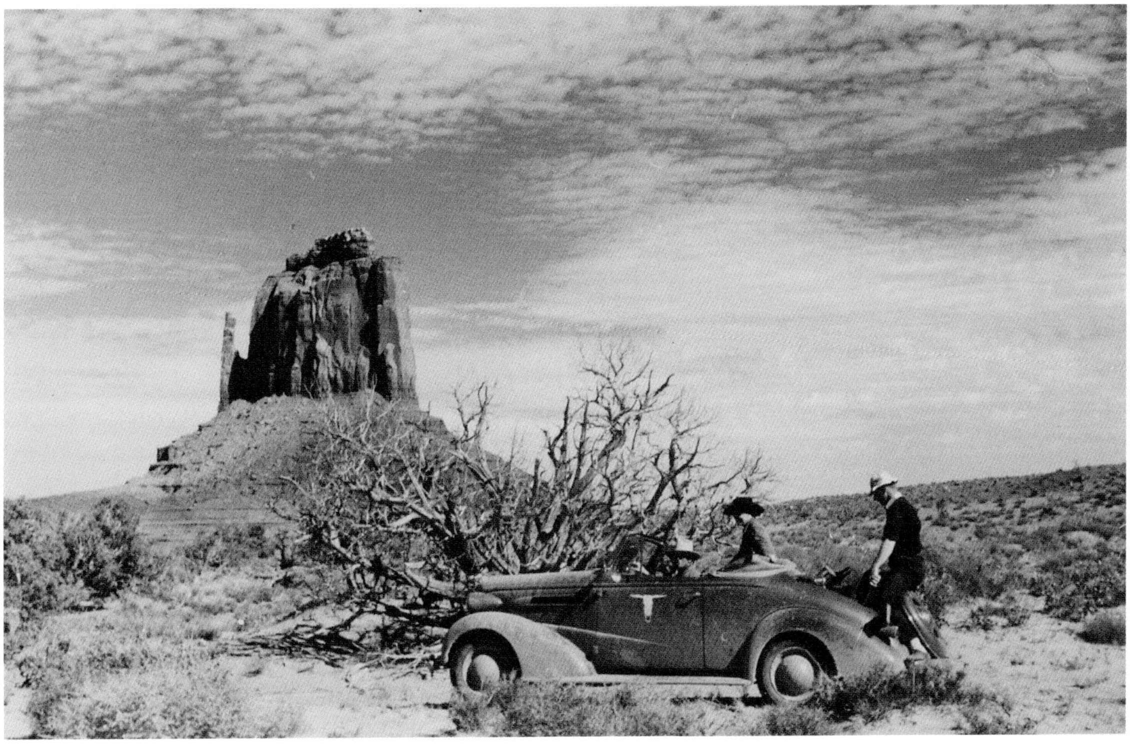

[도판72] 사진작가 미상.
유타주 모뉴먼트 계곡의 조지아 오키프.
1937년. 젤라틴 실버 프린트.
10.2 x 14.6cm. 조지아 오키프 재단 기증. 조지아 오키프 미술관. 산타페. 뉴멕시코. 미국. [2006.6.753].

게 되었다. 오키프는 이 여행에 질긴 캔버스 천으로 만든 텐트와 커피, 오트밀을 포함한 몇 가지 캠핑용품도 준비해 가서 낮에는 그림을 그리고 밤에는 하루 야영을 했다. 그녀는 '검은 땅'을 그릴 때 딱 한 번 예외적으로 장갑을 낀 채 작업했다. 왜냐하면, 그녀가 샤봇과 함께 이곳을 여행했을 당시 바람이 두 사람의 커피잔의 커피를 날려버릴 정도로 혹독하고 견디기 힘든 날씨였기 때문이다.[10] 샤봇은 어느 날 아침 텐트 앞에 앉아 있는 오키프의 사진을 찍었다. 그녀는 팔소매를 접은 채 작업복 청바지와 어두운 색 조끼를 입고 울 안감이 대어진 모카신을 신고 있다**[도판 73]**. 이것은 포즈를 잡지 않고 찍힌 몇 컷의 사진 중 하나로서 오키프가 접이식 의자에 앉아 머리를 빗고 있다. 오키프는 사진에 찍히지 않은 오른쪽 부분을 보고 있는데 그녀의 얼굴이 텐트 안 삼각형 그림자를 배경으로 그 윤곽이 나타나고 있다. 사실 그들이 함께 여행할 때 샤봇이 찍은 사진 자료는 상당히 많다.

사막 풍경을 그린 다른 작품들에서와 마찬가지로, 오키프는 종종 비스티 배드랜드의 회색의 형상에 온 관심을 기울였는데, 일반적으로 화면에서 하늘을 잘라내어 관람자가 땅의 색채와 질감의 미묘한 패턴에 집중하도록 만들었다. 〈검은 땅, 회색과 핑크(*Black Place, Grey and Pink*)〉에서는 화면 중앙에 옅은 분홍색 충적토 지층들로 둘러싸인 암회색의 V자형 틈새가 보인다**[도판 74]**. 〈검은 땅, 회색과 핑크〉를 비롯한 '검은 땅'을 그린 많은 작품에서, 이 예술가는 두 언덕 사이에 갈라진 특유의 균열을 그렸는데, 때로는 좀 불확실한 형태로 때로는 좀 더 식별할 수 있는 날카로운 번개 형태로 표현했다. 캔버스를 이등분하는 지질 단층선은 이미 충분히 음침한 분위기를 가진 그 지형에 침울함을 더한다. 바로 이런 점이 거의 20년 전에 그린 초기 작품 '스페셜즈(*Specials*)'를 떠올리게 한다. 어떤 특정한 감정이나 육체적 감각을 표현하려고 했던 초창기 작품들처럼, 이들 작품에서도 언덕들을 고립된 느낌으로 표현했는데, 이런 분위기는 언덕을 풍경 속의 다른 것들로부터 분리해버리고 그것들 본래의 칙칙한 색채에 초점을 맞춤으로써 더욱 강화되었다.

또한, 오키프는 '검은 땅'과 대조되는 작품이라고 할 수 있는 '하얀 땅'도 그렸다. 그 지역에서는 원래 플라자 블랑카(Plaza Blanca)라고 불렸으나 오키프가 자기 나름대로 '하얀 땅(White Place)'이라고 새 이름을 만들어 부른 곳이다. 집에서 훨씬 가까운 플라자 블랑카는 옅은 빛깔과 독특한 형태를 지닌 사암 절벽들로 이루어졌다. '검은 땅' 그림들처럼, 플라자 블랑카를 묘사한 작품들 역시 풍경 일부를 자르고 확대하는 방식으로 접근했다. 이 작품들에서 풍경은 낯설고 거의 비현실적으로 보인다. 사람들이 알고 있는 익숙한 풍경과 동떨어져 있어, 관람자에게는 이 땅이 실제 자연을 묘사한 것같이 느껴지지 않을 것이다**[도판 75, 도판 76]**.

1937년, 오키프는 고스트 랜치 집에서 5킬로미터쯤 떨어진 곳에 위치한 란초 데 로스 부로스 집(그녀의 스튜디오가 이미 지어져 있던 곳)으로 이사했다. 애초에 팩 가족을 위해 지어진 우뚝 솟은 단애면 아래에 위치한 이 집은 나중에는 지역에 들어오는 손님들에게 임대되었다. 오키프 외에 다른 고스트 랜치 방문객들이 숙박하는데도 불구하고, 그녀는 뉴욕에서 구축한 미니멀한 삶의 원칙에 따라 실내의 잡동사니를 마음대로 치웠다. 그녀는 또한 건물을 구조적으로 변경하기 시작했으며, 심지어 창문을 확대하여 빛이 북쪽에서 들어올 수 있도록 했다. 그녀는 〈내가 사는 집(*The House I Live in*)〉**[도판 62 참조]**

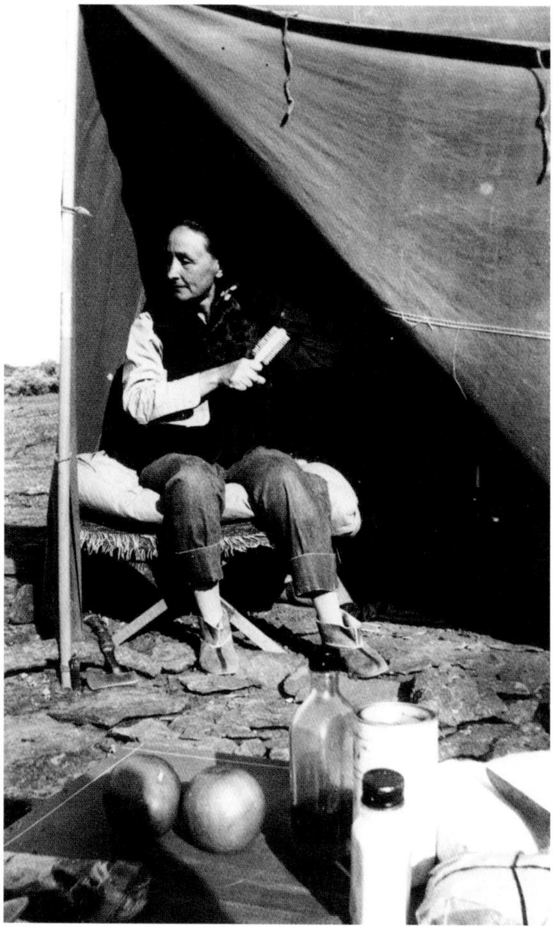

위 [도판73] 마리아 샤봇, 블랙 플레이스에서 아침을 보내는 조지아 오키프, 1944년, 젤라틴 실버 프린트, 27.9 x 19cm, 마리아 샤봇 기증, 조지아 오키프 미술관, 산타페, 뉴멕시코, 미국, [RC.2001.2.101d].

맞은편 [도판74] 〈검은 땅, 회색과 핑크색〉, 1949년, 캔버스에 유채, 91.4 x 121.9cm, 버넷 재단 기증, 조지아 오키프 미술관, 산타페, 뉴멕시코, 미국, [1997.06.30].

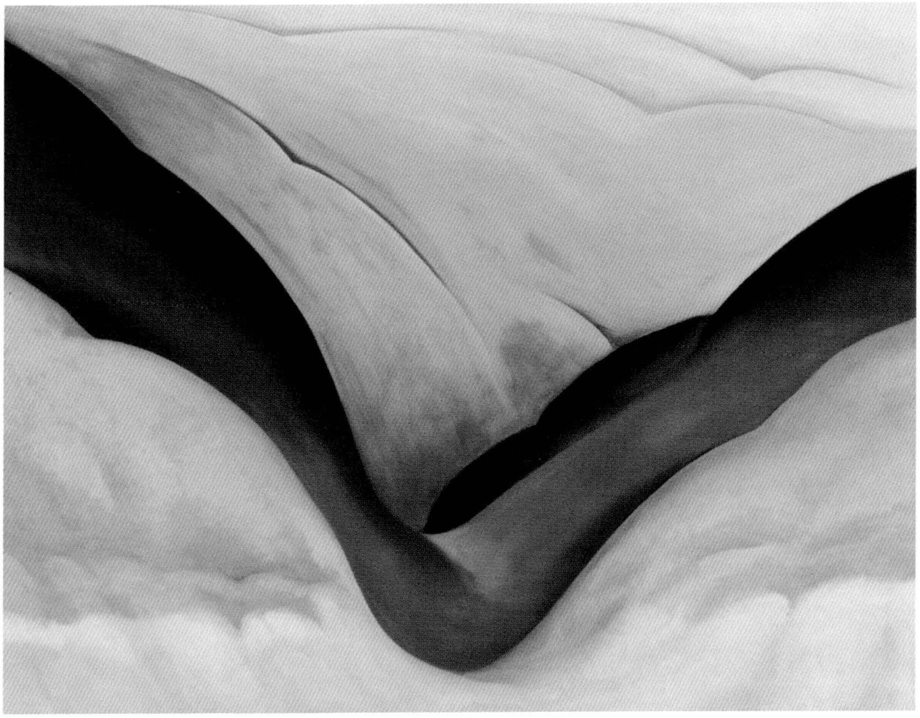

에서 창문들이 죽 달린 어도비 집의 북쪽 면을 그렸다. 오키프는 현관 앞에서 특색 있는 평평한 페데르날을 똑똑이 볼 수 있었다.

뉴멕시코에 거주지를 마련한 그녀는 자주 남서부를 벗어나 수많은 곳으로 여행을 다녔다. 1938년, 오키프는 윌리엄 앤 메리 대학으로부터 명예 학위를 받기 위해 자신의 옛 고향인 버지니아주의 윌리엄스버그에 갔다. 이 무렵, 대학은 오키프의 작품 전시회를 열기도 했다.[11] 몇 년 후, 위스콘신 대학교 역시 오키프에게 명예 문학 박사 학위를 수여했는데 그녀는 아직 선 프레리에 살고 있던 가족과 함께 수여식에 참가했다.[12] 당시 그녀는 널리 존경받는 예술가가 되어 있었고 심지어 1938년 2월호 『라이프』지의 기사에

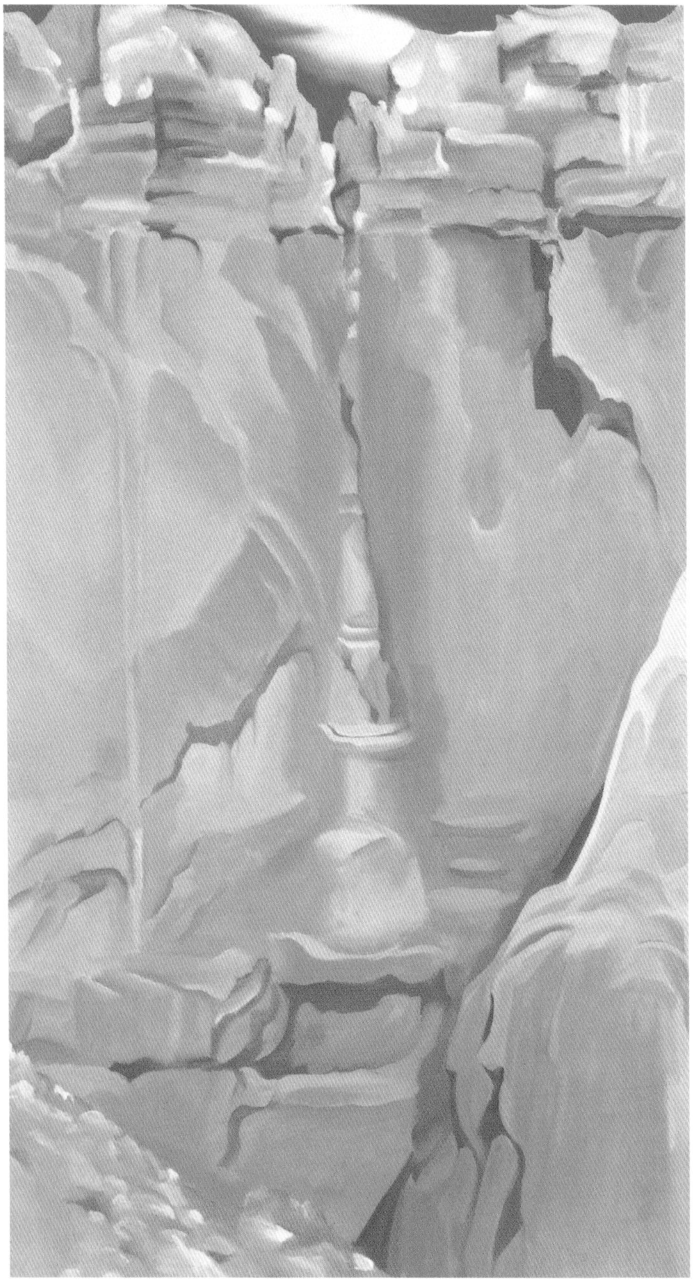

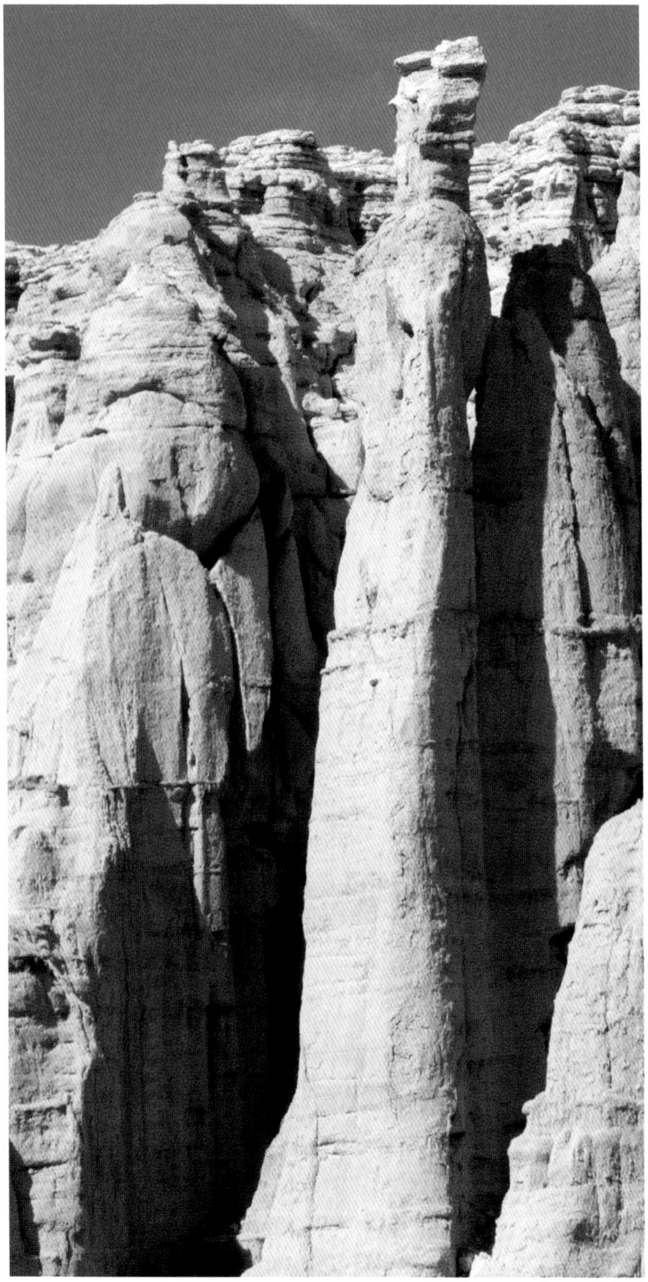

왼쪽 [도판75] 〈절벽 한쪽〉, 1946년, 91.4 x 50.8cm, 캔버스에 유채, 오키프 재단 기증, 조지아 오키프 미술관, 산타페, 뉴멕시코, 미국.[2006.05.202].

오른쪽 [도판76] 애비퀴우의 플라자 블랑카 절벽, 뉴멕시코.

나올 정도였다. 기사에는 그녀가 미국에서 가장 전도유망하고 유명한 예술가 중 한 사람이라고 소개했다. "오키프, 죽은 뼈를 살아있는 예술로 바꾸다"라는 제목으로 뽑은 네 페이지에 걸친 기사는 동물의 뼈와 예술가를 연관시키며 대중적 호기심을 이끌어냈다. 『라이프』지는 또, 1937년 앤설 애덤스가 뉴멕시코에 방문했을 때 찍어 준 사진들을 기사와 함께 게재했다.[13] 당시 창간된 지 불과 2년째인 이 신생 잡지는 그녀의 두 집을 중심으로 하여 작가의 프로필을 소개했다. 세 장의 오프닝 사진 중 하나는 고스트 랜치에서 동물 사체를 들고 있는 오키프의 모습을 찍은 것이었다**[도판 69 참조]**. 다른 두 장의 사진은 뉴욕에서의 그녀를 찍은 것들이었는데, 확실히 생뚱맞은 곳에 잘못 놓여진 것같이 보이는 남서부 지역의 도상(뼈)에 초점을 맞추고 있다. 두 점의 뉴욕 사진 중 첫 번째는 그녀의 펜트하우스 지붕의 벽돌 벽에 매달려 있는 암소 두개골에 중점을 둔다. 그녀는 카메라에서 얼굴을 돌린 채 소 두개골 바로 오른쪽에 서서 그 주둥이를 부드럽게 어루만지고 있다. 두 번째 사진은 스튜디오에 있는 그녀의 모습을 보여주는데, 오키프가 뒤에 있는 또 다른 두개골을 살펴보고 있다. 물감 붓들은 전경에 세워져 있다. 세 장의 사진 중 어느 것에서도 오키프는 카메라를 응시하지 않는다. 카메라보다는 유골들이 그녀의 시선을 끌고 있는 듯하다. 그리고 어떤 내면의 소리가 그녀를 안으로 끌어당기고 있는 것처럼 보인다. 남서부 지역이 멀리서도 그녀의 시선을 붙잡고 놓아주지 않는 듯이 말이다. 이 사진을 본 독자들은 고스트 랜치에서 뉴욕의 집으로 수송되어온 동물 뼈들이 그녀에게는 뉴멕시코의 한 부분으로서 소중한 물건이라는 것을 느낄 수 있었을 것이다. 그 뼈들은 먼 곳과의 거리를 이어주는 가교 역할을 했다고 할 수 있다.

사실, 오키프는 뉴욕과 뉴멕시코를 오가는 생활에서 어떤 분열감을 느꼈고, 뉴멕시코에 여름 동안만이 아니라 더 오래 머물고 싶어했다. 그래도 그녀는 여전히 여기저기에서 시간을 보내며 자신의 사생활과 직업상의 삶을 이어나갔다. 『라이프』지가 그녀를 소개하는 기사를 낸 이듬해 오키프는 이전보다 더 멀리, 자신에게 익숙한 중서부 지역이나 심지어는 동부 지역을 훨씬 벗어난 지역까지 여행했다. 그녀는 광고대행사 N.W.에이어&선의 후원으로 하와이로 일종의 모험적인 여행을 떠났다. 이 광고회사는 광고 캠페인의 일환으로 오키프가 파인애플을 그려주기를 원했던 돌 파인애플사를 대행하여 그녀에게 연락을 취했던 것이다. 1939년 1월, 오키프는 뉴욕을 떠나 하와이에 도착한 후 처음 몇 주 동안은 대부분 사람들과 어울리면서 시간을 보냈다. 시간이 지남에 따라, 그녀는 오아후 섬, 하와이 섬, 카우아이 섬의 해변 풍경, 협곡, 산, 용암교 및 동물군을 그리는 데 관심을 두었다. 이후 3개월 동안 그녀가 제작한 20점의 작품 중 파인애플을 그린 것은 하나도 없었다. 원래 방문 목적인 파인애플을 그리지 않았던 이유는 그녀와 돌 파인애플 컴퍼니 사이에 있었던 갈등 때문인지도 모른다. 초가지붕 오두막이 있는 농장에서 노동자들과 함께 지내고 싶다는 그녀의 요청을 거부하면서 회사와의 관계가 틀어진 것 같다. 오키프는 자신도 노동자라고 주장했지만, 회사는 섬의 엄격한 계급 제도를 이유로 그녀의 요구를 받아들이지 않았다. 아마도 이러한 회사의 강경한 태도에 기분이 상한 그녀는 파인애플을 그리는 대신 새로운 지형을 탐험하는 데 시간을 보냈을 것이다. 그녀는 화산암, 꽃들, 사탕수수밭 그리고 카누 보관 창고와 같은 초가 구조물의 사진을 찍으며 섬 곳곳을 돌아다녔다. 다른 사람들과 마찬가지로, 오키프도 이때만큼은 한 사람의 관광객이었고, 사진작가 해롤드 스타인 앞에서 하와이 제도 마우이 섬 동쪽 하나 지역에 있는 자연 암석을 배경으로 포즈를 취했다[도판 77].

이때 제작된 그림들은 다음 해 아메리칸 플레이스에서 전시되었다. 항상 어떤 사물을 보는 행위에 관심이 있었던 오키프는 〈하와이의 낚싯대 바늘–No. 1(*Fishhook from Hawaii-No. 1*)〉(1939)에서 낚싯줄로 둘러싸인 물의 풍경을 묘사했다. 둥글게 감긴 낚싯줄과 밝은 깃털이 달린 바늘을 가진 낚싯대는 뷰파인더처럼 보인다. 돌돌 감은 낚싯줄은 중앙에서 왜곡되고 확대된 렌즈로 변형되고, 풍경을 그 공간 속에 밀어 넣는다. 그 결과는 바다와 하늘이 맞닿는 수평선이 점점 더 가까워지는 것같이 보이는 시각적 메아리다. 싹이 트는 파인애플 식물을 그린 것은 뉴욕으로 돌아와서였다. 돌 회사는 오키프가 이 식물을 그릴 수 있도록 항공화물을 통해 그녀의 아파트로 보냈다. 이 광고 그림들은 나중에 『새터데이 이브닝 포스트』와 『보그』지에 실렸다.

1939년 5월에는 '미래의 세계(The World of Tomorrow)'라는 고무적인 명칭의 뉴욕세계박람회가 열렸다. 비록 독일의 세력 확장과 일본의 만주 합병으로 인해 당시 상황으로서는 미래가 매우 불확실했지만, 박람회는 '생산 및 유통' 파빌리온*을 비롯한 여러 전시관을 통해 최근의 기술 발전을 보여줌으로써 사람들의 시름을 잠시 잊게 해주는 오락거리로서의 역할을 톡톡히 했다. 듀퐁스틸사와 카메라와 필름 제조사인 이스트만코닥사도 참여한 뉴욕박람회는 국책산업을 널리 알렸다. 또한, 박람회는 오키프를 최근 반세기 동안의 12명의 가장 뛰어난 여성 중 한 사람으로 홍보하기도 했다. 그러나 이런 성공에도 불구하고, 오키프는 다시 한번 정신적 문제로 고통받았다. 얼마 지나지 않아 그녀는 또 다른 신경쇠약으로 인해 병상에 갇혔고, 그해에는 고스트 랜치를 방문하지 못했다. 대신, 레이크 조지에서 여름을 보냈다. 이때 그녀의 친구 헨리 맥브라이드에게 "건강해지려고 노력하면서 그렇게 지루한 삶을 살 바에는 차라리 죽는 것이 낫다고 생각해요."라고 말하기도 했다. 2주 후에는 당시 레이크 조지에 머물고 있던 오키프와 스티글리츠에게도 독일이 폴란드를 침공했다는 소식이 전해졌다. 스티글리츠는 그 뉴스에 충격을 받아 협심증으로 고통을 받았다.[15]

* 뉴욕세계박람회의 한 부분으로, 천연자원을 일상생활에 필요한 제품들로 변환하는 산업에 대해 소개했다.

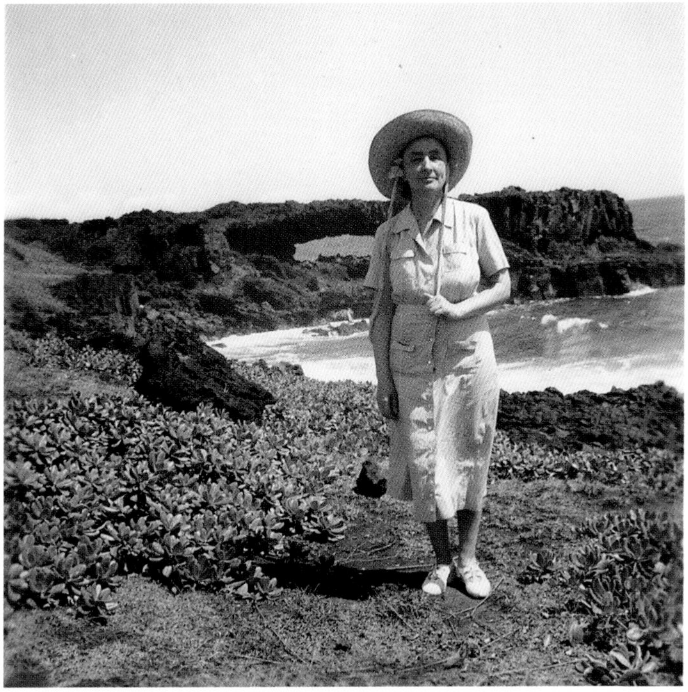

[도판77] 해롤드 스타인, 하와이의 조지아 오키프, 1939년, 젤라틴 실버 프린트, 12.7 x 11.4cm. 오키프 재단 기증, 조지아 오키프 미술관, 산타페, 뉴멕시코, 미국. [2006.6.0754].

뉴멕시코와 그 너머 지역의 제2차 세계대전

1940년 여름, 오키프는 고스트 랜치에 돌아왔다. 당시 고스트 랜치의 주인인 팩이 묵을 수 있는 방이 없다고 하자(그녀는 예약을 하지 않고 갑작스레 들이닥쳤다), 그녀는 즉흥적으로 고스트 랜치를 아예 사겠다고 제안했다. 팩이 승낙을 하자 오키프는 크게 만족스러워했다. 팩과 오키프는 때때로 각자 너무 다른 성격 때문에 관계에 어려움을 겪기도 했다. 팩은 무엇이나 쉽게 수긍하는 편이었고 오키프는 확실히 고집불통이었다.

이렇게 성향이 정반대인 두 사람은 오키프가 고스트 랜치를 구입하면서 의기투합하게 되었으며, 그녀는 이제 목장에서 체류하기 위해 매년 예약할 필요없이 자유롭게 이곳을 향유할 수 있었다. 거래를 한 직후 신바람이 난 오키프는 스티글리츠에게 보내는 편지에서 자신의 새로운 집에 대해 이렇게 말했다. "이 집을 3,000달러를 주고 샀어요. 7년 전 지을 때 1,400달러가 들었던 집이에요. 내가 아는 어떤 다른 곳보다 여기서 살고 싶어요. 그것은 아무도 나를 찾아오지 못하는, 아주 멀리 떨어진 지구의 맨 끝에서 아주 편안하게 홀로 살 수 있는 길입니다. 나는 이것이 참 좋아요." 그녀가 53세에 처음으로 구입한 집이었다. 집 자체가 그림의 새로운 주제를 제공하는 한편, 너른 고스트 랜치 안에 있는 집의 위치 또한 다양한 관점에서 얻은 복합적 이미지들을 창조할 수 있도록 영감을 불어넣었다. 그녀는 지붕 위에 앉아 풍경을 바라보았고, 때로는 별빛 아래서 한뎃잠을 자기도 했다**[도판 78]**. 이때의 경험은 나중에 그녀의 〈달로 가는 사다리(*Ladder to the Moon*)〉**[도판 79]**에 영감을 주었다. 이 작품에서는 맨 아래쪽의 풍경을 제외하고 거대한 크기의 캔버스 거의 대부분이 청록색을 띠고 있다. 페데르날이 넓은 하늘을 배경으로 어두운 윤곽으로 그려져 있는 한편, 갈색의 나무 사다리는 마치 그녀의 뼈 소장품들이 뉴멕시코 하늘에 떠돌고 있듯이 자유롭게 떠 있다. 창백한 반달은 사다리 바로 위에 있다. 전에 〈검은 십자가, 뉴멕시코〉에서 두 가지 별개의 요소인 커다란 나무 십자가와 타오스 산을 결합한 것처럼, 이 작품에서는 로스 부로스의 집 지붕으로 올라가기 위해 사용했던 수제품 사다리와 그녀가 지붕 꼭대기에 앉아서 본 풍경을 융합했다. 그녀는 다음과 같이 말했다.

"어느 날 저녁, 나는 페데르날의 길게 이어진 검은색 선을 바라보면서 사다리에 기대어 선 채 친구를 기다리며 있었어요. 하늘은 옅은 청록색이었고, 저녁 하늘에 높이 뜬 달은 흰색으로 보였지요. 오랫동안 마음속으로 사다리를 그리고 싶었는데, 그날 저녁 바로 검고 어두운 페데르날과 높이 뜬 흰 달이 내 눈앞에 펼쳐져 있었던 것입니다. 그래서 나는 다음 날 바로 사다리 그림을 그렸어요."[16]

그녀가 작품들 속에서 그린 개인적 오브제들과 풍경은 그림의 형식적인 요소들이었을 뿐만 아니라 일종의 연상 기호이기도 했다. 이러한 의미에서 사다리는 보기에도 재미있지만, 한편으로는 매우 특별한 기억, 즉 그녀가 자신의 고스트 랜치 집 지붕까지 올라갔던 행위를 상징하는 것이기도 했다. 다시 말해서, 사다리는 기억의 세계로 들어가는 문이었다.

산타페에서 인디언 마켓*을 시작하는 데 중요한 역할을 한 샌안토니오 토박이 마리아 샤봇은 오키프가 겨울철에 뉴욕에 살면서 아메리칸 플레이스에서 연례 전시회를 열고, 동부 지역 지인들과 함께 보스턴 심포니 또는 부다페스트 현악 4중주단 연주공연에 참석하는 동안 뉴멕시코 집의 관리인으로 일했다.[17] 1940년대 후반까지 오키프가 뉴멕시코에 체류할 때에는 샤봇이 그녀의 한결같은 동반자였다. 그녀는 집의 발전기 다루기, 요리 및 청소 도우미 고용, 또는 차량 유지 관리와 같은 일상적인 업무를 도맡아 했다. 샤봇에 의하면, 자신이 오키프를 위해서 한 일은 '실용적인 것'에 해당하는 반면, 오키프가 준 것은 '계몽'이었다고 한다.[18] 샤봇은 오키프에게 쓴 편지에서 농담조로 그녀 자신을 남자 고용인이라고 표현했다.[19] 스페인계의 현지인 여성들도 종종 오키프의 집에서 일했다. 해가 갈수록 오키프는 점점 이들을 좋아하게 되었고, 이 여성들을 집에서 부리는 '하인'이라는 단어로 표현하는 것을 단호하게 거부했다. 그들 중 하나인 버니 마르티네즈가 결혼을 할 때 재정적 후원을 하기도 했다. 오키프가 마르티네즈와 그녀의 남편이 될 사람의 결혼 반지를 사준 것이다. 후에 오키프는 고스트 랜치 집 앞에서 마르티네즈의 아들 막스와 함께 사진을 찍기도 했다**[도판 80]**.

이 집을 산 오키프는 이제 자신이 세상의 끝에 사는 것처럼 느꼈다. 그러나 오키프가 애비퀴우 언덕에서 발견한 고립감은 1940년대 초, 미국을 휩쓸었던 전쟁이라는 현실 속에서 자신이 생각하던 것과 아주 달랐다. 1941년 12월 7일, 미국은 하와이의 진주만 폭격 후 일본에 전쟁을 선포했다. 그리고 곧 독일에도 전쟁을 선포했다. 국제적 분쟁의 여파로, 멀리 변방에 있는 고스

왼쪽 [도판78] 마리아 샤봇, 고스트 랜치 집 지붕 위의 조지아 오키프, 1944년, 젤라틴 실버 프린트, 8.9 x 12.7cm, 마리아 샤봇 기증, 조지아 오키프 미술관, 산타페, 뉴멕시코, 미국, [RC, 2001.2.122a].

오른쪽 [도판79] 〈달로 가는 사다리〉, 1958년, 캔버스에 유채, 102.1 x 76.8cm, 에밀리 피셔 란다우 기증 서약, 휘트니 미술관, 뉴욕, 미국, [P.2010.216a–b].

* Indian Market, 8월 셋째 목요일 다음 주말에 뉴멕시코 산타페에서 열리는 연례 미술 시장. 이 행사를 위해 매년 전 세계에서 약 15만 명의 사람들이 산타페를 방문한다.

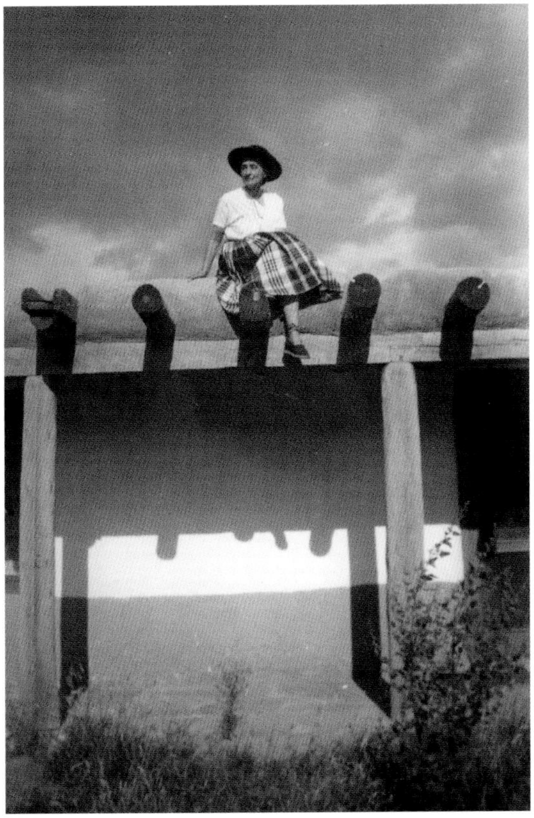

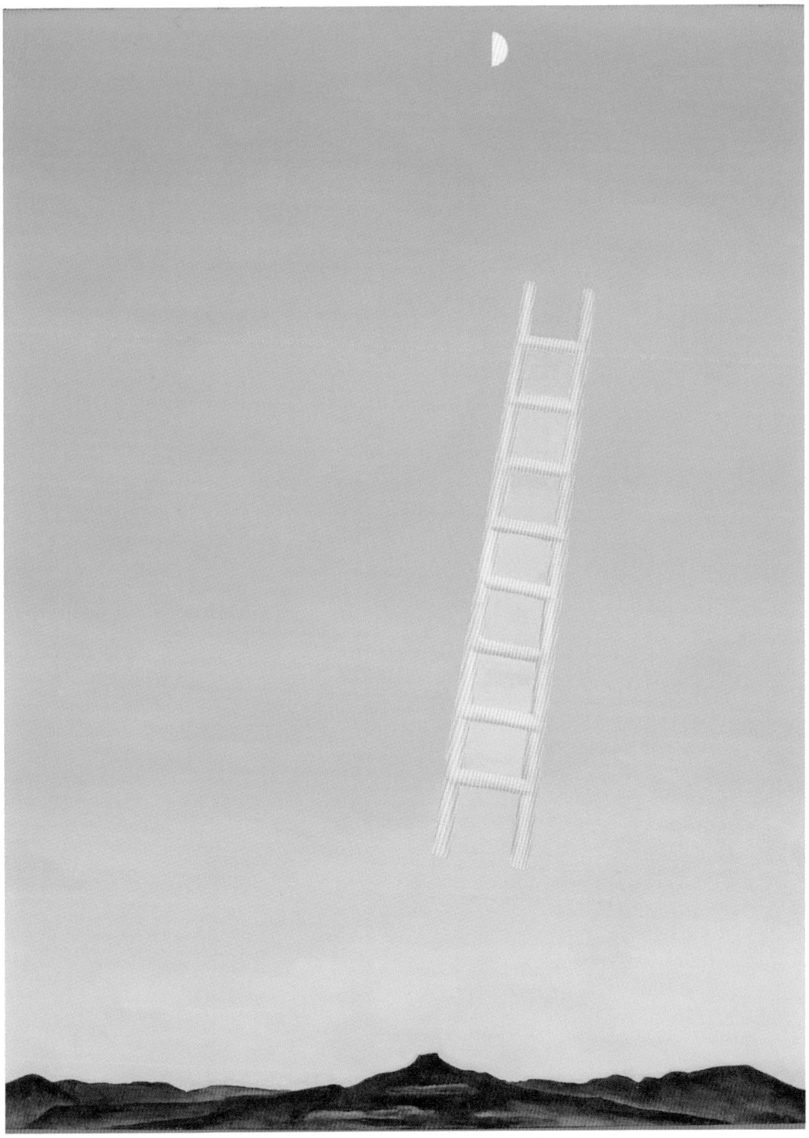

트 랜치에서 산다는 일은 시간이 지남에 따라 점점 더 어려워졌다. 고무 제품이 전쟁 물자에 쓰이기 위해 일상생활에서는 제한되었기 때문이다. 그녀는 전시의 배급제도로 인해 자동차 매장인 헌터 포드에서 구입한 포드 모델 A와 다른 스테이션 왜건*의 새 타이어를 구입하는 데 어려움을 겪었다. 당시 일본은 천연고무의 중요한 수출국인 인도네시아에 대한 미국의 접근을 차단해버렸다. 따라서 오키프는 자동차 타이어가 고스트 랜치의 거친 비포장도로 때문에 닳아빠졌는데도 그대로 놓아둘 수밖에 없었다. 그뿐만 아니라, 오키프와 샤봇은 타이어를 훔쳐 그 무렵 급성장한 암시장에 내다 파는 이 지역 도둑들에게 지쳐버렸다. 결국, 그녀는 고스트 랜치에 머물지 않을 때에는 자신의 타이어들을 지역 대리점 창고에 맡겨 보관해야 했다.[20]

다른 면에서도 제2차 세계대전은 국가나 스티글리츠, 심지어 그녀의 '먼' 뉴멕시코 거주지에 미친 영향만큼이나 오키프 개인에게도 많은 영향을 끼쳤다. 그녀는 기차 안에서 남편에게 쓴 편지에서 전선으로 가는 청년들을 맞닥트린 것을 회상했다. 그때 그녀는 뉴욕에서 뉴멕시코로 가고 있었다. 그녀는 한동안 상업용 민간항공편으로 여행을 다녔지만, 전쟁 기간 동안은 항공 여행이 제한되었다. 철도 여행 또한 일상적으로 허용되지는 않았다. 오키프와 같은 일반인의 여행보다는 군대에서의 쓰임이 우선적이었기 때문이다. 그녀의 표현에 의하면, '겨우 예술가에 불과한' 사람은 기차로조차 뉴멕시코에서 다른 곳으로 오고 가는 것이 쉽지 않았던 것이다.[21] 게다가 기차 여행이 그다지 유리하지도 않았기 때문에 그녀는 다시 자동차를 이용하기 시작했다. 과거에도 그랬듯이, 자동차는 그녀에게 공간과 풍경에 대한 감각을 일깨워준 교통 수단이었고, 1940년대의 미국에서의 삶을 보여주는 일종의 조리개 역할을 했다. 이제까지 늘 그래왔듯이, 오키프는 편지에서 자신이 접촉했던 모든 것과 모든 사람들에 대해 세세하게 이야기했다. 1943년, 남서부로 가는 기차 안에 앉아 그녀는 스티글리츠에게 편지를 썼다.

> "기차가 5분간 정차했을 때 나는 레이턴에서 잠시 걸으면서 바깥 공기를 마셨어요. 평소보다 그 일대에 더 많은 소들이 있는 것 같다는 생각이 들었어요. 아마도 비프스테이크가 돌아다니다 앞으로 한동안 좀 더 자라다가 나중에 우리가 그 고기를 먹게 될 것이라는 상상을 즐기고 있었기 때문일 거예요. 나는 기차에서 인디언 장신구를 파는 남자와 오랫동안 대화를 나누었어요. 그들은 장신구를 만들 은을 더 이상 구할 수 없어 이제 곧 그것을 만들지도 못할 것이라고 말했어요. 창문 밖으로 내다보이는 '나의 아름다운 세상'은 참 고요하고 적막해 보입니다. 약간의 녹색과 자주색 흔적이 있는 황갈색의 풍경. 네, 당신도 그것을 좋아하리라고 생각합니다."[22]

[도판80] 마리아 샤봇, 고스트 랜치 파티오에 앉아 있는 조지아 오키프와 막스 마르티네즈, 1944년, 젤라틴 실버 프린트, 8.9 x 12.7cm, 마리아 샤봇 기증, 조지아 오키프 미술관, 산타페, 뉴멕시코, 미국, [RC.2001.2.131c].

* station wagon, 차체 뒷부분이 확장되어 짐을 실을 수있도록 문이 달린 차.

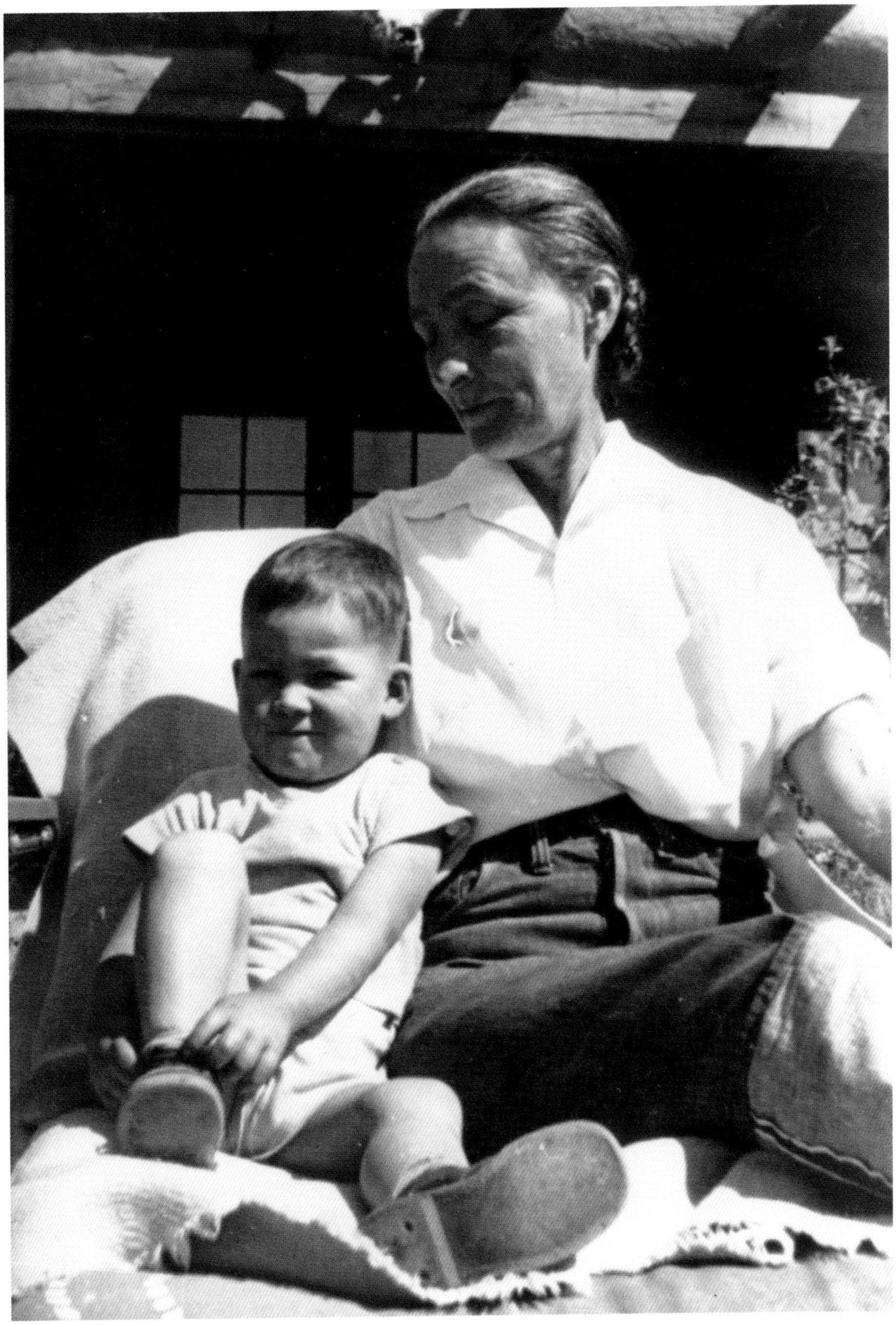

당시 육류는 배급되었고, 한동안 그런 상황이 계속되었다. 그녀는 소 대신 비프스테이크가 산길인 레이틴 패스(Ratón Pass)를 돌아다니는 것을 상상할 정도로, 전쟁 기간 동안 물자는 부족했고 그만큼 육류를 갈망했던 것이다. 육류 부족은 보다 광범위한 생필품들 부족 현상 중 단지 일부였을 뿐이다. 미국인들은 허리띠를 졸라맸고 1942년 초까지 정부에서 발행한 식량 쿠폰을 받았다. 오키프는 뉴욕 집에 남아 있는 스티글리츠를 걱정했다. 특히, 그가 레이크 조지로 잠깐 여행을 갔을 때 정부에서 배부한 배급 책자에 있던 설탕 쿠폰을 잃어버렸기 때문에 마음이 편치 않았다. 난방에 쓰이는 석유 연료 공급 역시 마찬가지였지만, 커피와 설탕은 전시에 가장 제한적으로 배급된 두 가지 물품이었던 것이다.

오키프는 뉴욕에서 좀 더 효율적으로 난방할 수 있는 더 작은 아파트를 구하려고 했고, 마침내 1943년 그들의 거처의 크기를 줄여 이사했다. 그녀와 스티글리츠는 1936년 이후 살았던 이스트 405 이스트 54번가에 있는 펜트하우스에서 아메리칸 플레이스에서 걸어서도 갈 수 있는 거리에 위치한 이스트 59 이스트 54번가의 소형 아파트로 이주했다. 전시에는 다른 사람들 역시 난방에 어려움을 겪었는데, 그중에는 할렘 르네상스 화가 보포드 들로네도 있었다. 들로네는 스튜디오에 난방을 할 수 없었기 때문에 다른 화가들의 화실로 가서 그림 모델이 되곤 했다고 한다. 오키프의 모델이 되어주기도 했는데, 그녀는 들로네를 모델로 하여 여러 점의 목탄, 파스텔 드로잉 작품을 제작했다. 후에, 오키프는 메리 캘러리의 작업실인지 혹은 자신의 화실인지 정확히 어디서 그를 만났는지 기억나지 않지만, 들로네는 그녀에게 있어 비범한 느낌으로 다가왔다고 기분좋게 회상했다. 오키프는 '그가 매우 특별한 종류의 사람같이 보였다'라고 말했다.[23] 아메리칸 플레이스에서 자주 전시회를 가졌던 들로네 역시 갤러리의 벽에 걸렸던 다른 어떤 작가의 작품들보다 오키프의 작품을 높이 평가했다. 오키프는 다른 사람들이 그랬듯이, 들로네를 특별한 사람이라고 생각해 그림까지 그렸지만, 양식적으로 볼 때 그의 초상들은 매우 그녀답지 않은 것이었다**[도판 81]**. 오키프가 이 드로잉들과 비슷한 정도의 사실주의와 세부 묘사로 그린 것은 오직 스티글리츠의 조카 도로시 슈베르트의 초상화밖에 없었다.

뉴멕시코는 오키프가 '잿더미'라고 일컬었던 전쟁의 발발과 뉴욕 도시인들의 근심으로부터 멀리 떨어져 있는 것 같았지만, 그래도 그녀는 『뉴욕 타임스』를 구독하면서 세계의 소식을 놓치지 않고 파악하고 있었다.[24] 그녀는 우선 스티글리츠가 펜트하우스에서 『뉴욕 타임스』를 받아 본 다음에 그것을 다시 뉴멕시코에 보내는 방식으로 신문을 읽을 수 있었다. 우편물로 보내진 신문은 발행된 지 며칠 후에 고스트 랜치에 도착했고, 이것이 뉴욕, 그리고 세계와 연결하는 수단이 되었다. 그녀는 스티글리츠에게 꾸준히 신문을 보내달라고 강력하게 요청했다. 독일 침공을 코

앞에 두고 시시각각 디데이만을 세고 있던 시기에는 특히 더 그랬다.[25] 그에 앞서 오키프는 이미 국제 분쟁이 직접적으로 초래한 뉴멕시코의 변화를 목격하고 있었다. 사실, 일본계 미국인들의 포로수용소 10개 중 하나는 고스트 랜치의 그녀의 집에서 약 112킬로미터 떨어진 인기 있는 관광 도시 산타페에 있었다. 지금의 카사 솔라니 근처에 위치했던 산타페 수용소는 1942년, 일본의 진주만 폭격 직후 루즈벨트 대통령이 인준한 행정 명령에 의해 뉴멕시코 남부의 다른 수용소와 함께 건립되었다. 산타페 수용소가 운영되는 동안(1946년 폐쇄되었다), 화가는 치과의사에게 가는 길에 그곳의 많은 일본계 미국인들을 만날 수 있었다. 스티글리츠에게 쓴 편지에서, 오키프는 남자들이 모여 살고 노동하는 이 포로 수용소를 '강제 수용소'라고 하면서 그들을 본 느낌을 신랄하게 표현했다. 그들에 대한 언급은 짧지만, 나치 독일의 강제 수용소와 미국의 일본계 미국인의 억류 행위가 명백히 유사한 모습이라는 점에서 그녀에게는 분명히 충격적이었을 것이다. 오키프는 늘 그랬듯이 간결하지만 예리하게 노동자의 복장을 한 이 남자들을 묘사했다. "그들은 중년이나 그 나이를 좀 지난 매우 강하고 튼튼한 외모의 남자들로 보이며, 그중 한 명은 길고 부드러운 회색 수염을 가졌어요."[26] 그녀는 이렇듯 그들을 자세히 관찰했다. 오늘날에도 그 시대를 살았던 나이 많은 지역민들은 그 수용소의 위치와 소도시를 휩쓴 짙은 먹구름 같은 그들의 원한과 고통을 기억하고 있다.

오키프의 예술은 정치적인 관심에서 멀리 벗어나 있었다. 그렇지만 오키프는 자신의 작품들이 어떤 리얼리티, 즉 그녀가 본 현실을 표현한다고 생각했다. 뉴멕시코에서 하늘은 늘 변하지 않고 한결같은 그 무엇이었다. 그 깊고 강렬한 파란색은 응시할 만한 가치가 있었다. 왜냐하면, 전쟁이 끝난 후 하늘 그 자체만이 오키프의 마음속에 남은 유일한 것일 수도 있기 때문이다. 오키프가 아메리칸 플레이스 전시회를 위해 출간된 자신의 작품 카탈로그 글에서 설명했듯이, 골반뼈는 광활한 하늘의 푸름을 에워싸는 프레임 역할을 하며, 그것을 통해 하늘을 볼 수 있는 렌즈가 된다. 그녀는 심지어 골반뼈 그림들을 어린 시절 단지 도너츠의 구멍 형태를 마지막까지 남겨두기 위해 그 주변을 빙 둘러가며 먹던 버릇과 비교하기도 했다.

> "골반뼈 그림을 그리기 시작했을 때, 나는 그 뼈들의 구멍에 가장 관심이 있었어요. 이 사실은 아마 그후로도 많이 변하지 않았을 것입니다. 내가 그 구멍들을 통해 본 것은 하늘을 배경으로 햇빛 속에서 뼈들을 떠받치고 있는 파란색이었어요. 그 뼈들은 모든 인간이 멸망한 후에도 지금 그렇듯이 변함없이 존재할 푸름, 그 푸름을 배경으로 할 때 가장 근사했어요."[27]

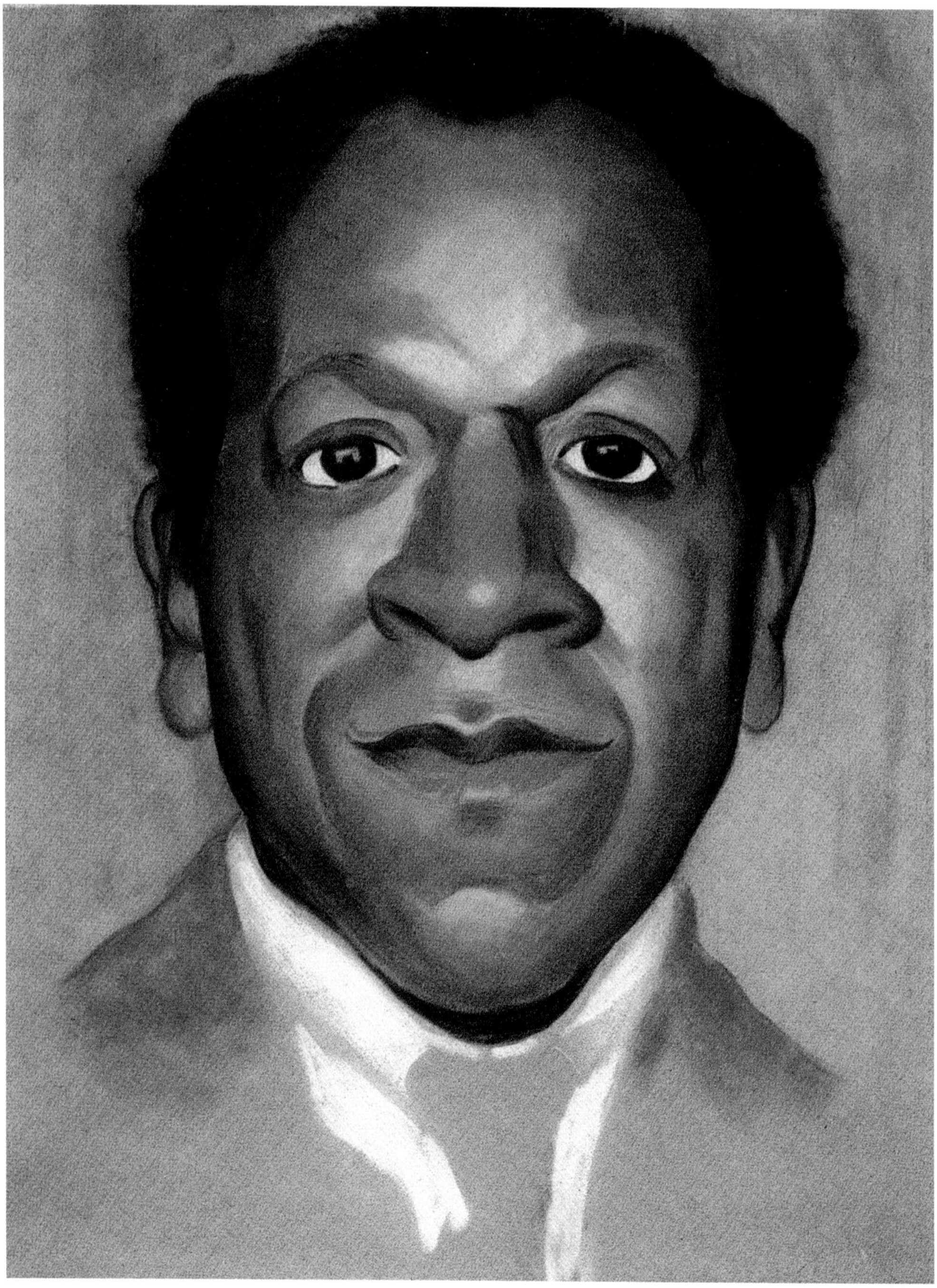

[도판81] 보포드 들로네, 1940년, 종이 위에 파스텔, 50.8 x 38.1cm, 커티스 갤러리, 미니애폴리스, 미네소타, 미국.

골반뼈를 그린 작품들에서, 뼈 그 자체는 오히려 동굴에 더 가까워 보인다. 1944년에 제작된 〈골반뼈 IV(*Pelvis IV*)〉는 푸른 하늘을 배경으로 한 회색의 뼈를 보여준다. 불규칙한 뼈의 윤곽선이 달걀 모양으로 하늘을 모양짓고 달 같은 것이 하늘을 배경으로 희미하게 떠 있다[도판 82]. 샤봇은 계속 제작되는 골반뼈 그림들을 보고 그것을 문에 비유했다. 그녀에게 그 뼈들은 구멍 혹은 시작을 재현한 것같이 보였던 것이다.[28] 그러나 오키프에게 하늘과 뼈의 관계는 단지 공간 속의 오브제들간의 관계였다. 누군가는 뼈가 네가티브 스페이스를 창출한다고 생각할 때, 오키프는 반대로 해석할지도 모른다. 한번은 오키프가 기자 블랑슈 마티아스와 함께 걸으면서 두 사람 앞에 있는 풍경에 대해 묘사해보라고 요청했고, 마티아스는 "푸른 하늘을 배경으로 초록색 나무들이 보이네요."라고 말했다. 한편, 오키프는 풍경을 이렇게 묘사했다. "초록색 나무들을 배경으로 푸른 하늘이 보이네요."[29]

전쟁이 계속되자 샤봇은 전시 생필품을 마련하기 위해 먹을거리를 직접 재배하려고 했다. 그녀는 이른바 '전시 물품 콩(War Effort Beans)'이라는 것을 심기 시작했다. 그러나 지역의 관개 관리 시스템을 통한 물의 공급이 어렵게 되면서 결국 이 시도는 실패했다.[30] 지역 사회의 대부분의 남성들은 전쟁에 소집되었고, 여성들만이 남아서 농작물을 경작해야 했는데, 때때로 이 농사일은 가사일 때문에 제대로 이루어지지 않았다. 오키프는 지역 주민들이 너무 게을러서 이전같이 농사일을 하지 못한다고 불평했지만, 진짜 원인은 전쟁으로 인해 그 지역 노동력이 심각하게 부족했기 때문이라고 보는 것이 타당하다. 더 큰 문제는 지역에 물을 공급하는 남서부의 관개용 수로 관리 업무는 전통적으로 남성들이 전담한 일이었는데, 전시였던 당시에는 남성이 거의 없었다는 점이다. 차마강에서 지역 사회로 끌어낸 물은 애비퀴우에서 북서쪽으로 약 80킬로미터 떨어진 곳에 위치한 엘바도 댐의 관개용 수로 시스템 속에서 관리되었다. 오키프는 이 사실을 매우 잘 알고 있었다. 몇 년 후, 그녀는 〈애비퀴우의 관개용 수로 위 이른 봄의 나무들(*Early Spring Trees Above Irrigation Ditch, Abiquiu*)〉을 그렸다. 이 작품은 그녀가 아주 좋아했던 미루나무들과 물결선 형태의 관개용 수로에 초점을 맞추고 있다[도판 83]. 확실히, 이 시기에는 모든 사람이 어려움을 겪었다. 뉴멕시코 지역은 전쟁 지원자 및 징집자에 있어 최고의 비율을 차지했고, 말할 필요도 없이 사상자 수에 있어서도 최대였다. 특히, 제200 해안 포병대와 이후 제500 해안 포병대가 된 주방위군의 역할은 중요했다. 이 포병대의 병사들은 필리핀에서 일본의 침략이 절정에 이르렀을 때 바탄 전투에 참가했다. 그 전투에서 생존한 병사들은 전쟁 포로가 되었고 거의 3년 동안 '죽음의 바탄 행진(Bataan Death March)'의 폭력에 시달렸다. 히스패닉, 아메리카 원주민, 백인들로 구성된 이 병사들 중 50퍼센트만이 살아서 뉴멕시코로 돌아올 수 있었다.[31]

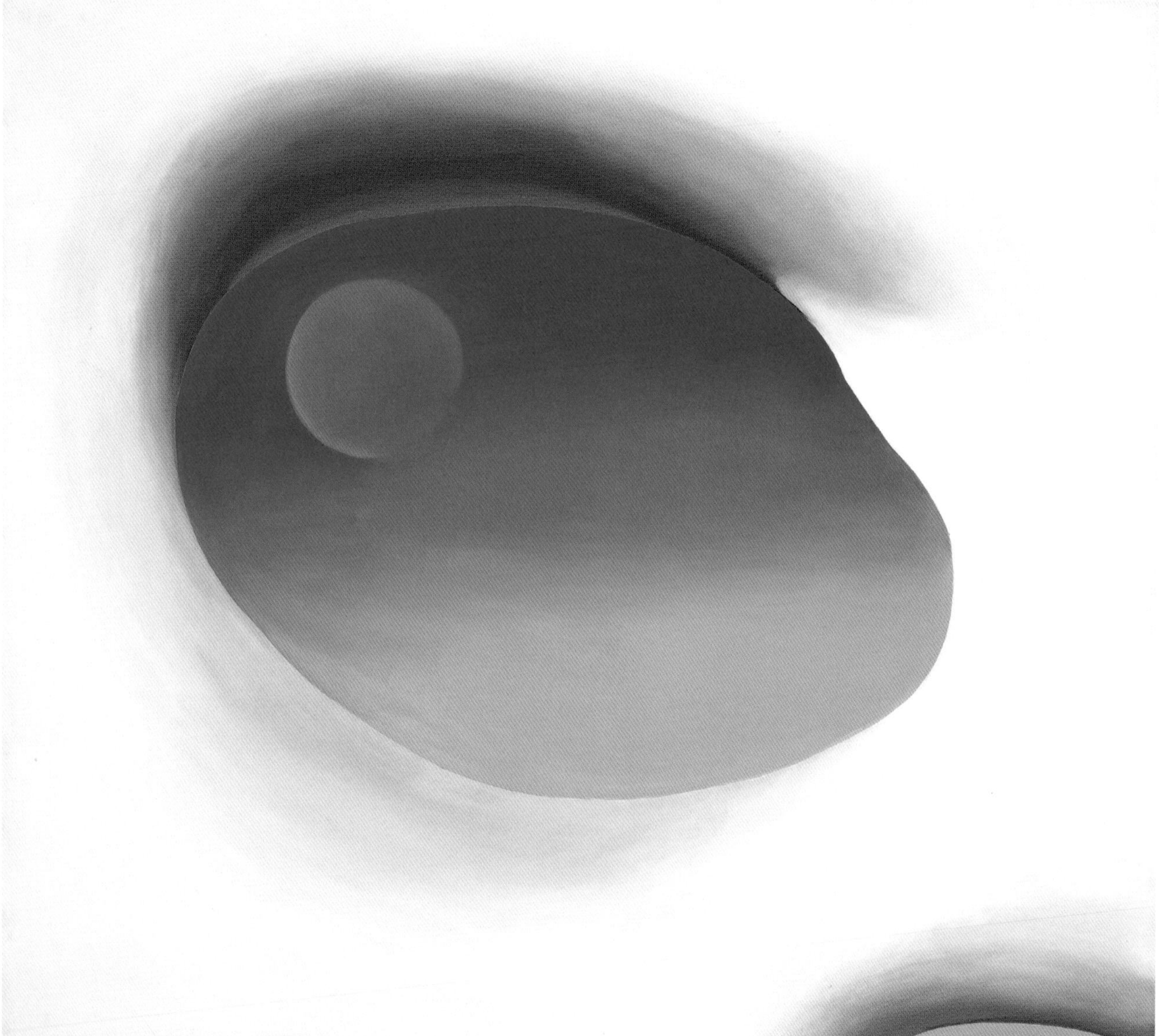

[도판82] 〈골반뼈 IV〉, 1944년, 목판에 유채, 91.4 x 101.6cm, 버넷 재단, 조지아 오키프 미술관, 산타페, 뉴멕시코, 미국. [1997.06.01].

고스트 랜치 집에서는 자동차 운전이 제약을 받고 그에 따라 물품들을 쉽사리 얻을 수 없게 되자 한때 쓸 수 있었던 소소한 소모품들이 점점 더 귀해졌다. 비록 랜치는 특권을 가진 B배급 카드를 소유했지만, 의식주는 최소한의 수준에 머물러야 했다. 자동차도 랜치 집에서 약 24킬로미터 떨어진 보데 상점에 가거나 좀 더 멀리 산타페나 에스파놀라에 가기 위해 몇 번 사용하는 것 이외에는 차고에 처박혀 있었다. 팩과 그의 새 아내 포이베는 말을 타고 와서 3킬로미터쯤 아래쪽에 있는 목장의 우편함에서 우편물을 집어 가기도 하고 놓고 가기도 했다. 심지어 마차가 지역 여행을 위해 위탁 운영되었다. 거의 모든 사람들이 전쟁의 제약에 직면했고, 랜치의 주민 수 역시 전쟁으로 인해 감소했다. 남은 사람들은 버터를 만들고 예전보다 더 광범위한 땅에 농작물을 심었고, 달걀, 돼지고기, 쇠고기를 얻기 위해 가축을 키웠다.[32] 오키프는 때때로 팩과의 사이가 긴장 상태에 있었기 때문에 전적으로 랜치에만 틀어박힌 채 조용히 지냈다. 오키프의 부재중에 샤봇은 꾸준히 식량 공급을 위한 대안을 추구했지만 결국은 빈손으로 나타났다. 마침내 그녀는 오키프에게 고스트 랜치에서의 생존을 위해 팩과의 협동이 필요하다고 말했다. 그러나 오키프는 장차 자신의 땅에서 작물을 재배하려면 그곳은 다른 곳이어야만 한다는 것을 알고 있었다. 란초 데 로스 부로스 집 근처의 흙이 과일과 채소를 재배하는 데 아주 좋지 않았기 때문이다. 이를 염두에 두고, 이 예술가는 자신이 직접 땅을 돌볼 수 있는 또 다른 집을 찾기 시작했다. 다시 말해서, 이는 충분한 물을 쓸 수 있는 권리를 갖는 집을 발견하는 것을 의미했다. 물을 사용할 수 있는 권리는 오랫동안 북부 뉴멕시코 공동체의 전통적인 수로 관리 시스템에서 아주 중요한 것이었고 당시도 마찬가지였다. 훗날 오키프의 정원은 그녀가 일년내내 먹을 과일과 채소 대부분을 조달하는 그 집의 가장 소중한 것들 중 하나였다.

북부 뉴멕시코에서 물은 분쟁의 대상이자 자존심이었다. 관개용 수로 시스템은 양날의 검 같은 것이었다. 이미 이 지역에 익숙해진 오키프는 물이 지역 공동체, 특히 당사자들 간의 물 사용을 두고 이를 관리하는 관리인에게 무엇을 의미하는지 알고 있었다. 차마강은 애비퀴우를 통과하여 고스트 랜치로 흘러 강둑 주변을 푸른 초원지대로 만들었다. 더 멀리 보이는 풍경은 바싹 말라서 흙모랫길로 바뀌어 있었다. 오키프는 이러한 유별나게 변화가 심한 수로에 익숙해져 있었다. 로스 부로스에 있는 그녀의 집까지 드라이브하면서 수년간 보아왔기 때문이다. 오키프는 1935년, 이 풍경을 〈차마강, 고스트 랜치, 뉴멕시코(블루 리버) *Charma River, Ghost Ranch, New Mexico(Blue River)*〉에서 묘사했고, 풍경을 그림과 같은 시점으로 찍은 날짜 미상의 사진도 한 장 가지고 있다**[도판 84, 도판 85]**. 오키프는 또한 뉴멕시코 북부 지역의 불안정한 물 수급 문제를 대체로 알고 있었다. 샤봇에게 쓴 편지들에서, 오키프는 당시 사람들 사이에서 곧잘 화제에 오르던 주제인 댐 건설에 대해 이야기했다. 1943년, 의회는 인디언랜드의 리오 그란데에 댐을 건설할 계획을 세웠는데, 이는 푸에블로 원주민에 대한 직접적인 위협이었다. 『라이프』지도 같은 해 11월, '댐은 푸에블로 인디언을 위태롭게 한다'고 주장하는 포토 에세이를 발행했다. 나중에 이 프로젝트는 수많은 공개 토론 끝에 중단되었다.[33] 또 다른 연방 댐에 대한 이야기도 있었는데, 이것이 몇 년 후에 결실을 맺은 애비퀴우 댐이다. 이 댐은 한때 고스트 랜치를 비롯한 일대의 자산을 침수시켰다. 오키프는 댐 건설 이전부터 물의 흐름과 사용을 제어하려는 그런 프로젝트가 물을 더욱 귀하게 만든다는 사실을 알고 있었다.[34] 이 지역에서 물에 대한 권리를 획득한다는 것은 노다지를 캐는 것과 같았다.

한편, 그 무렵 세계 대부분의 사람들에게 잘 알려지지 않았던 뉴멕시코는 당대의 가장 위대한 과학자들의 본거지였다. 그들은 모두 핵분열을 이용해 핵무기를 만들기 위해 파자리토 고원에 모였다. 로스앨러모스 연구소의 일명 '비밀 도시'는 미 육군 공병대에 의해 인수되어 이론 물리학자 로버트 오펜하이머가 이끄는 은밀한 과학 실험실의 근거지였다. 로스앨러모스*의 설립과 맨해튼 프로젝트는 새로운 직업들을 창출하고 사회 기반 시설을 건설하게 함으로써 뉴멕시코 북부 지역을 변화시켰다. 에스파뇰라의 리오그란데 강을 가로지르는 콘크리트로 만든 교량도 세워졌다. 당시 이 최첨단 다리는 필요한 자재를 로스앨러모스로 옮기는 자동차 및 대형 운송 차량의 교통을 편리하게 했다. 그 결과, 에스파뇰라의 많은 이들은 야간 통행금지를 겪어야 했는데, 밤 10시가 되면 특별 수송을 위해 일반인들에게는 폐쇄되었기 때문이다. 교량은 군사, 과학 활동을 용이하게 해주면서도 수십 년 동안 계절적 홍수에 취약했던 나무 가대를 대체했기 때문에 민간인들도 다니게 되었고, 오키프를 방문하는 사람들까지도 보다 수월하게 여행했다.

1943년 이후에는 연구소의 물리학자들이 종종 고스트 랜치에서 휴가를 보내는 경우도 있었다. 닐스 보어, 엔리코 페르미, 조지 키스티아코프스키, 리차드 파인만, 에드워드 텔러, 오펜하이머 같은 신비에 싸인 인물들이 고스트 랜치에 왔던 것이다. 그들은 항상 가짜 이름을 대었고 암호화된 문장으로 말했다. 한편 랜치 주민들은 당국으로부터 날씨나 도로 상황 등 한정된 화제 외 어떤 질문도 그들에게 하지 말라고 주의를 받았다.[35] 랜치 거주자들 뿐만 아니라 오키프도 고스트 랜치에서 이들 과학자들을 맞닥트렸다. 특히, 주민들이 모일 시간인 저녁식사 때 그들을 볼 수 있었다. 1945년 7월, 그들의 연구작업은 뉴멕시코 남부의 도

[도판83] 〈애비퀴우의 관개용 수로 위 이른 봄의 나무들〉, 1950년, 캔버스에 유채, 76.2 x 66cm, 조지아 오키프 재단 기증, 조지아 오키프 미술관, 산타페, 뉴멕시코, 미국. [2006.05.228].

* 미국의 국립 연구소. 맨해튼 프로젝트로 세계 최초로 핵폭탄을 개발했다.

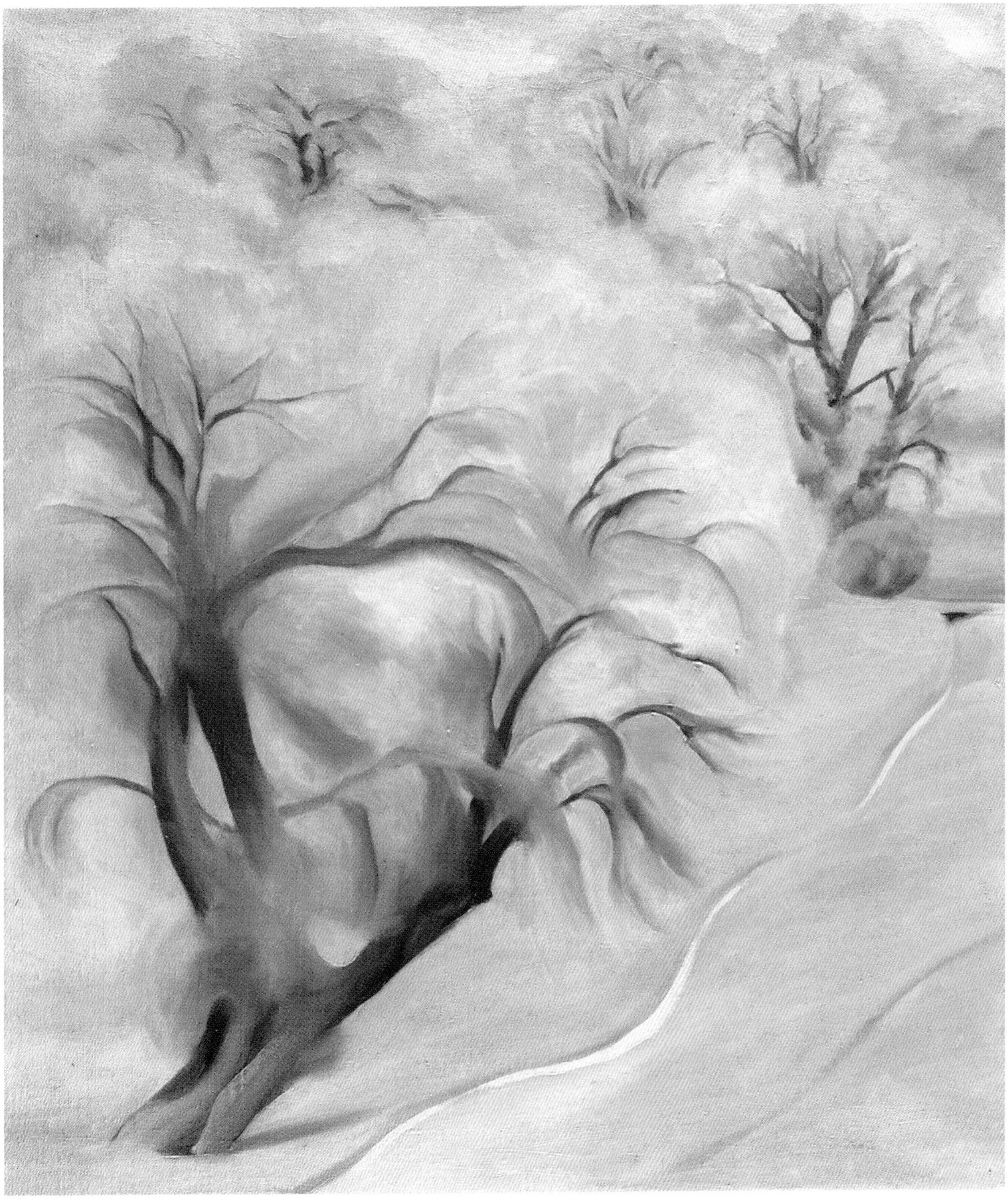

시 앨라모고도 외곽의 트리니티 사이트에서 실험되었다. 아주 강력한 원자 폭탄이 버섯구름 형태로 치솟아 올랐고 엄청난 섬광으로 지표면을 유리처럼 매끈하게 보이게 했다. 결국, 이 모습을 보고 많은 사람들은 해가 다시 뜬 것이 아닌가 하고 생각했다. 히로시마와 나가사키에 두 개의 핵폭탄이 투하됨으로써 제2차 세계대전은 사실상 끝이 났다. 이 사건은 역사의 흐름을 바꾸었던 것이다.

왼쪽 [도판84] 〈차마강, 고스트 랜치, 뉴멕시코(블루 리버)〉, 1937년, 캔버스에 유채, 77.5 x 41.5cm, 조지아 오키프 유증, 조지아 오키프 미술관, 산타페, 뉴멕시코, 미국. [1987.312.1].

오른쪽 [도판85] 〈랜치로 가는 길에〉, 날짜 미상, 젤라틴 실버 프린트, 8.9 x 12.7cm, 프랜시스 무어 가가린 기증, 조지아 오키프 미술관, 산타페, 뉴멕시코, 미국. [RC.2006.001.001a].

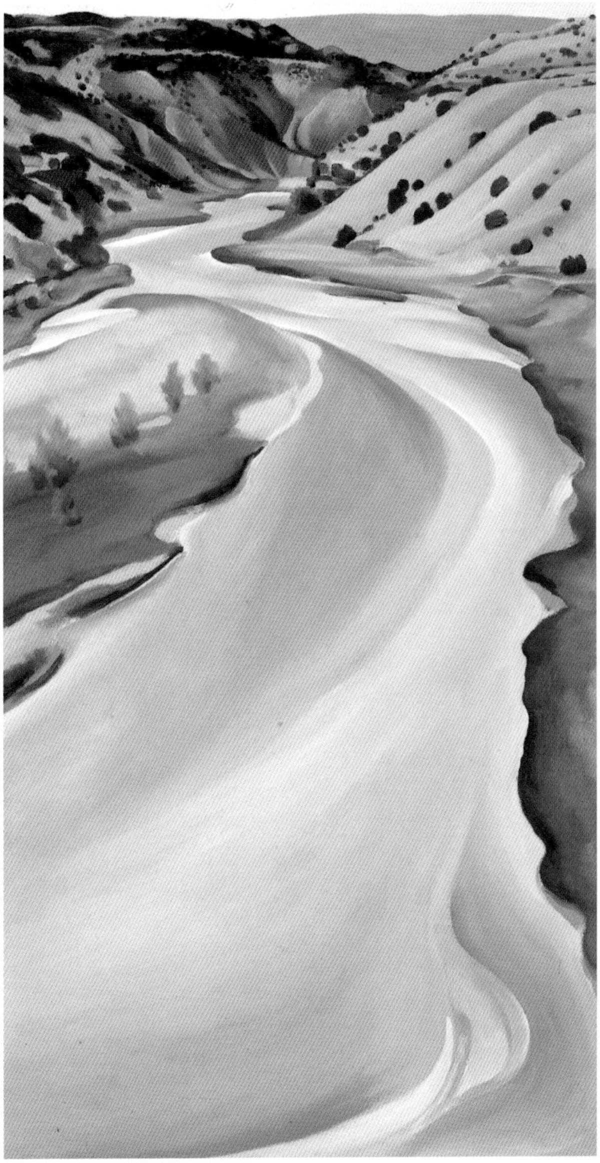

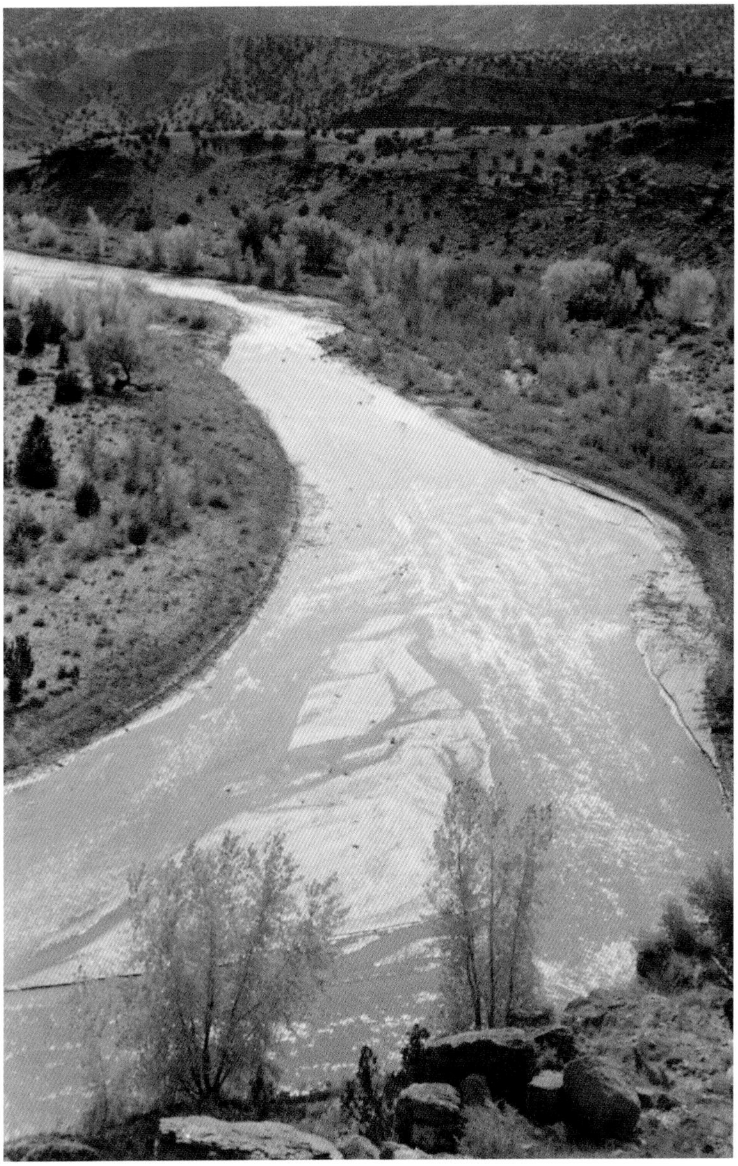

애비퀴우: 오키프의 게잠트쿤스트베르크

1945년 12월, 오키프는 차마강에서 물을 끌어오는 마을 관개용 수로를 이용할 수 있는 새 집을 매입했다. 잡화점 주인인 마틴 보데의 도움으로 끝내 얻은 그 집은 한때 호세 마리아 차베즈 장군이 소유했던 다 쓰러져가는 대농장이었다. 오키프는 한동안 그 집에 눈독을 들였었고, 집 구매를 일종의 개인적인 승리로 여겼다. 그녀가 그 집을 사려고 할 당시 산타페 가톨릭 대교구가 집의 실질적인 소유주였는데 구매 협상을 하기에 힘겨운 상대였기 때문이다. 드디어 집이 그녀의 소유가 되자, 오키프는 이후 4년 동안 샤봇에게 현지인을 고용해 건물의 재건 공사를 하도록 맡겼다**[도판 86]**. 공사는 느리게 진행되었다. 지역의 많은 자재가 로스앨러모스 국립 연구소를 건설하는 데 쓰였기 때문이다.

이듬해 1946년은 오키프에게 특히 중요했다. 5월에 뉴욕 현대미술관에서 그녀의 회고전이 열렸는데, 이는 미국 미술사에 있어서 여성 예술가로서는 최초였으므로 아주 명예로운 것이었다. 관람객들은 미술관에서 벽에 걸린 이 예술가의 독특한 작품들을 볼 수 있었다. 제임스 존슨 스위니는 꽃 이미지 작품에서 뉴멕시코 풍경에 이르기까지 그림들을 연대순에 따라 정리하여 전시했다. 스위니는 카탈로그에 이렇게 썼다. "완전히 드러나면서도 늘 통제된 강렬한 감정의 표현이 오키프 예술 세계의 본질이다. 그리고 그녀는 아주 철저한 자기 벗기기(self-stripping)를 통해 이러한 본질에 도달한다."[36] 오키프의 작업은 가장 기본적인 세부 형태까지 혹독한 자기 노출을 요구하는 것이었기 때문에 그의 말은 정곡을 찔렀다고 할 수 있다. 모두들 축하하는 분위기였고, 오키프뿐만 아니라 이 예술가를 '발굴한' 스티글리츠에게도 관심이 모아졌다. 그러나 안타깝게도, 전시회가 끝나기 한 달 전에 스티글리츠는 82세를 일기로 사망했고, 그녀는 이 때문에 뉴멕시코에서 뉴욕으로 돌아왔다. 이후 2년 내내 고인이 된 남편의 유산을 꼼꼼히 정리하면서 보냈다. 그리고 미국과 유럽 모더니즘 작품들과 스티글리츠의 사진 작품 등 그의 미술품 컬렉션을 열두 기관에 기증했다.[37]

오키프가 다시 뉴멕시코에 돌아왔을 무렵, 애비퀴우 집은 그간의 수리로 인해 거의 폐허에 가까운 상태에서 단순한 선과 세련된 인테리어, 지역

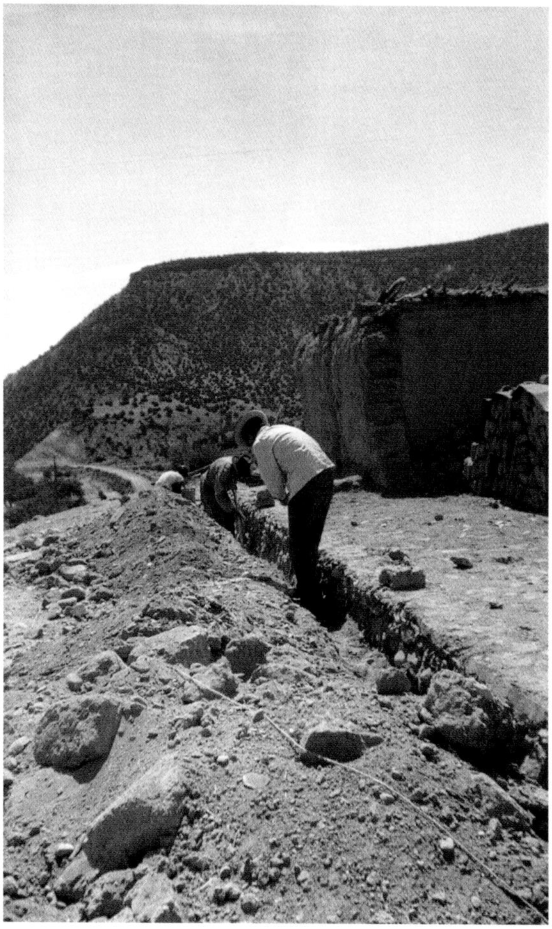

[도판86] 마리아 샤봇, 애비퀴우 집 스튜디오를 짓기 위한 기초 공사 · 동쪽을 바라보며, 1946년, 젤라틴 실버 프린트, 24.3 x 15.7cm, 마리아 샤봇 기증, 조지아 오키프 미술관, 산타페, 뉴멕시코, 미국.

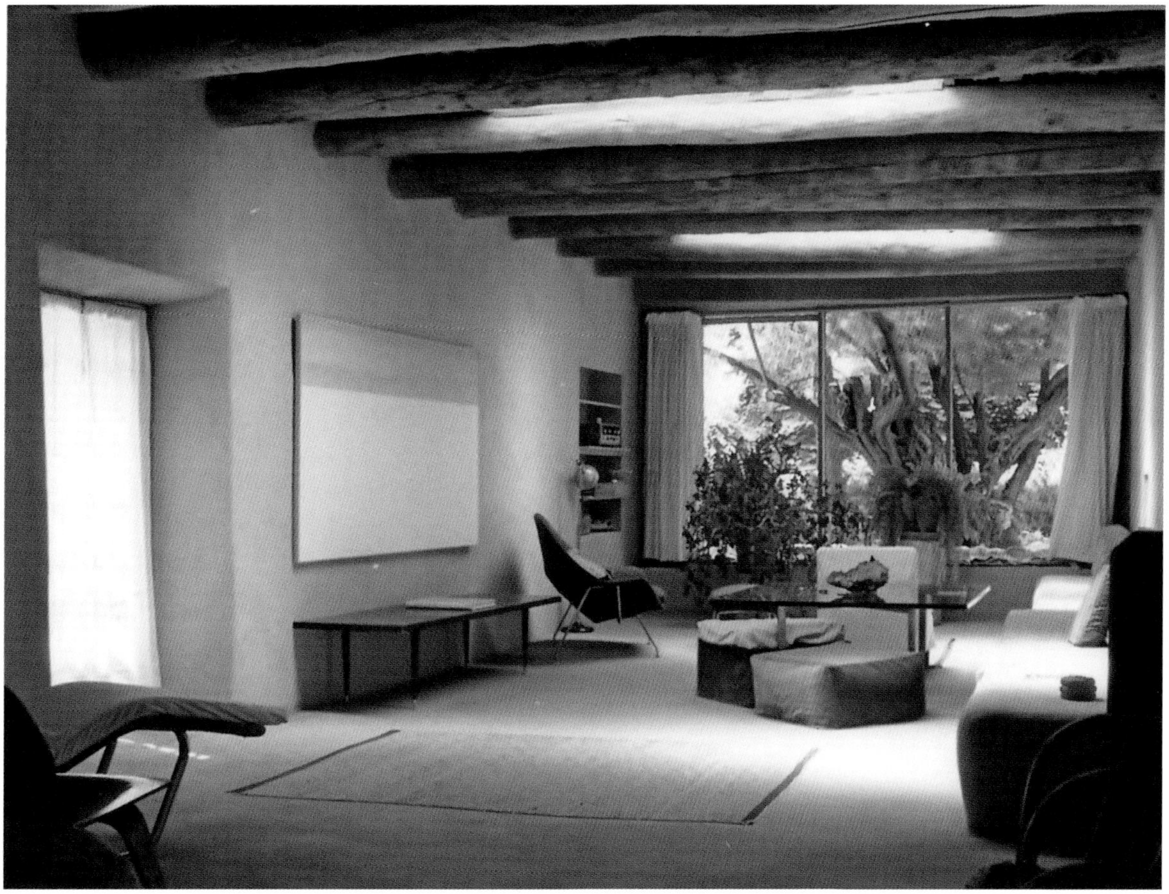

[도판87] 조지아의 거실, 1996년.
대형 창문으로 정원이 보인다.

적인 특성도 함께 지닌 기하학 형태의 거처로 변모해 있었다. 샤봇의 도움으로 집은 뚜렷한 남서부 지역의 미학과 현대적인 디자인 감각을 융합한 멋진 모습이 되어 있었던 것이다. 다시 말해서 이 집은 뉴멕시코와 대도시 뉴욕의 모습을 둘 다 갖고 있었다. 오키프의 예술과 그녀가 작품을 제작하고 살았던 공간은 하나였다고 할 수 있다. 그녀에게 있어 예술과 작업 공간은 하나의 진정한 게잠트쿤스트베르크*였다. 오키프는 샤봇을 고용하여 집을 수리할 때 어도비, 비자(vigas, 손으로 조각한 상인방), 라틸라(latillas, 지붕보 사이에 놓인 나무 조각)를 포함해 지역의 건축 요소와 전통적인 건축 재료를 모두 받아들였다. 또한 실내를 흰색으로 칠하고 대농장 안에 파티오(patio, 스페인식 주택의 중정)를 만들었다. 거실, 침실, 스튜디오에 커

* 총체예술작품이란 뜻으로, 미술, 음악, 건축, 시, 연극 등 각 분야의 예술가들이 협력해 하나의 작품을 만드는 것을 말한다.

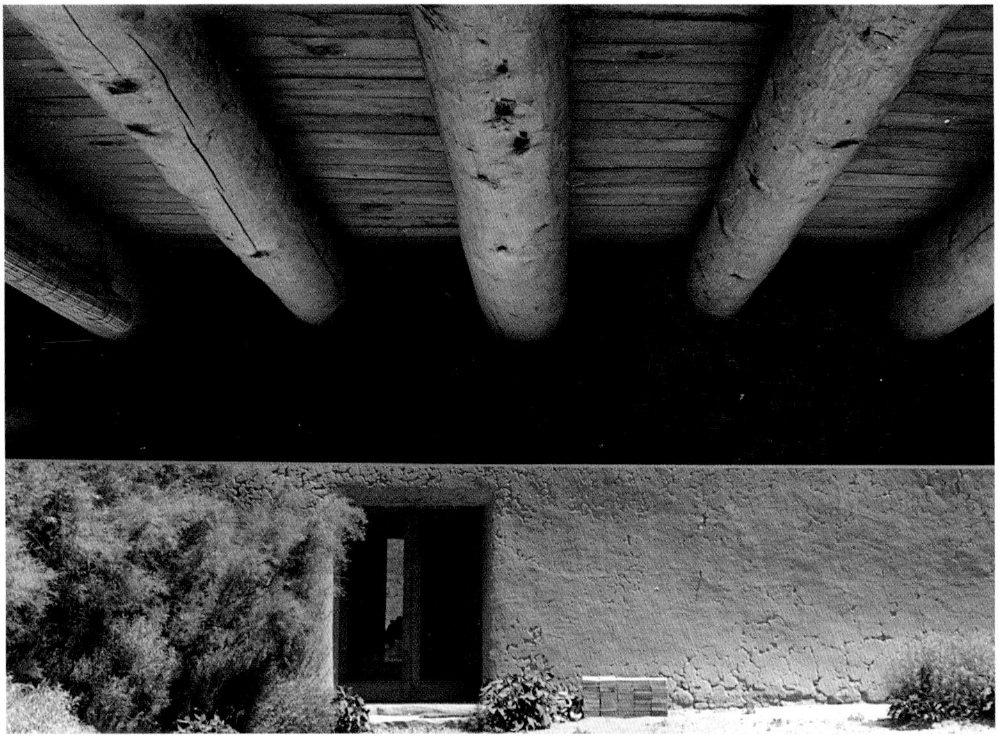

위 [도판88] 조지아 오키프, 애비퀴우 집-스튜디오의 들보와 출입문, 1964년, 젤라틴 실버 프린트, 16.5 x 11.4cm, 조지아 오키프 재단 기증. 조지아 오키프 미술관, 산타페, 뉴멕시코, 미국. [2006.6.1393].

아래 [도판89] 〈나의 마지막 문〉, 1952~1954, 캔버스에 유채, 121.9 x 213.4cm, 버넷 재단 기증. 조지아 오키프 미술관, 산타페, 뉴멕시코, 미국. [1997.06.29].

다란 판유리를 설치하여 바깥 경관을 실내로 들여옴으로써 거대한 파노라마 프레임을 통해 빛과 풍경을 모두 수용하게 했다. 거실 안에서 보면, 창문 크기와 거의 맞먹는 거대한 나무가 거실 창 전체를 차지한 채 정원에 떡 버티고 서 있다. 그리고 문턱에는 그녀가 수집한 돌들이 열 지어 놓여 있다 [도판 87].

오키프는 애비퀴우 집에 그녀가 대부분의 시간을 보내는 작업실과 바깥의 파티오를 통해 들어올 수 있는 살리타(작은 방)를 마련했다[도판 88]. 그녀는 살리타 안에 그림을 그리기 위한 캔버스들과 보물처럼 소중히 여기거나 중요하지 않게 생각한 여러 작품들을 보관했다. 그녀가 탐탁지 않게 생각한 작품들은 선반의 부품으로 사용되었다. 목적지가 기록된 꼬리표가 붙은 상자들과 여행 가방도 여기 보관했다. 그 목적지는 종종 그녀가 대부분의 화물을 그 마을의 지역 열차를 통해 수송했던 에스파놀라였다. 붉은 고추와 콩을 북쪽으로 운반하는 것으로 알려진 '칠리 라인'은 뉴멕시코 북부 지역의 주요한 운송로였다. 어느 순간부터인지 그녀는 살리타 문을 미묘한 갈색 톤의 어도비 벽과 뚜렷이 대조되는 검정으로 칠했다. 그리고 마침내는 살리타 문과 그 문으로 이어지는 포장용 돌의 경관을 추상적 형태로 변형시켰는데 이는 몇 년 전 그녀가 그린 스티글리츠의 작업실 모습과 다르지 않았다. 1946년에서 1960년 사이에, 그녀는 살리타 문을 주제로 24개의 작품을 제작했다.[38] 〈나의 마지막 문(*My Last Door*)〉에서는 살리타의 정면이 완전히 흰색으로 채색되었고, 검정 직사각형 아래에 열 지어 이어진 회색의 정사각형들이 있다[도판 89]. 파티오 공간은 사라지고, 땅의 수평면과 벽의 수직면도 원래의 3차원성을 잃어버린 듯하다. 이 그림은 3차원의 공간적 깊이감을 결여하고 있으며, 일련의 기하학적 형태들만이 표시되어 있을 뿐이다. 딱 봐도 추상적이긴 하나, 이 작품은 그녀가 살았던 집의 파티오에서 살리타에 이르는 실제 경관에서 끌어온 것이다. 사실 〈나의 마지막 문〉은 문 소재의 많은 작품 중 하나였고, 이 그림에서 문을 마지막으로 그린 것은 아니었다. 사선 각도의 시점으로 그려진 문 옆 공중에 잎사귀 하나가 떠 있는, 그녀의 또 다른 작품 〈황금색 잎이 있는 파티오 문(*Patio Door with Golden Leaf*)〉(1956년)에서 볼 수 있듯이, 그 문들의 색상과 공간적 평면화의 정도는 수년에 걸쳐 계속 변형되고 변화되었다.

이윽고 오키프는 덴마크, 미국, 일본, 중세 아메리카 원주민의 디자인을 자신의 집에 모두 통합해 꾸몄다. 가구는 직접 제작하거나 의뢰했는데, 여기에는 그 당시의 현대적 재료인 합판으로 만든 부엌 테이블이나 건축가 미스 반 데르 로에(Mies van der Rohe)* 의 유리 상판 커피 테이블을 모방한 가구도 있었다. 그녀는 가장 현대적인 가전제품들을 들여올 때도 자신의 집 내부와의 미적 조화를 생각했을 정도로 실내장식에 매우 까다로웠다. 심지어 식기 세척기조차 집안의 미학적 환경이나 다른 것들의 형태와 잘 맞아야 했기 때문에 깔끔한 흰색으로 칠했다. 놀(Knoll)사의 '버터플라이 체어

* 독일의 건축가로 르 코르뷔지에, 발터 그로피우스와 함께 근대 건축의 개척자로 꼽힌다.

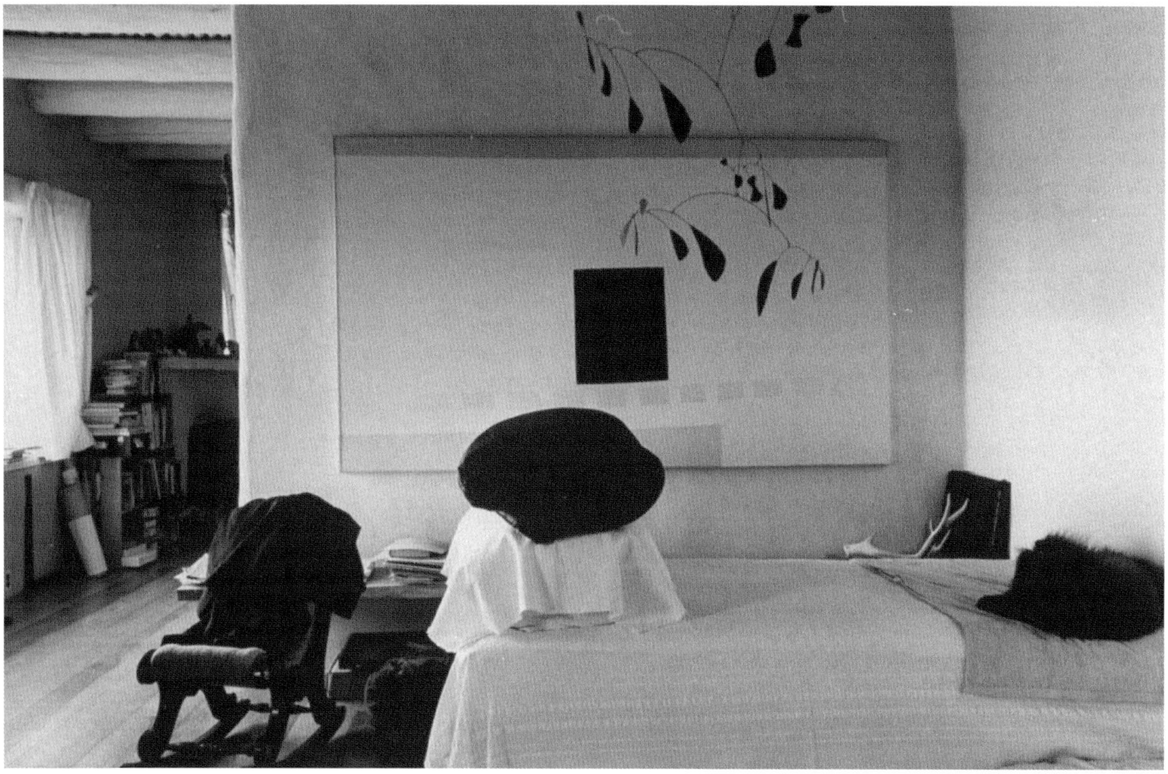

(Butterfly chair)'와 건축가 에로 사리넨(Eero Saarinen)*의 '자궁 의자(Womb Chair)' 등이 포함된 그녀의 현대 가구 수집품들도 인상적이다. 그녀는 또한 주조 알루미늄 외다리 테이블과 튤립 체어 등 두 개의 사리넨 제품도 소유하고 있었다. 임스(Eames)의 합판 라운지 체어 두 개와 임스 와이어 체어 한 개도 있었는데, 이것들은 그녀의 기분에 따라 집안 여기저기로 옮겨져 놓였다. 이사모 노구치의 '아카리(Akari)' 조명 조각은 그녀의 부엌 탁자 위에 매달려 있었다. 오키프는 또 에드가 바르톨루치와 잭 발트하임이 디자인한 '발바(Barwa)' 라운지 체어 두 개도 갖고 있었는데, 이것 역시 해리 베르토이아의 '버드 체어(Bird Chair)', 오토만 가구와 함께 빈번하게 이곳저곳 옮겨졌다. 심지어 오키프는 조각가 알렉산더 칼더(Alexander Calder)의 매달린 조각 모빌도 소장했는데, 이는 존 레너드가 그녀의 집 란초 데 로스 부로스 침실에 걸린 그림 〈나의 마지막 문〉**[도판 90]**을 배경으로 찍은 사진을 통해 볼 수 있다. 이 작품은 애비퀴우 집을 장식하기도 했다. 오키프는 인테리어를 위해 이런 가구들과 나바호

위 [도판90] 고스트 랜치의 조지아의 침실과 천장에 매달린 알렉산더 칼더의 모빌, 1967년.

맞은편 [도판91] 북동쪽 방향으로 차마 계곡이 보이는 조지아의 스튜디오, 1996년

* 핀란드 출신으로 미국의 건축가이자 가구 디자이너다. 튤립 의자, 자궁 의자 등 유기적인 형태의 가구를 디자인했다. 20세기 현대 소비사회의 공산품 대량 생산체제 속에서 산업 디자이너라는 직업이 등장했고, 찰스 임스 등과 함께 가구 디자인으로 국제적인 명성을 얻었다.

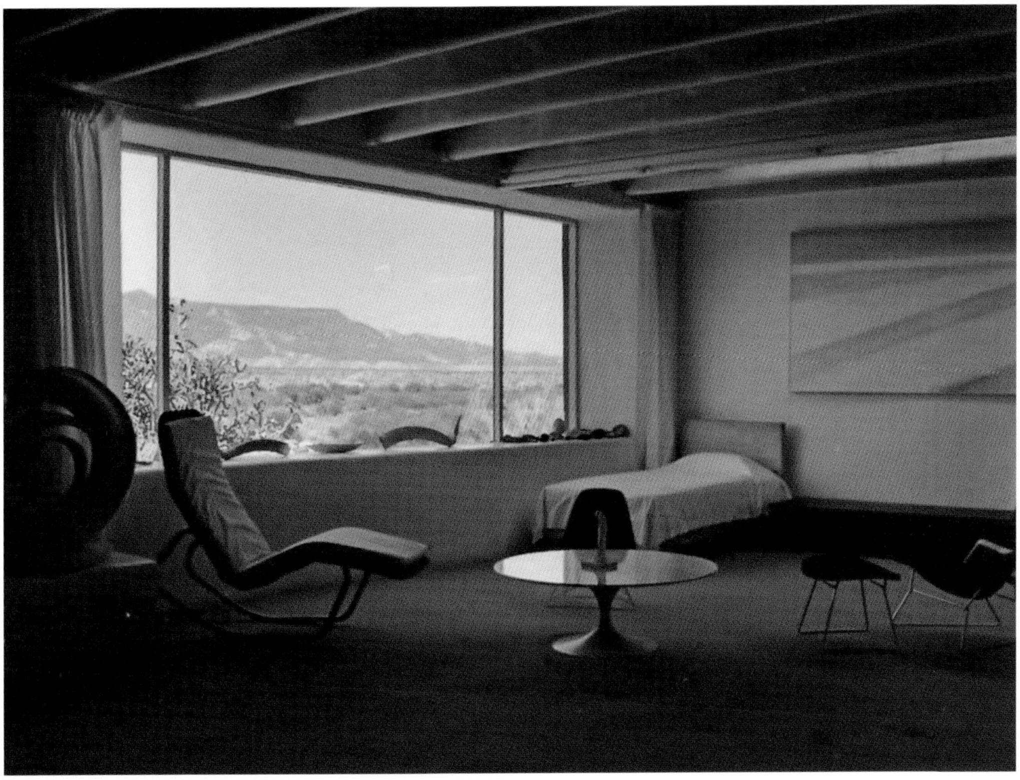

직물들, 혹은 토속적인 도자기 그릇들을 사용했다. 그녀의 개인적 패션에서 그랬듯이 늘 지역의 토착적인 스타일을 강조하긴 했지만, 확실히 그녀의 가구에 대한 취향은 매우 현대적이었다. 자신의 두 집에서 오키프가 물건들을 배치하고 장식한 방식은 자신의 실내 공간을 마치 갤러리처럼 독특하고 예술적으로 꾸미는 그녀의 능력을 보여준다[도판 91].

오키프는 자신의 두 집 모두 소중히 여겼고 집에서 휴식을 얻었다. 한편 친구들을 저녁 식사 모임에 초대하거나 한 끼 식사 이상의 더 오랜 시간 동안 자신의 집에 묵게 했다고 한다. 사진작가들 또한 자주 방문했는데, 그들은 오키프의 작품들뿐 아니라 그녀가 살고 작업하는 공간에 무척 매력을 느꼈다. 그녀의 삶과 예술은 사실 하나였다. 비록 오키프는 뉴멕시코의 어도비 집에 고립되어 살고 있는 것처럼 보였으나 그녀는 자신의 집을 우정과 사교의 장소로 만들었다. 현대적인 가구들을 들여오거나 가까이 혹은 멀리 사는 친구들을 초대함으로써, 자신과 바깥세상 사이의 거리에 다리를 놓을 수 있었다. 실제로 조각가 메리 캘러리, 작가 도리스 브라이, 그녀의 중개인 윌리엄 키스카덴, 영국 소설가 크리스토퍼 이셔우드 등이 1940년대 말에 오키프의 집을 방문했고, 다른 이들도 뒤를 이었다. 오키프가 자신의 침실에서 바라보고 수없이 그렸던 그 길은 그녀를 외부 세계에 이어주고 바깥세상을 그녀에게 닿게 하는 일종의 동맥이었다.

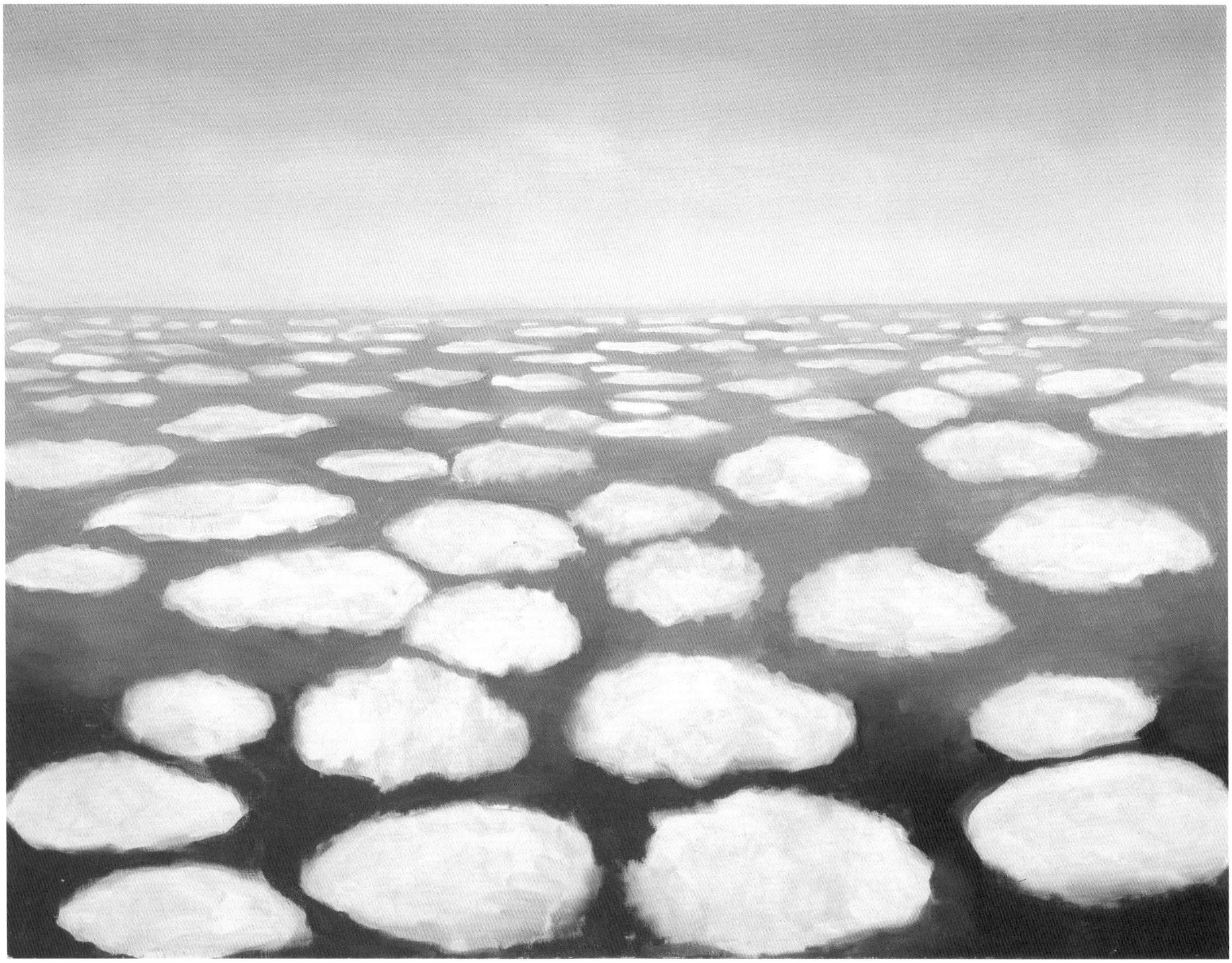

"창밖을 내다보면 당신이 원하는 모든 색을 볼 수 있다."

길 위의 집
At home on the road

[도판92] 〈구름 위 하늘 I〉, 1962~1963년, 캔버스에 유채, 91.8 x 122.6cm. 버넷 재단 기증. 조지아 오키프 미술관, 산타페, 뉴멕시코, 미국. [1997.05.14].

70대 후반에 오키프는 하늘, 그리고 점점 멀어져 가는 무한한 구름이 보이는 일곱 개의 시리즈 작품을 제작하기 시작했다. 〈구름 위 하늘 I(*Sky Above Clouds I*)〉에서는 옅은 파랑의 색면 위에 놓인 흰색 구름 송이들이 보인다**[도판 92]**. 구름은 마침내 저 멀리 보이는 연분홍 색면 띠에 닿는다. 구름과 분리되는 띠는 수평선같이 보인다. 일반적으로 이러한 방식의 띠 묘사는 하늘과 땅을 구분하기 위해 사용되지만, 이 그림에서는 구름에서 하늘로 서서히 자연스럽게 이어지게 하는 역할을 하고 있다.

오키프는 이 연작에 '구름 위 하늘'이라는 단순한 제목을 붙였는데, 왜 그것을 시작하게 되었는지에 대해 할 말이 많았던 듯하다. "어느 날 뉴멕시코로 돌아가는 비행기에 타고 있었을 때, 아래 보이는 하늘은 매우 아름답고 견고한 흰색이었어요. 하늘이 너무 단단한 고형체 같아서 마치 문이 열린다면 나는 그 위에 발을 딛고 수평선을 향해 걸어나갈 수 있을 것만 같았죠."[1] 그러나 궁극적으로 그녀는 구름을 서로 떨어트려 그렸고 그 사이로 푸른 하늘을 드러냈다. 결과적으로, 그것은 탄탄한 흰색의 바닥이 아니라, 불규칙하게 배열된 가리비 모양의 형태들이 있는 광대한 지역같이 보인다. 일곱 점의 그림은 제각기 특정한 방식으로 그려졌지만, 모두 먼 곳으로 멀어져가는 구름의 형태들이라는 점에서 비슷하다. 시리즈의 첫 작품에서는 어떤 감정적 표현이 엿보이는, 두꺼운 물감칠로 채색된 구름들의 형태를 볼 수 있다. 이후에 그린 〈구름 위 하늘 IV(*Sky Above Clouds IV*)〉에서는 그녀가 다른 작품들에서 채색했던 방식과 일치하는 좀 더 절제된 붓 터치가 나타나고 구름도 평평하게 칠해져서, 마치 구름들이 질서정연하게 똑바로 앉아 있는 것처럼 보이게 한다**[도판 93]**. 그녀가 언젠가 말했듯이 이 작품 속 구름은 걸어 다닐 수 있을

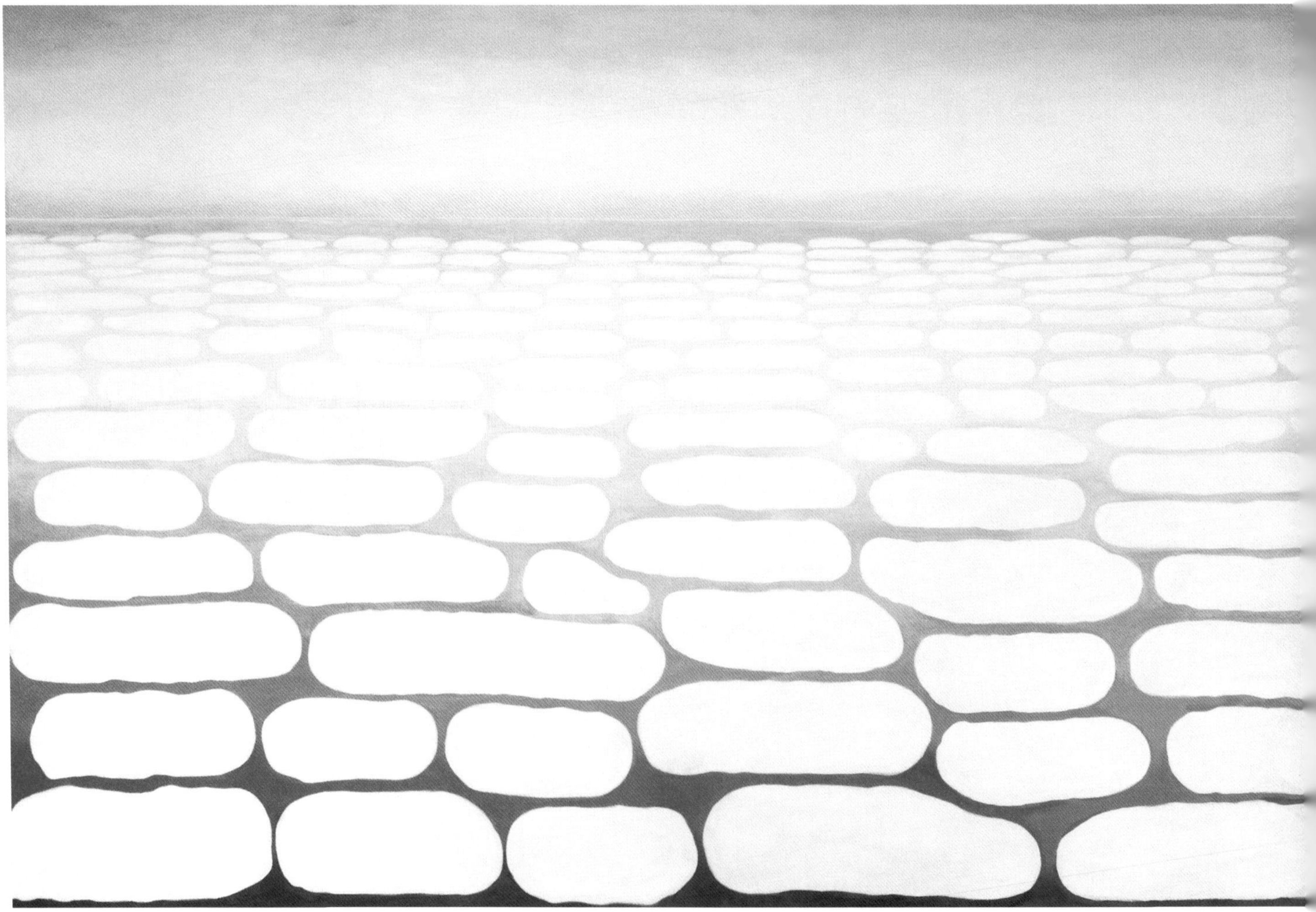

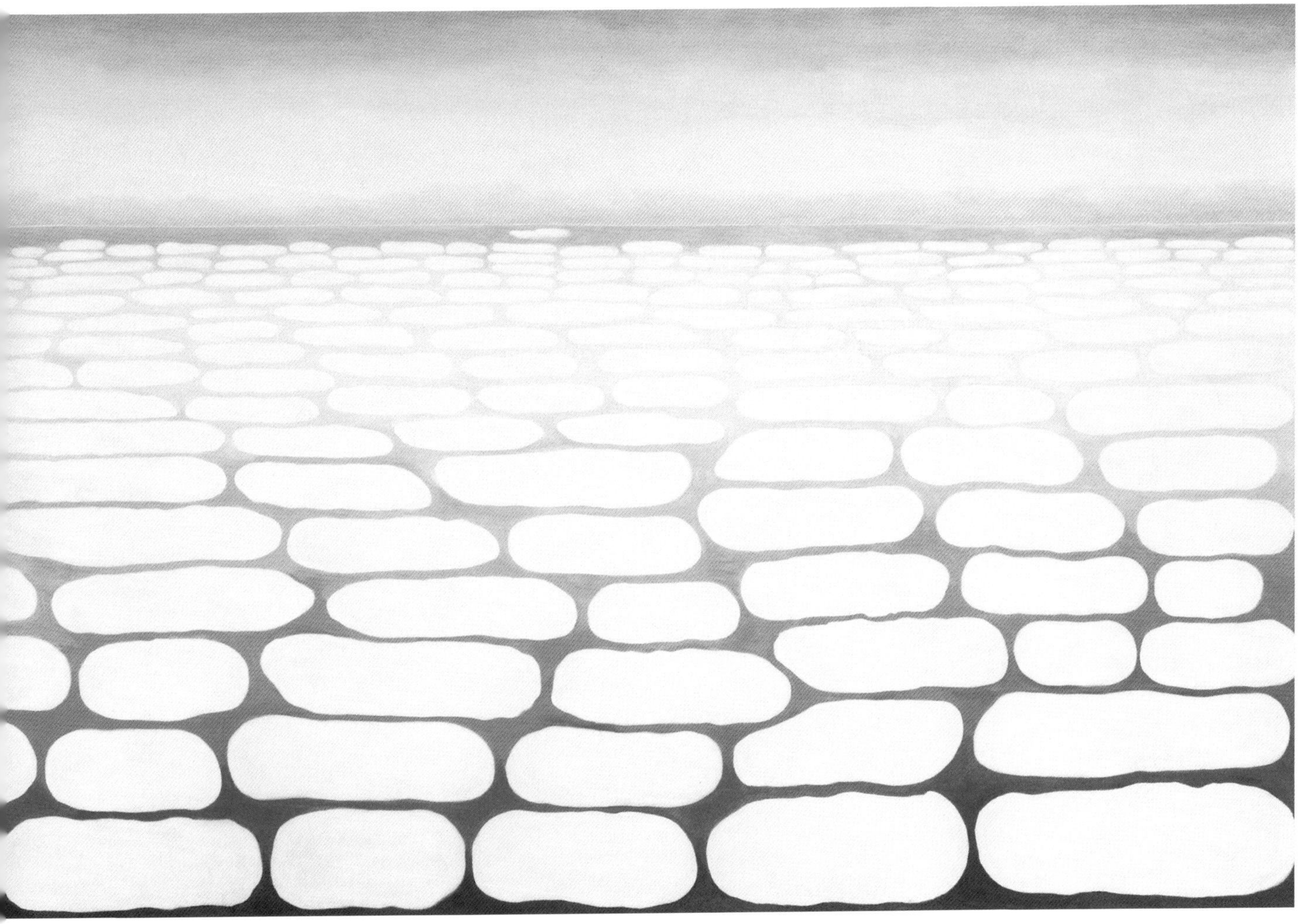

[도판93] 〈구름 위 하늘 IV〉, 1965년, 캔버스에 유채, 243.8 x 731.5cm. 폴과 가브리엘라 로젠바움 재단의 조건부 기증과 조지아 오키프의 기증. 시카고 미술관, 시카고, 일리노이, 미국. [1983.821].

것같은 포석(도로 포장 돌)의 형태를 띠고 있다. 이러한 양식화된 특성은 텍사스 시절 그녀가 그린 〈스페셜 No. 15(*Special No. 15*)〉의 구름 형태를 연상시킨다[도판 22 참조]. 수십 년 후에 작업한 '구름 위 하늘' 시리즈는 종이 위에 작업한 이 초기 작품을 소환한 것이며, 그것들 간의 시각적 유사성은 부인할 수 없다. 둘 간의 주요한 차이는 〈스페셜 No. 15〉가 지상의 풍경으로 중력의 법칙에 근거하고 있는 반면, '구름 위 하늘'은 지상의 어떤 장소나 비행기의 작은 창에서는 볼 수 없는 아주 가벼운 무중력의 하늘 경치를 보여준다는 점이다. 그림을 보면서, 우리는 마치 눈앞에 하늘과 구름의 풍경이 펼쳐져 있는 것처럼 느끼게 된다.

오키프는 늘 시리즈 작업에 열정적이었다. '구름 위 하늘' 연작의 각 버전은 하늘을 묘사하는 데 있어 서로 유사하면서도 다양한 방식을 보여준다. 이 시리즈를 시작할 당시 오키프는 그녀의 다른 작품들과 비슷한 크기의 캔버스를 사용했다. 그러나 시간이 갈수록 자신이 표현하고자 하는 비전과 광대함을 제대로 전달하기 위해 점점 더 큰 캔버스를 사용하게 되었다. 그녀는 전에 양을 기르던 조수 프랭크의 도움으로 730 x 250센티미터 크기의 캔버스까지 확보할 수 있었고, 표면을 부드럽게 만들기 위해 아교칠을 했다. 이 캔버스는 마침내 〈구름 위 하늘 IV〉를 위해 사용되었다. 이렇게 거대한 캔버스에 그리려면 탁자 위에 올라가서 일하거나 의자들을 이리저리 옮겨가며 작업해야 했고, 당시 작업실로 쓰고 있었던 고스트 랜치 집에 있는 차고 스튜디오를 재정비할 필요가 있었다. 그것은 종종 일요일 오전 6시에 시작하여 저녁 늦게까지 계속되는 오랜 시간을 요구하는 엄청나게 힘든 일이었다. 차고 스튜디오에서 그녀는 그림의 진행 상황을 관찰하기 위해 800미터까지 뒤로 물러나서 보곤 했다. 이 작품은 너무 거대해서 아몬 카터 미술관이 텍사스 애머릴로에서 전시회를 열기 위해 운반할 때 특대형 트럭을 보내야만 했다. 훗날, 〈구름 위 하늘 IV〉가 순회 전시회 목록에 포함되어 있었는데 끝내 마지막 목적지인 샌프란시스코 현대미술관까지 운반되지 못했다. 커도 너무 큰 사이즈였다. 대신 시카고 미술관에 보관되었고, 나중에 그곳의 영구 소장품이 되었다.

우아한 콘텐츠와 웅장한 크기를 지닌 이 시리즈는 오키프의 수많은 국내 및 국제적 여정을 정리해 나열한 것이기도 하다. 비행기 창에서 바라본 관점으로 그려진 이 시리즈는 관람자에게 이 여행들의 유형과 특성이 그녀의 작품에 깊은 영향을 주었음을 말해준다. 이 시기는 해외여행이 최우선이 된 작가의 또 다른 삶을 보여준다. 사실 스티글리츠의 사망 이후, 오키프는 멕시코 방문을 시작으로 유럽, 라틴 아메리카, 아시아, 북아프리카 등지로 좀 더 열정적으로 여행을 다녔다. 이러한 많은 여행지로 가는 도중 다양한 비행기의 고도로부터 보이는 풍경들을 보면서, 오키프는 추상화된 풍경들을 그린 섬세한 선 드로잉 작품들을 제작했다. 이것들은 그녀의 미래의 추상적 그림을 예측하게 하는 싹을 보여준다. 오키프는 이런 드로잉 작품들을 바탕으로 푸릇푸릇한 지형이나 혹은 황갈색의 땅 사이로 흐르는 구불구불한 하천의 굴곡진 선을 그렸다. 이런 작품들에서는 추상에 대한 찬미과 항공에서 바라본 시야에 대한 매혹이 함께 표현되어 있다. 한편, 오키프의 하늘 그림은 풍경 그림에 일반적인 수평적 비전이라는 친숙한 방식으로 그려지긴 했지만 땅에 기반한 형태를 보여주지는 않았다.

그녀로서는 그때가 개인적으로 세계를 여행하는 데 있어 최적의 시기였던 것으로 보인다. 국가적으로는 전후의 경제 호황, 출산율의 급증, 냉전의 발흥, 그리고 매카시즘(McCarthyism)의 반공산주의 정치 슬로건이 한창이었다. 사실상, 미국은 이른바 '철의 장막'이라 불리는 정치적 긴장으로 인해 점점 외부로부터 고립주의적으로 되어갔지만, 오키프의 시선은 국경을 초월해 있었고 그 십 년 내내 세계 곳곳을 광범위하게 여행했다. 매번 새로운 여행을 할 때마다 그녀는 방문지에서 브로셔, 지도, 사진 등 잠시 쓰고 버리는 물건들을 수집해 '여행 상자들'에 정리한 후 애비퀴우 집에 보관했다. 그녀의 눈은 항상 주변 환경을 주시했고, 폭포와 산맥에서 건축물에 이르기까지 여행에서 본 모든 것을 자신의 예술작품을 위한 창의적 원천으로 사용했다. 특히 라틴 아메리카와 아시아는 그녀의 창작에 영감을 주었다. 그러나 전 세계를 여행할 때도 뉴멕시코는 여전히 그녀의 본거지였다. 뉴멕시코의 건조한 대지는 그녀가 시야를 넓혀 새로운 지역을 찾았을 때에도 다른 모든 곳에 대한 기준이 되었다. 이렇듯, 오키프의 시야는 언제나 변함없이 이면적이었다. 그녀의 비전은 가까이, 혹은 멀리 향하고 있었고, 어떤 측면에서는 늘 두 가지가 하나로 합쳐져 있었다고 할 수 있다.

정원에서

1950년 말, 아메리칸 플레이스는 스티글리츠가 사망한 후 처음으로 오키프의 작품 전시회를 열었다. 그의 죽음 이후 몇 년간 오키프는 존 마린의 도움으로 아메리칸 플레이스를 계속 운영할 수 있었다. 스티글리츠의 세련된 상술과 화술을 갖지 못했던 오키프는 자신의 작품들을 판매할 때도 그다지 열정적이지 않았다. 남편과 달리 그녀는 화상이 아니었고 또 화상이 되려고 하지도 않았다. 그녀의 본업은 그림을 그리는 것이었다. 그해 기획한 전시회는 1946년과 1950년 사이에 제작한 31점이나 되는 그림이 포함되었음에도 불구하고 거의 주목을 받지 못했다. 미국 예술계는 새로운 문화, 정치, 회화의 시대로 들어섰다. 미술 비평가들은 잭슨 폴록 같은 액션 페인팅(Action Painting) 화가들이나 마크 로스코 등의 색면추상(Color Field Painting) 화가들같이 좀 더 젊은 세대의 예술가들을 선호했다. 바닥에 캔버스를 놓고 몸을 이리저리 움직이며 작업하는 잭슨 폴록의 공연적인 스타일은 전통적으로 그림을 그리는 방식을 뒤집어 엎어버렸고, 마크 로스코의 거대한 스케일의 그림들은 영혼을 울리는 색채 덩어리가 그 특징이었다. 뉴욕 미술계의 저명한 비평가 클레멘트 그린버그는 이러한 새로운 움직임의 대변자이자 새로운 전위미술의 특성인 비재현적인 미술의 철저한 옹호자였다. 그린

버그의 미학 이론의 핵심은 회화에 있어서의 일루저니즘(illusionism)에 대한 경멸이었다. 당시 그린버그를 비롯한 미술 비평가들은 새로운 세대의 미국 예술가들이 세상을 사실적으로 묘사하기 위한 매체로 물감을 사용한 것이 아니라 그저 물감 자체로 다루고 있다고 생각했다. 추상미술은 이러한 새로운 시대의 화가들의 작업과 함께 점점 그 세력을 넓혀 갔는데, 주로 마초적인 주류 남성 예술가들의 활동을 통해 그 인기가 최고조에 달했다. 대신 오키프는 이전 세대를 대표하는 여성 원로 같은 존재였다. 비록 이 무렵 추상미술 운동에 있어서 그녀의 업적이 가리어지긴 했지만, 20세기 중반 뉴욕을 중심으로 한 미국 예술의 초석을 마련한 것은 스티글리츠와 아메리칸 플레이스의 그의 사진 작품 그리고 조지아 오키프였다. 결국 미국의 모더니즘에서의 그녀의 역할은 불과 몇 해 전 뉴욕 현대미술관에서 열린 회고전으로 확고하게 인정받게 되었다.

1950년 무렵 뉴욕 미술계는 성숙 단계에 이르렀지만, 오키프 자신은 뉴욕이라는 도시를 벗어나 새로운 출발을 하기 위해 준비해 왔었다. 이맘때 오키프는 뉴멕시코에 남은 평생을 정착했다. 그리고 그녀가 뉴욕을 떠나게 되자 아메리칸 플레이스는 그녀의 마지막 전시회 「조지아 오키프: 1946~1950년 그림들」을 끝으로 문을 닫았다. 이는 한 시대의 종말이기도 했다. 뉴멕시코에 눌러앉기로 결심한 오키프는 아메리칸 플레이스에서의 마지막 전시회를 계기로 그녀 인생의 한 중대한 시기를 끝낸 것같이 보였다. 동시에 오키프는 스티글리츠의 컬렉션을 정리하는 일을 했다. 스티글리츠의 소장품들을 여러 유명 기관에 적절하게 분산 기증하는 일뿐만 아니라, 정돈이 안 된 상태로 뒤죽박죽 갤러리에 남아 있는 스티글리츠의 기록 문서들을 처리해야 했다. 스티글리츠가 그녀의 그림들에 대한 기록을 다소 엉성하게 처리했기 때문에 이를 다시 정리하는 어려운 작업도 오롯이 오키프의 몫이었다. 도리스 브라이는 그녀가 스티글리츠와 자신의 자료들을 체계적으로 정돈하는 작업을 하고 있었을 때, 소실된 자료를 편집하는 것을 돕기 위해 애비퀴우 집을 두 번씩이나 방문했다. 이는 스티글리츠를 대신하여 그의 작품을 위한 전시회를 열기 위한 것이기도 했다. 이리하여 뉴욕 현대미술관에서의 자신의 회고전을 연 지 겨우 1년 만에 오키프는 알프레드 스티글리츠의 전시회를 개최할 수 있었다. 스위니의 도움으로 1947년 6월 10일에서 9월 21일까지 스티글리츠의 사진전이 열렸던 것이다. 이 전시회에서 스티글리츠의 사진 작품들과 그가 소장했던 미술 작품들이 대중에게 공개되었다.

[도판94] 토드 웹, 모라다, 1957년, 젤라틴 실버 프린트, 24.3 x 19cm, 조지아 오키프 미술관, 산타페, 뉴멕시코, 미국. [2006.6.571].

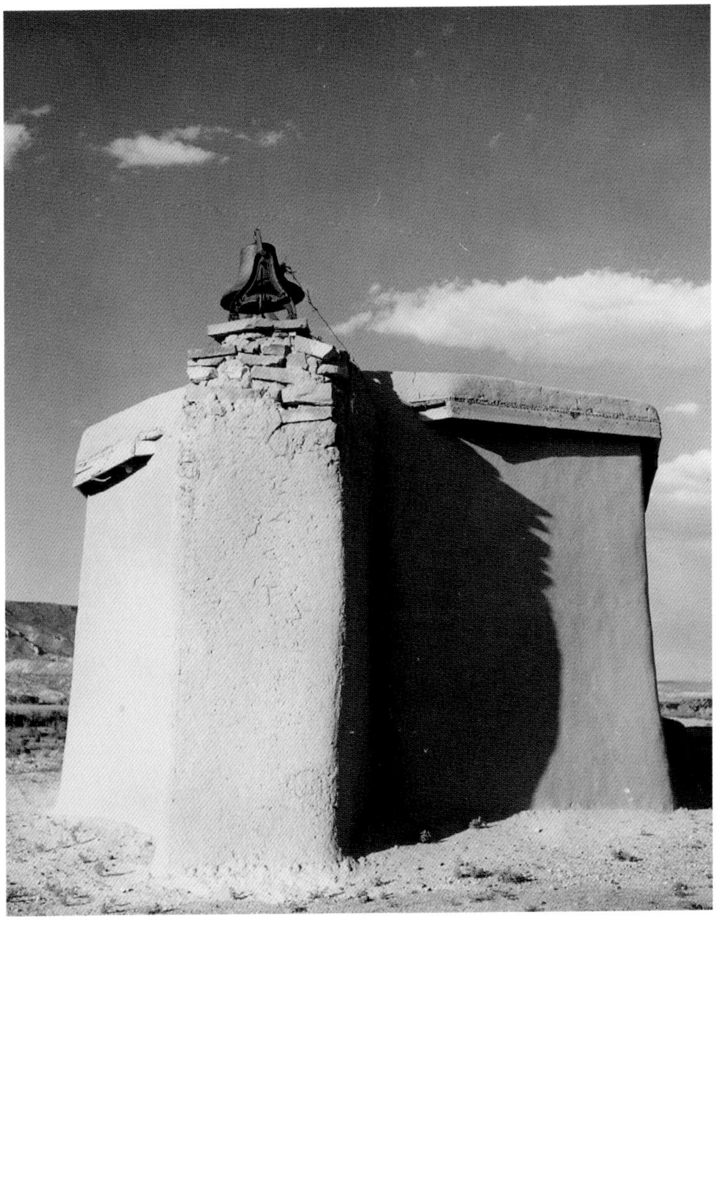

그녀는 애비퀴우와 고스트 랜치 집에 영구 정착하면서 남서부 지역에서 새로운 시대를 시작했다. 이 시기에 그녀는 뉴욕 생활과 스티글리츠와의 관계에서 벗어나 처음으로 뉴멕시코에서 자신의 독립성을 획득할 수 있었다. 오키프는 뉴멕시코의 두 집을 오가며 생활했다. 대체로 가을과 겨울에는 애비퀴우 집에서, 봄과 여름에는 고스트 랜치에서 보냈고, 때로는 계절에 상관없이 규칙적으로 두 집 사이를 왔다갔다했다. 고스트 랜치가 세 명의 소도둑 형제의 죽음에 뿌리를 둔 미신의 역사를 가지고 있는 한편, 애비퀴우는 사랑스러운, 그리고 갈등과 충돌의 지역 역사에 근거를 두고 있다. 애비퀴우는 1750년대, 제니자로(Genízaro) 아메리카 원주민들에게 무상으로 토지 불하된 땅으로서 스페인 총독 토마스 벨레즈 드 카츄핀에 의해 건설되었다. 제니자로 인디언은 스페인 가정의 노예로 일하면서 점차 스페인어를 배우고 가톨릭으로 개종함으로써 원주민 부족의 정체성을 잃어버린 사람들이었다. 북쪽 국경 지역인 뉴스페인의 식민지화 작업을 하던 스페인 사람들의 집에 포로로 잡혀 있었던 탈종족화된 원주민들은 마침내 히스패닉화되었고 북부 뉴멕시코 공동체에 동화되었다. 비록 제니자로 전통의 일부 중요한 자취는 오키프 시대를 훨씬 지나서까지 남아 있었지만 말이다.

애비퀴우는 그 인종 및 민족의 역사가 복잡했고, 이런 측면은 오늘날까지도 여전히 남아 있다. 그러나 오키프에게는 애비퀴우의 집이 자신이 원하는 방식대로 그곳 공동체 사람들과 접촉하는 장소가 되었다. 대체로 그녀는 혼자 지내며, 사람들을 불러 집을 관리하는 것을 돕도록 했다. 그녀의 정원은 일 년 동안 소비할 신선한 과일과 채소를 생산해내는 풍요로운 공간이었다. 그녀는 주요한 먹을거리를 겨울철 몇 달 동안 보관할 수 있는 통조림으로 만들어내는 데 전문가였다. 그러한 풍성한 먹을거리는 마을의 주수로관에 연결되어 그 집을 둘러싸고 있는 어도비 벽을 따라 정원으로 들어오는 관개 시스템 덕분에 얻을 수 있었다. 애비퀴우 집의 담벽은

[도판95] 〈흰독말풀〉, 1936년, 린넨에 유채, 177.8 x 212.1cm. 엘리 릴리 앤 컴퍼니, 인디애나폴리스 미술관, 인디애나폴리스, 인디애나, 미국.

집의 남쪽 고지대에 위치하고 있었는데, 이것은 가옥을 주변 환경으로부터 고립시켜 어느 정도의 고독을 제공하는 동시에 그녀의 정원을 둘러싸 경계선 역할을 했다. 사람들이 제각기 한 주일 중 특정한 요일에 물을 쓸 수 있도록 한 마을의 전통적인 관습으로 볼 때, 오키프는 매주 하루 정원에 물을 댈 수 있었을 것이다. 미술 비평가 헨리 맥브라이드에게 쓴 편지에 그녀는 정원에 물 대는 과정이 어땠는지 신바람이 나서 설명했다. "매주 일요일 아침 일찍 물을 댈 수 있도록 물이 왔어요. 온통 호수가 될 때까지 물이 가득 흘러들어와서, 물을 관리하기 위해 걸을 수 있도록 주변보다 높이 흙을 쌓아 놓은 길이 있는 많은 구획들에 나뉘어 저장되었어요. 어떻게 그렇게 좋은 걸 얻었는지 모르겠어요. 마을의 이른바 선량한 교인들은 평일에 필요한 물을 얻을 수 있다는 것도 말해야겠네요. 내 경우는 외부로부터 온 이방인, 어떤 면에서는 이교도였기 때문에 일요일에 물을 댈 수 있었답니다."[2] 맥브라이드는 당시 넘어져서 머리를 다쳤는데, 평소보다 길게 쓴 이 편지는 그의 기분을 즐겁게 해주기 위한 것이었다. 그녀는 글과 함께 물을 머금은 정원의 모습을 그린 그림 한 점도 보냈다. 오키프는 감정을 내비치지 않고 담담하게 일요일에 물을 대도록 할당된 것은 자신이 비신앙인이기 때문이라고 농담했던 것이다. 열렬한 가톨릭 신자인 애비퀴우 주민들은 특히 사순절 기간 중 길을 행진하고 기도하는 것으로 알려져 있다. 이때 이른바 회개하는 사람들이 지역의 교구 사제단 회의장으로 순례한다. 주민들과 달리, 오키프는 어떤 종교적 성향도 보이지 않았다. 비록 그녀의 애비퀴우 집이 종교적 모임 장소 같은 모습을 보여주지만 말이다**[도판 94]**. 가톨릭 신앙으로 가득 찬 풍경 속에서 그녀는 다만 지붕 꼭대기에 올라앉아 근처에 있는 산토 토마스 교회로부터 울려 퍼지는 노래에 귀를 기울였을 뿐이다. 그들이 예배를 보는 일요일에야 그녀는 비로소 물을 댈 수 있는 권리를 가졌다. 이 정원은 현재도 지역의 고등학교 학생들과 조지아 오키프 미술관의 도움으로 유지되고 있다.

그녀의 정원은 먹을거리에 세심하게 신경을 쓰고 건강한 라이프스타일에 몰두한 예술가의 자부심이었다. 그녀에게 건강한 식재료를 제공하는 것 이상이었던 정원은 또한 자스민, 까치밥나무 덤불, 개나리, 무스카리, 붓꽃, 세이지, 라일락, 개옻나무뿐만 아니라 소나무와 사과, 러시안 올리브와 에셀 나무에 이르기까지 수많은 식물군을 보여주는 휴식의 공간이기도 했다. 접시꽃은 널돌이 깔린 길을 따라 줄지어 피었고, 양귀비는 양상추 밭 사이에서 자태를 뽐냈으며, 양파는 장미 덩굴을 에워싸고 있었고, 민트는 바로 그녀의 문밖에 자라고 있어 쉽게 뽑아 차를 끓여 마실 수 있었다.[3] 여름이 절정에 이를 때면 뱀들이 정원과 도로 주변을 스르르 미끄러져 다니고, 종종 교통사고로 '납작하게 눌린 채' 죽어있기도 했는데 이는 이 지역의 어떤 운전자라도 쉽게 목격하는 장면이었다.[4] 오키프의 집 입구에 가까이 가면 일명 악마의 덫이라고 불리는 흰독말풀이 피어 있어, 이것을 주제로 그린 그녀의 이전 작품 시리즈를 떠오르게 했다. 수년 전에 화장품계의 거물 엘리자베스 아덴이 오키프에게

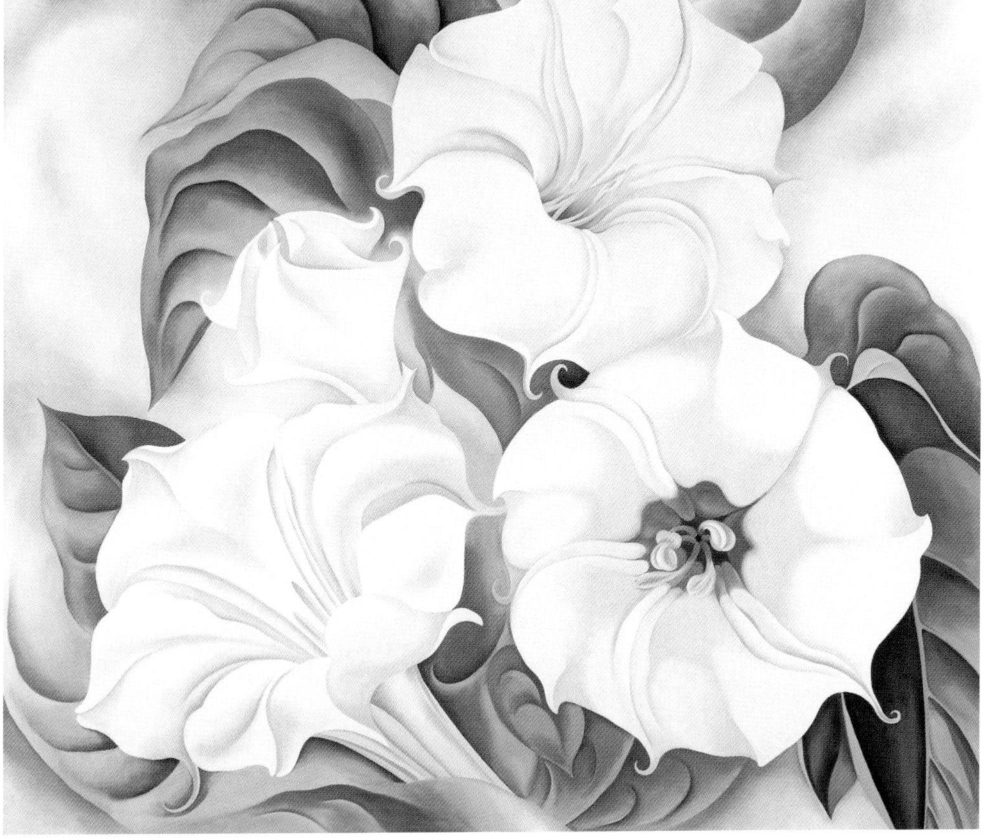

자신의 회사의 뉴욕 스파에 설치할 유명한 꽃 그림을 그려달라고 의뢰했던 것이다[도판 95]. 오키프의 꽃과 식물의 정원은 시각적, 그리고 미식적 즐거움의 진정한 보고를 보여주었다.

사진작가 토드 웹은 애비퀴우의 녹색 나뭇잎 정원의 옥수수 앞에 서 있는 오키프를 찍었는데, 이 사진에서는 옥수수 줄기가 거의 완전히 그녀를 감싸는 것같이 보인다[도판 97]. 오키프는 이전에 옥수수를 그린 적이 있었는데, 뉴멕시코 정원이 아니라 스티글리츠와 함께 자주 가곤 했던 그해 여름, 레이크 조지 정원에서였다.

1924년에 그린 이 그림은 초기의 꽃 이미지 작품과 비슷한데, 절단된 여러 장의 초록색 잎사귀들을 가까이 들여다본 시점으로 그린 것이다[도판 96]. 그녀가 다른 식물들에 대해서 깊은 관심을 가졌듯이, 시간이 지나면서 옥수수가 변하고 꽃을 피우는 과정을 관찰하는 것 역시 무척 좋아했다. 그녀는 레이크 조지를 떠난 지 몇 년 후 뉴멕시코에서 옥수수를 경작하기도 했다. 이 지역에서는 옥수수가 과거 오랫동안 주식이었고 당시에도 여전히 그러

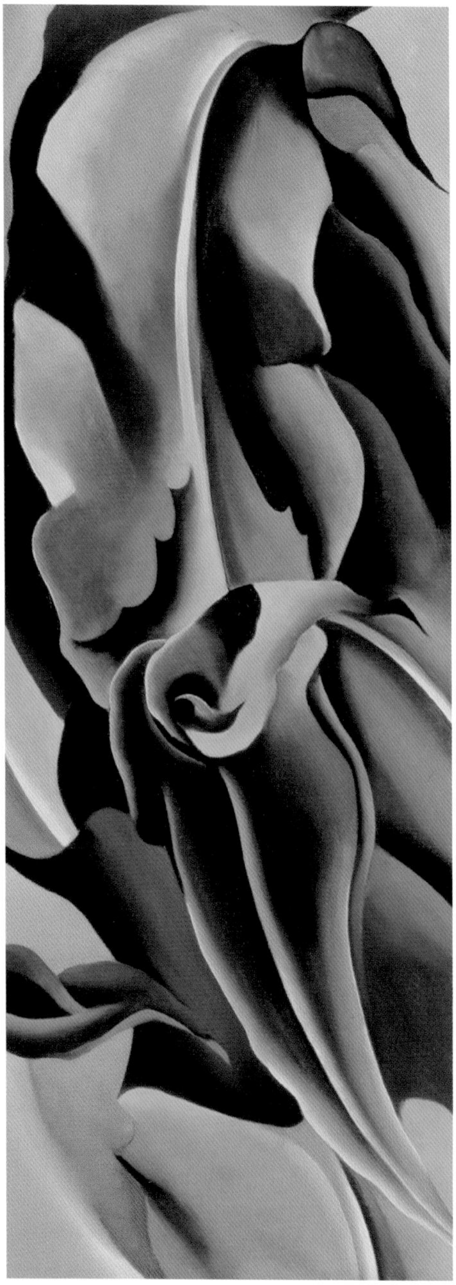

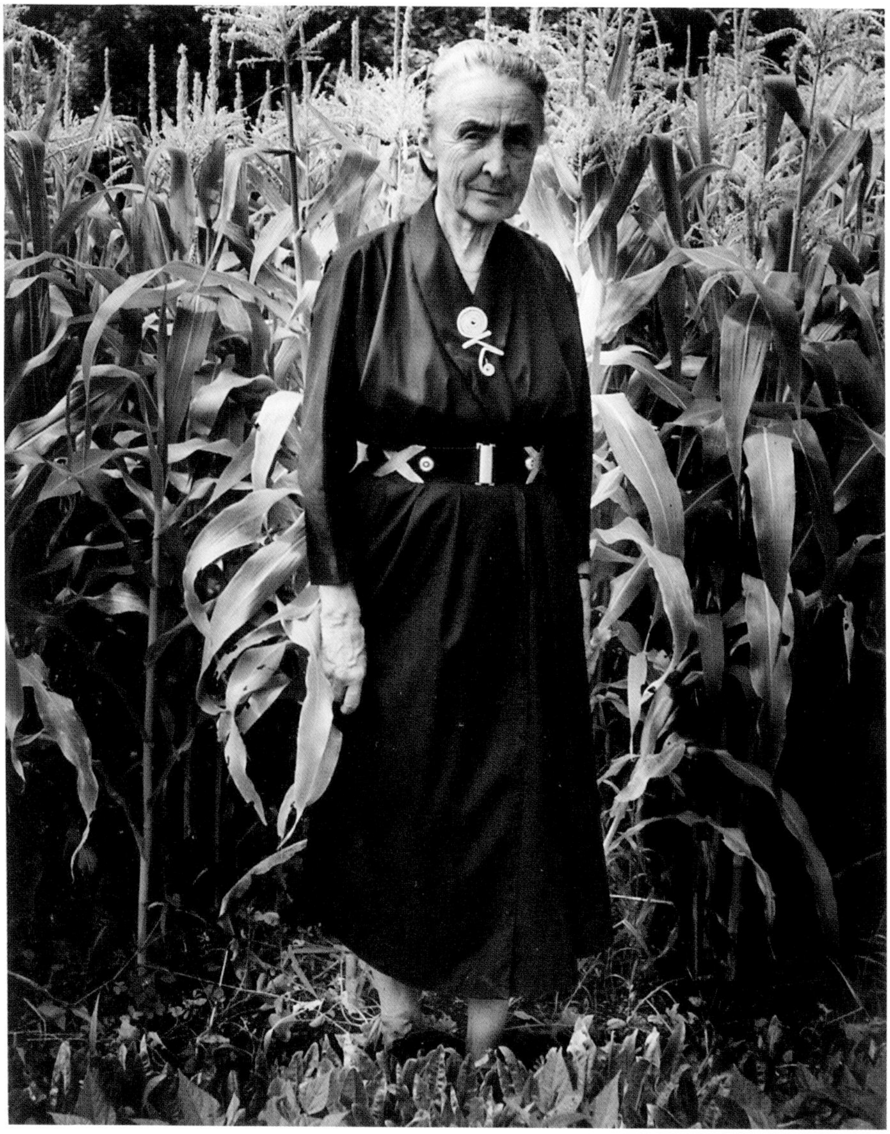

왼쪽 [도판96] 〈옥수수 No. 2〉, 1924년, 캔버스에 유채, 69.2 x 25.4cm, 버넷 재단 및 조지아 오키프 재단 기증, 조지아 오키프 미술관, 산타페, 뉴멕시코, 미국. [1997.04.06].

오른쪽 [도판97] 토드 웹, 애비퀴우 집 옥수수 밭 앞에 서 있는 조지아 오키프, 날짜 미상, 젤라틴 실버 프린트, 24.4 x 19.4cm, 조지아 오키프 미술관, 산타페, 뉴멕시코, 미국. [2006.6.1481].

했다. 옥수수는 콩, 호박과 함께 북미 원주민 공동체의 주요 농작물인 이른바 세 자매(The three sisters) 중 하나다. 그녀는 정원의 옥수수를 배경으로 서서 약간 미소를 띤 채 당당한 표정으로 카메라를 응시하고 있다. 오키프는 검정 랩 드레스를 입고 있는데, 이것은 종종 사진 촬영시 선택하곤 했던 그녀가 가장 좋아했던 옷이었다. 벨트는 멕시코의 타스코시에서 유명한 상점을 운영하고 있는 헥터 아길라가 디자인한 것이다. 이것을 비롯한 많은 사진에서 그녀는 옷깃에 알렉산더 칼더의 황동 핀을 착용했다. 그러나 이 사진 속 제품은 그녀가 인도 여행 때 착용한 은으로 만든 모조품일 수도 있다. 그녀의 검은 실루엣은 배경의 유기적인 형태의 옥수수와 대조를 이룬다. 오키프는 이러한 대비를 너무나 잘 인식하고 있었고, 사진을 찍을 때면 거의 매번 검은색 옷을 입었다. 그녀는 이 특정 디자인의 드레스(그녀의 개인 재단사 캐롤 사르카시안이 연분홍, 연파랑, 벨벳 그린 등 다양한 색상의 버전으로 제작해 1950년대 말 출시한 니먼 마커스 랩 드레스)를 색상별로 20여 벌이 넘게 가지고 있었다. 그러나 오키프는 다른 어떤 색상보다도 검정이 더 밝은 배경과 시각적인 조화를 이룬다는 것을 알고 있었다. 무엇보다도 이런 독특한 패션스타일은 그녀 자신이 만든 페르소나, 혹은 자신감과 관련이 있었다. 그녀는 일찍이 스티글리츠에게서 어떻게 포즈를 잡아야 하는지 배운 바가 있었지만, 시간이 흐를수록 사진에서 온전히 그녀 자신의 개성 그대로를 표현할 수 있게 되었다.

다른 사진들은 오키프가 자신의 정원에서 보와 치아라고 애정 어린 이름을 지어 준 털이 복슬복슬한 차우차우종 애완견들과 함께 앉아 있는 모습을 보여준다. 이후 몇 년 동안 계속 그녀는 같은 품종의 개를 길렀는데 그 개의 사나움을 좋아했다. 대개는 카메라 앞에서 신중히 고른 의상을 입고 포즈를 취했던 오키프의 다른 사진들과는 달리, 이 사진에서는 그다지 특별하다 할만한 것이 보이지 않는다**[도판 98]**. 사진작가 존 로엔가드는 어떤 특별한 모습 대신 마리메코 브랜드의 드레스를 입고 차우차우 애완견의 털을 빗질하고 있는 평범한 일상생활 속 예술가를 포착했다. 벨트를 하지 않은 둥근 하이넥에 스리쿼터 슬리브의 긴 셔츠 스타일의 마리메코 드레스는 편안하면서도 밝은 색상의 꽃 또는 줄무늬 패턴이 특징으로, 당시 유행보다 한발 앞선 것이었다. 오키프는 정원을 돌보고 집안을 자유롭게 돌아다니는 데 아주 편한 마리메코 브랜드 옷에 애정을 가지고 있었다. 그 옷들에는 또 큼지막한 직사각형의 주머니들이 있어 때때로 그녀가 주운 작은 돌 같은 잡동사니들을 넣을 수

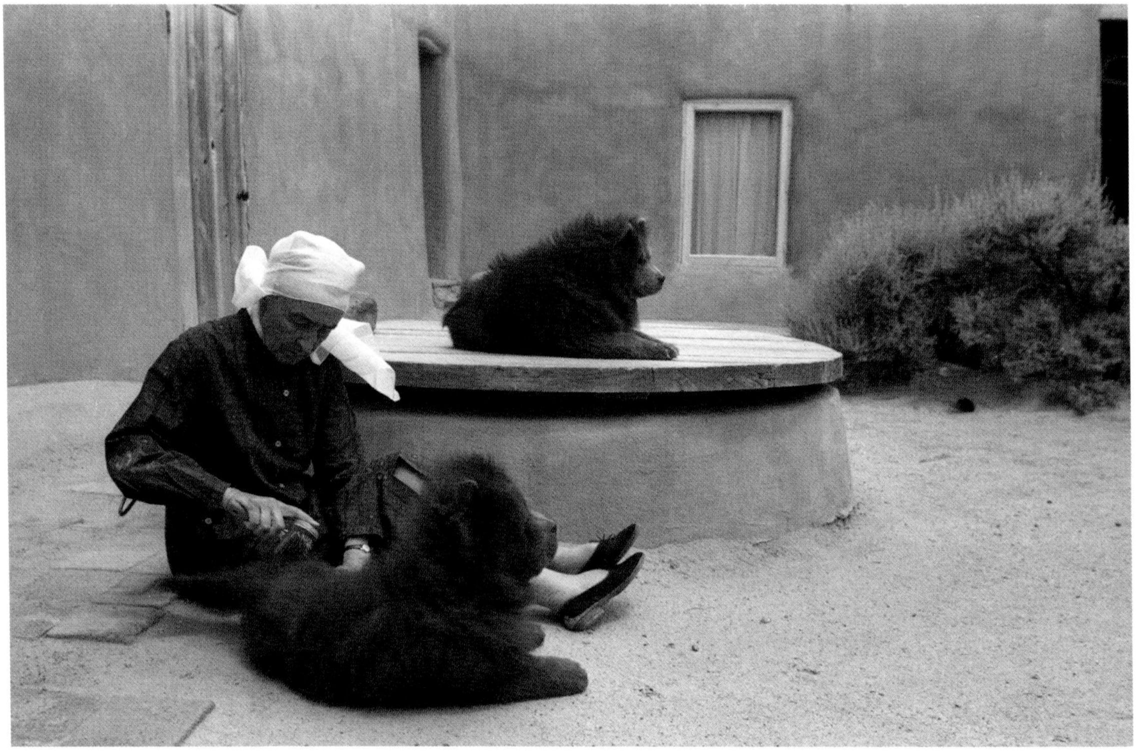

[도판98] 차우차우 애완견 보와 치아의 털을 빗질하고 있는 조지아, 1966년.

있었기 때문에 아주 좋아했다.[5] 그녀의 그림 연작처럼 오키프의 옷이나 심지어 신발 역시 시리즈로 연결되어 있었다. 그녀는 종종 같은 디자인의 제품을 색상별로 소유하고 있었던 것이다. 오키프는 어떤 특정한 실루엣에 마음이 끌리면, 니먼 마커스 랩 드레스의 경우에 그랬듯이 재단사에게 같은 디자인을 다른 색상으로 다시 만들어달라고 주문했다. 집을 칠하고 꾸미는 데 있어서의 오키프의 개인적 취향은 그녀의 전반적인 미학 체계와 깔끔하게 조화를 이루었다. 특히, 색상과 기능에 대해 무척 신경을 쓰며 항상 단순하고 깔끔한 선에 이끌렸던 오키프는 자신이 가장 소중하게 여기는 삶의 면면을 스스로 기획하는 일종의 큐레이터였다.

'먼 곳'에서의 전후 미국

오키프는 시종 뉴멕시코를 고립된 '먼 곳'으로 생각하면서, 자신의 뉴멕시코 집들을 휴식과 창의적인 생산의 공간으로 만들었다. 그러나 이 '먼 곳'에서조차 전후 논리가 영향을 주었는데, 아마도 로스앨러모스 국립연구소가 고스트 랜치와 애비퀴우 집 가까이 있었기 때문에 다른 곳보다 훨씬 더 그러했을 것이다. 그녀의 서재는 이 시대와 그것이 그녀의 삶에 미친 영향에 대한 많은 정보를 제공한다. 그녀는 핵확산의 잠재적 영향과 관련된 주제를 다루는 과학 교양 잡지 『핵과학자 회보』 여러 권을 가지고 있었다. 1945년, 맨해튼 프로젝트를 주도한 과학자들에 의해 만들어진 이 잡지는 처음에는 주로 전 세계의 핵에너지 통제에 대한 토론이 지배적이었다. 미국은 과학자들의 핵 군축 주장에 동조하여 UN 핵에너지 위원회 같은 국제적인 기구를 통해 소련의 핵에너지 사용을 제재하려고 노력했다. 또한, 제2차 세계대전 이후 미국 대통령 트루먼은 국내외의 소비에트 사상, 특히 공산주의의 확산을 억제하기 위한 봉쇄정책을 내놓았다. 오키프는 이러한 국내적, 국제적 관심사들에 대해 예리하게 인식하고 있었음에 틀림없다. 대부분의 미국인들은 소비에트 연맹을 약화하기 위한 노골적인 정치선전 프로그램에 노출되어 있었다. 무엇보다도 오키프를 비롯해 거의 모든 사람들이 핵확산의 가능성에 대해 염려하고 있었다. 그녀는 서재에 심지어 1950년에 발행한 『핵무기의 영향—로스앨러모스 국립연구소 지휘하에 미 국방부와 미 원자력위원회 협업』을 가지고 있었다. 뿐만 아니라, 오키프는 로버트 오펜하이머가 1940년대 후반에서 1950년대 초반 사이에 강의한 것을 모아놓은 『오픈 마인드』도 한 권 소장했다. 맨해튼 프로젝트가 진행되는 도중 오펜하이머는 다른 이름으로 가장하여 자신의 정체를 사람들에게 노출시키지는 않았지만, 분명히 오키프는 고스트 랜치를 자주 방문하곤 했던 그와 접촉했을 것이다. 그는 세계 최초의 원자 폭탄을 폭발시키는 데 참여한 물리학자이지만, 나중에 나가사키와 히로시마 원폭 투하를 목격한 후 강력한 핵무기 반대론자가 되었다. 오키프가 이런 출판물들을 소장했다는 사실은 당시 핵전쟁에 대한 논의들이 얼마나 편재했는지 그리고 잠재적인 핵전쟁에 대한 공포가 얼마나 현실적이었는지 강력하게 상기시킨다. 1951년에는 『파퓰러 사이언스』 같은 잡지들이 사설 핵방공호를 건설하는 방법에 대한 메뉴얼 서적을 출판할 정도로 당시 소련을 적대시하는 미국의 프로파간다가 널리 퍼져 있었다. 마침내 연방민방위국을 포함한 정부 기관들이 미국 가정 내의 방공호 건설을 적극적으로 장려하기 시작하면서 '방공호 열광' 현상이 심화되었다. 아이젠하워 정부 말기에 다시 한번 개인적인 보호 시설에 대한 긴박함이 일어났고 이는 케네디 정부까지 이어졌다. 오키프도 이러한 담론에 압박감을 느꼈음에 틀림없다. 그래서 1959년과 1960년 사이 어느 시기에 애비퀴우 집에 지하 대피소를 지었다. 1960년 무렵 미국의 2,000가구당 한 가구가 집안에 보호소를 건설했다고 한다[도판 68 참조]. 비록 전후 인구 증가에 비추어볼 때 대피소를 지은 가구 수는 상대적으로 적지만, '방공호 열광'은 여전히 강력했고, 특히 쿠바 미사일 위기 이후에는 더욱 심각해졌다.

맨해튼 프로젝트와 참여 과학자들은 이 지역 주민들과 국민 전체의 심리를 장악하고 있었다. 오키프는 '비밀 도시'의 과학자들과 알고 지냈으며, 로스앨러모스 연구소가 원자 폭탄을 개발했다는 것이 대중에게 공개된 이후에도 몇 년 동안 연락을 계속했다. 오랜 세월 동안 오키프는 로스앨러모스의 핵물리학자 루이스 로젠과 그의 아내 메리와 편지를 주고받았다. 로젠은 맨하튼 프로젝트에 참여했을 뿐 아니라 이후에도 계속 그 연구소에서 일했다. 후에, 그는 '로스 앨러모스 중성자 과학센터(LANSCE)'를 설립하여 세계에서 가장 강력한 '입자 가속기', 즉 중간자 가속기를 건설했다. 1985년대 초반 로젠은 그의 지휘하에 1985년까지 진행되고 있었던 이른바 '언덕의 프로젝트' 건설 현장에 오키프를 초대하기도 했다.

여행, 그리고 비행기에서 본 풍경

뉴멕시코로 영구 이주한 오키프는 1951년 봄, 타오스에서 살고 작업했던 저널리스트 윌러드 '스퍼드' 존슨(1934년에 그는 뉴멕시코에서 레이크 조지까지의 오키프의 드라이브 여행에 동반했다)과 사진작가 엘리엇 포터, 그리고 그의 아내 얼라인과 함께 멕시코까지 가는 장거리 자동차 여행을 기점으로 하여 이후, 국경을 넘나들며 거침없이 이곳저곳 여행하기 시작했다. 멕시코 시티에서 그녀는 디에고 리베라와 그의 아내 프리다 칼로를 만나 시간을 함께 보냈는데, 이 두 사람은 오키프가 이미 20년 전에 만났던 예술가들이었다. 리베라의 당시 프로젝트에 관심을 가진 오키프는 멕시코 벽화가는 '이토록 거대한 규모로 훌륭하고 오래된 식민지 시대의 당당하게 아름다운 건물들에 관하여 멕시코의 역사를 쓰고 있다'고 기록했다. 그녀는 '당신은 그것을 좋아하든 싫어하든지 간에 무시할 수 없다' 왜냐하면 '그는 멕시코 사람들과 그들의 생산품에 그리고 그들의 풍경에 대해 하나의 이야기로 말하기 때문'이라고 덧붙였다. 그녀가 보았었던 '남자들(boys)' 즉, 리베라뿐만 아니라 호세클레멘테 오로스코, 다비드 알파로 시케이로스를 계속해서 주목했었다. 그들은 유럽인의 아메리카 식민지화 이전의 멕시코인의 뿌리를 찾으려는 인디헤니스모(인디오에 관한 민족학)을 주창하여 1920년대와 1930년대 명성을 얻은 세 명의 저명한 멕시코 벽화가이다. 비록 오키프는 리베라의 초기 작품들은 높이 평가했지만, 20세기 중반 그녀가 방문했을 당시에는 그가 창조한 것은 단지 멕시코의 토착적 특성을 표현했다는 점에서만 의미가 있다고 생각했다.[6] 오키프는 또한 이때 호세 미구엘 코바루비아스와 그의 아내 로사와 함께 시간을 보냈다. 그녀는 리베라를 알기 전보다 먼저 뉴멕시코에 처음 갔을 때인 1929년 그들 부부를 만났다. 이 부부는 한때 후원자 메이블 도지 루한의 타오스 집을 방문했던 유명인사였다. 저명한 풍자만화가였던 미구엘 코바루비아스는 같은 해 여름 『뉴요커』 잡지에 오키프의 캐리커처를 그리기도 했다. 그는 인류학과 극장 디자인까지 독학으로 배운 박식한 사람이었다. 유머와 진중함을 모두 지닌 코바루비아스는 각진 선을 통해 오키프를 '백합의 성모' 버전으로 그렸는데, 그녀와 가장 어울리는 꽃인 백합을 들고 있는 오키프를 금욕적이면서도 거만한 분위기로 묘사했다. 그녀는 이 부부와 계속 연락을 하고 지냈고, 그녀의 서재에 코바루비아스가 쓴 수많은 민족지학(ethnography) 관련 책들도 가지고 있었다. 오키프가 코바루비아스에게 방문한 지 얼마 지나지 않아, 그는 세상을 떠났다.

돌아왔을 때 지쳐 있었지만, 그녀는 오래도록 휴식을 취하지 않고 다시 길을 떠났다. 짧은 여행은 이후 10년 이상 계속된 새로운 여행길의 시작이었으며 더 중요한 사실은 미국을 벗어나게 되었다는 것이다. 이제는 예전처럼 스티글리츠를 위해 일 년 중 반을 뉴욕으로 가서 시간을 보낼 필요 없었고, 알려지지 않은 지역들을 탐험하고 다닐 더 많은 시간적 여유를 누릴 수 있었다. 멕시코 시티로의 장거리 자동차 여행을 하자마자 오키프는 동료 예술가 메리 캘러리와 함께 유럽으로 가는 배에 올랐다. 유럽에 머무는 동안 이들은 자동차로 브리타니, 파리, 그리고 마드리드를 여행했다. 군 공병부대가 차마강의 댐공사를 시작하여 고스트 랜치의 약 2천 1백만 제곱미터에 달하는 땅을 호수로 만든 해였던 1956년, 오키프는 남아메리카로 떠나 페루에서 3개월을 지냈다. 애비퀴우 댐은 수많은 현지인 인부들의 노동으로 1963년(이 무렵 아서 팩은 고스트 랜치의 그의 지분을 장로교회에 기부했다)에 가서야 공사가 끝났고, 공사 이후 오키프에게 아주 익숙했던 풍경인 날카로운 갈색 메사 지형은 옥색의 고요한 인공호수를 가진 완만한 모습으로 변모했다.

고스트 랜치 집 주변의 자연 환경이 역사상 가장 큰 변화를 겪고 있을 때, 오키프는 그곳에서 멀리 떨어져 푸르른 땅, 황량한 사막, 대부분 구름이 낀 페루의 풍요로운 계곡을 여행하고 있었다. 그녀는 이 낯선 풍경에 대해 말하고 썼다. "고대 잉카인을 비롯한 고대인들 그리고 당시의 멋진 정치에는 항상 반 정도만 현실적인 신비로움이 있어요. 그것은 너무 환상적이어서 정말로 믿기 어렵네요."[7] 페루의 과거는 오랜 세월의 사회적 불균형에 저항해 봉기한 소작농과 농민들의 농촌 밖으로의 이주로 인해 정치적으로 불안정한 현재와 상충하는 것처럼 보였다. 당시 페루는 여행자에 불과했던 오키프조차 그곳 정치적 상황에 대해 언급할 정도로 모든 게 심각했다.

3월에서 6월 사이, 오키프는 그 옛날 잉카 통치자 파차쿠티가 휴가를 즐겼던 마추픽추 꼭대

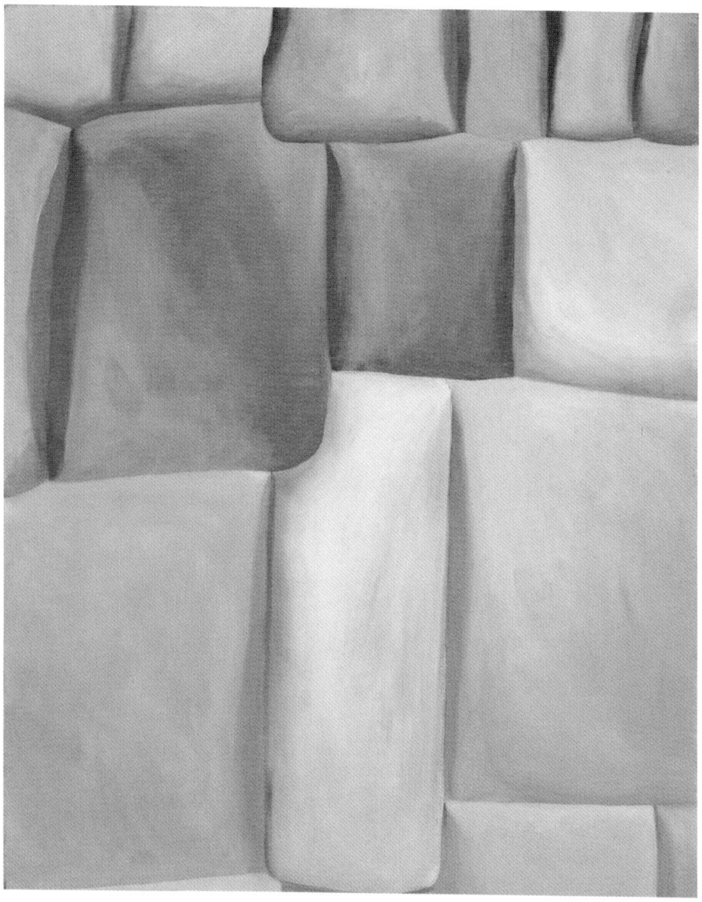

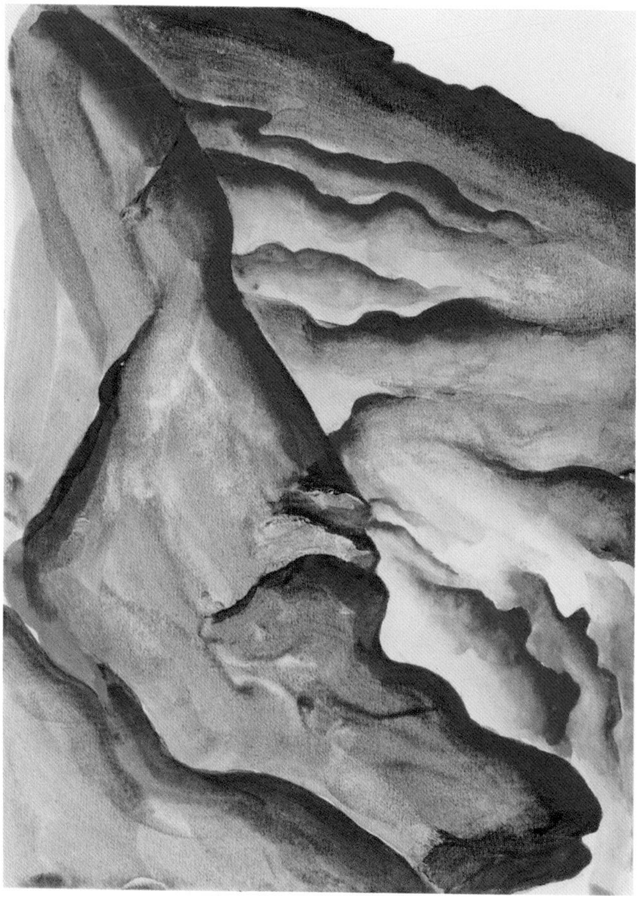

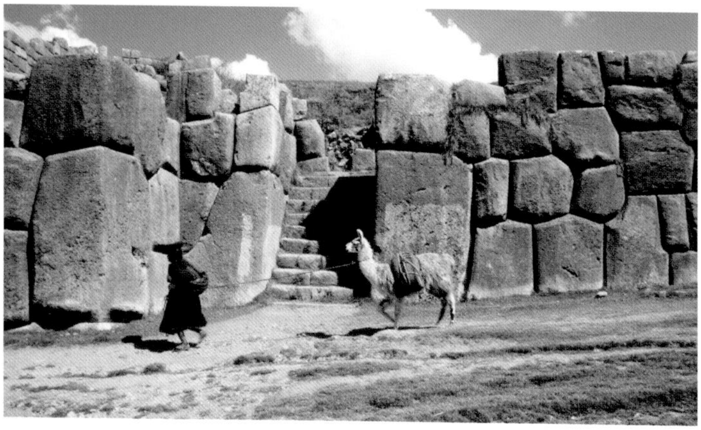

왼쪽 [도판99] 〈무제(삭사이우아만)〉, 1957년, 캔버스에 유채, 50.8 x 40.8cm, 조지아 오키프 재단 기증, 조지아 오키프 미술관, 산타페, 뉴멕시코, 미국, [2006.05.259].

오른쪽 [도반100] 〈페루 풍경〉, 1956/1957년, 종이 위에 수채 물감, 28.6 x 22.2cm, 유진, 클레어 서 부부 기증, 조지아 오키프 미술관, 산타페, 뉴멕시코, 미국, [1998.02.01].

왼쪽 아래 [도판101] 삭사이우아만은 위대한 잉카제국의 도시 쿠스코를 방어하기 위해 축조된 요새였다.

기까지 올라갔고, 잉카제국의 수도이자 도시를 방어하기 위해 돌로 만든 요새 삭사이우아만 유적지가 있는 쿠스코를 방문했다**[도판 101]**. 삭사이우아만 요새는 거대한 뱀처럼 굽이치듯 풍경을 가로지르며 도시 외곽을 둘러싸고 있다. 모르타르를 쓰지 않고 큰 돌덩어리들을 정교하고 촘촘히 포개 쌓은 삭사이우아만 요새의 색채와 형태는 예술가를 매혹시켰고, 이에 영감을 받은 오키프는 자신의 그림을 통해 커다란 돌들이 불규칙하게 서로 켜켜이 쌓아 올려진 패턴을 실험하기도 했다**[도판 99]**. 작품 속 장벽 묘사는 첫눈에도 오키프의 추상 작품 중 하나와 비슷해 보인다. 수평선이나 그 공간적 규모를 가늠할만한 어떤 풍경 묘사도 없는 이 그림은 잎에 서 있는 누구라도 난장이로 만들어버리는 거대한 요새를 겨우 너비 61센티미터, 높이 46센티미터의 매우 작은 크기로 축소했다. 이러한 아담한 사이즈로 표현된 장벽은 이제 보는 이를 압도하는 대신 사람들과 시선을 마주한다. 오키프는 이 요새 주제를 그동안 그림을 위한 예비 단계로 제작하곤 했던 연필 스케치를 비롯해 수많은 유화와 수채화 작품으로 제작했다**[도판 100]**.

피델 카스트로가 쿠바의 독재자 풀헨시오 바티스타를 타도한 1950년대 말경, 오키프는 이번에는 일본, 홍콩, 인도, 싱가포르, 동남아시아, 이집트, 이란, 시리아, 이스라엘, 로마, 샌프란시스코에 이르는 광범위한 지역을 여행하기 시작했다. 당시 그녀는 72세였다. 이 여행이 영감을 준 작품들은 어떻게 그릴 것인지에 대해 또 다른 시점을 제공했던 항공기 여행에서 얻은 감각에 훨씬 덜 의존하고 있다. 그녀는 자신의 여행에 대해 관찰하고 글로 남겼다. "나는 최근 수없이 비행기를 타고 다니며 엄청나게 많은 사막과 멋진 강들을 유심히 관찰했어요. 강들은 실제로 눈앞에 갑자기 나타나서 다가오는 것처럼 보입니다." 실제로 항공기 실내 좌석에서 오키프가 보았던 강들은 그녀의 추상 작품들의 기초가 되었다. 그러나 오키프가 보기에는 '이러한 그림들에는 추상적인 어떤 것도 없었다' 그녀는 "그것들은 내가 본 것들이었으며 또 나에게는 매우 사실적인 것이었어요. 나는 내 작품에서 그 고유한 색채를 임의로 변화시키기는 했지만, 비행기 창으로부터 밖을 내다볼 때 당신 역시 원하는 만큼 수없이 다채로운 색상을 볼 수 있을 것입니다."[8]라고 말했다. 그녀의 작품 〈옅은 색 강에서(*From the River — Pale*)〉는 항공기에서 본 비전을 보여주는데, 구불구불한 나무뿌리로도 오인될 수 있는 뱀같이 꿈틀거리는 강물의 흐름을 그리고 있다**[도판 102]**. 그림의 수직적 방향성은 강이 평평한 바닥에 흐르며 저 멀리 희미해져 가는 것이 아니라 관람자의 눈앞에 떡하니 나타나서 현실적인 공간 감각을 혼란스럽게 만든다. 사실 조감도는 이 긴 여행을 떠나기 훨씬 전부터 오키프의 상상력을 사로잡고 있었다. 실제로 그녀는 일찍이 1941년 무렵, 고도가 높은 곳에서 땅을 내려다보았을 때 느낀 매혹에 대해 다음과 같이 쓴 바 있다.

"누군가가 자신이 살고 있는 세상의 저 높은 곳에 올라 아래를 내려다본다는 것은 너무나 멋진 경험입니다. 나의 시선은 리오그란데의 산맥들, 그 다음에는 강들의 패턴, 능선, 도로, 들판, 물웅덩이, 젖은 땅과 메마른 땅, 작은 호수, 어떤 갈색의 패턴을 따라 죽 움직이다가 잠시 후 직각으로, 혹은 비스듬히 몇 개의 곡선 형태와 많은 호수를 가진 다채로운 초록색들과 멋진 갈색들을 띠는 매혹적이고 차분한 애머릴로 시골 지역의 모습을 봅니다. 그것은 멋진 러그 패턴과 같이 아름답고 환상적으로 보입니다. 마치 추상 회화 같아요."[9]

흥미롭게도 높은 고도에서 본 풍경에 영감을 받은 그녀는 일련의 새롭고 참신한 패턴을 창조할 수 있었다. 그녀가 위에서 내려다본 것은 러그 무늬와 다르지 않은 이미지, 즉 추상 회화로 이어졌던 것이다. 이후 높은 곳에서 강을 본 시점으로 그려진 그림들은 이러한 언급을 뒷받침한다. 마치 앞으로 풍경을 추상으로 변형시키게 될 것을 예언이나 한 것처럼 말이다. 그러나 정작 오키프 자신은

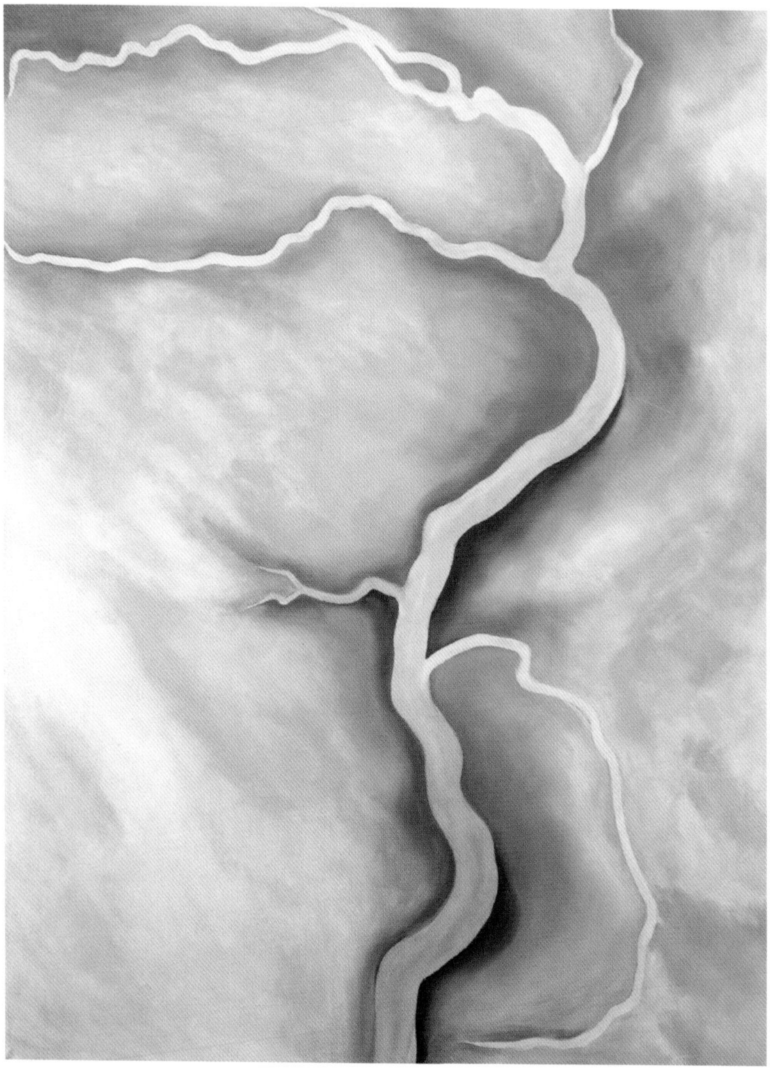

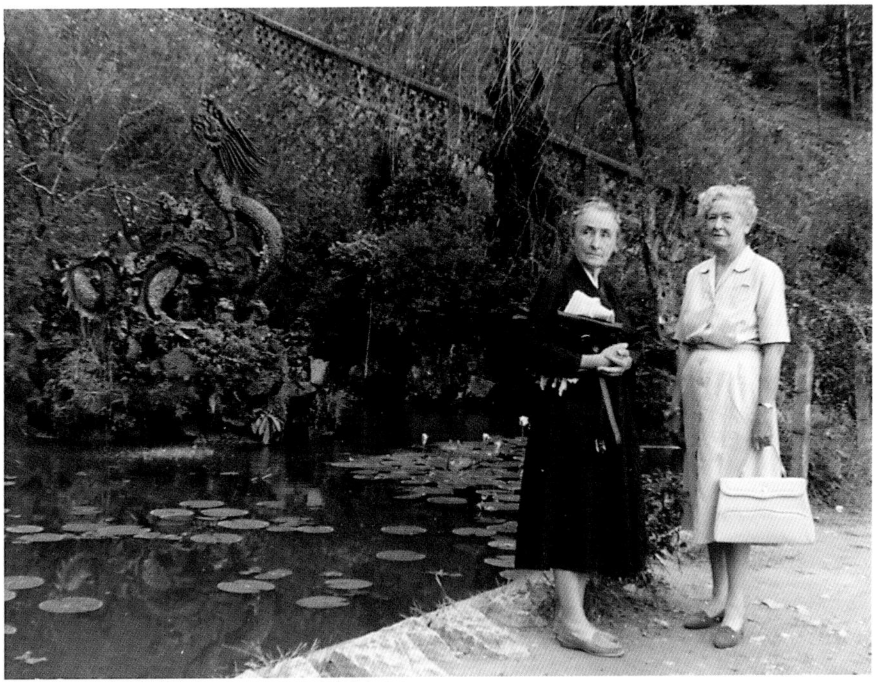

맞은편 [도판102] 〈옅은 색 강에서〉, 1959년, 캔버스에 유채, 105.4 x 79.7cm. 조지아 오키프 재단 기증. 조지아 오키프 미술관, 산타페, 뉴멕시코, 미국. [2006.05.280].

오른쪽 [도판103] 사진작가 미상, 아시아 여행 중인 조지아와 헬렌 우드러프, 1959년, 젤라틴 실버 프린트, 8.9 x 12.3cm. 조지아 오키프 미술관, 산타페, 뉴멕시코, 미국. [2006.6.0118].

그러한 추상적 풍경들이 사실주의적이라고 생각했다.

이듬해 오키프는 매사추세츠에서 열린 전시회를 마친 후 다시 아시아에 갔다**[도판 103]**. 그 전시회는 다니엘 캐턴 리치의 도움으로 우스터 미술관에서 10월에 열린 「조지아 오키프: 40년간의 예술」전이었다. 리치는 이전에 시카고 미술관에서 일할 때인 1943년에도 오키프의 회고전을 기획한 바 있다. 개막식에 참석한 후 바로, 오키프는 여동생 애니타와 함께 샌프란시스코를 경유해 캄보디아로 가는 두 번째 아시아 여행을 떠났다. 그녀는 일본, 대만, 홍콩, 사이공, 방콕, 피지, 타히티, 한국, 필리핀, 그리고 호놀룰루 등지를 여행했다. 이 여행에서 돌아와서 오키프는 후지산의 풍경을 그렸다**[도판 104]**. 매우 비사실적으로 묘사된 산은 후지산의 특징이라고 할 수 있는 눈 덮인 산꼭대기마저 표현되지 않은 가장 단순한 형태로 축약되었다. 이른 아침이나 밤에 그렇게 보일 법한 은은한 핑크빛 속에 평온하게 자리를 잡은 산은 순수한 흰색으로 표현되어 있고, 밑의 옅은 회색의 띠는 땅과 하늘을 구분해준다. 이 산은 꿈 같은 솜사탕 색깔로 채색되어 있지만 분명히 감상적이지는 않다. 이 그림은 그녀의 여행을 추억하기 위한 일종의 기념으로 그려진 것이지만, 다른 작품들과 마찬가지로 이것 또한 오키프가 여행지의 객관적 특성과는 다른 어떤 것으로 변형시킨 추상적 풍경의 모습이었다.

후지산을 그린 작품은 오키프가 아주 좋아하고 자주 그리곤 했던 또 다른 랜드마크인 페데르날을 소재로 한 그림들과도 별반 다르지 않았다**[도판 70]**. 그녀는 페데르날에 집착했고, 그 주변의 자연 풍광을 그리곤 했으며 때로는 그 형상을 추상화하기도 했다. 아마도 후지산은 훨씬 거대하고 경사도에 있어서도 더 가파르겠지만 그 특징적인 실루엣과 약간 편편한 꼭대기 부분 때문에 페데르날을 연상시켰을 것이다. 리치가 「조지아 오키프: 40년간의 예술」 전시회 카탈로그에서 언급했듯이, 지난 몇 년간의 오키프의 작품들은 여행을 추억하면서 그린 것들이었다.[10] 현장에서 그린 스케치들을 참고로 하기도 했고 순전히 기억에 의존해 나중에 그리기도 했다. 스스로는 자신의 작품들이 사실주의적이라고 생각했지만, 오키프는 사물의 외적인 특성에 대한 직접적인 관찰보다는 그 안의 고요한 정서를 표현하는 데 더 관심이 있었다. 후지산을 그린 그림에서도 그러했고, 이후에 그려진 구름 그림을 포함한 그녀의 다른 작품들, 그리고 스티글리츠의 암실 문과 같이 그녀의 삶 초기에 중요했던 주제들을 기억을 더듬어 1957년 다시 그린 그림들, 텍사스 캐니언에 사는 동안 제작한 이전 작품의 제목을 따온 〈평원으로부터 II(*From the Plains*)〉(1954)에서도 마찬가지였다. 시간이 지남에 따라 그녀는 꾸준히 옛 풍경 작품을 인용하고 항상 과거의 작품들을 참조하면서, 어떤 특정한 작품들 사이의 내적인 대화를 시도했다.

[도판104] 〈무제(후지산)〉, 1960년, 캔버스에 유채, 25.4 x 45.7cm, 제럴드, 캐슬린 피터스 부부 기증, 조지아 오키프 미술관, 산타페, 뉴멕시코, 미국. [1996.02.01].

오키프는 늘 국내 여행을 우선시했지만 1960년대 무렵에는 완전히 세계 여행자에 가까웠다. 1961년 가을, 그녀는 유타주 남부에 위치한 글렌 캐니언에 갈 때 사진작가 토드 웹, 엘리엇 포터과 동행했고, 이때 도리스 브라이, 퀴다 볼, 마이크 하딩, 티쉬 프랭크(메이블 도지 루한의 손녀)도 함께 갔다. 생물 의학 연구자이자 의사, 그리고 한때 조류 관찰자였던 포터는 이 여행에서 많은 사진들을 찍었고, 이것들이 마침내 시에라 클럽* 의 후원으로 1963년 출간된 그의 책 『아무도 몰랐던 곳: 콜로라도의 글렌 캐니언』의 기초가 되었다. 이 책의 편집자인 데이비드 브라우어는 책의 서문에서 최근의 글렌 캐니언 댐과 파월호 저수지 건설에 반대하고 탄식하는 포터의 사진들을 소개했다. 브라우어는 책의 목적에 대해 다음과 같이 썼다. "레인보우 브리지 국립 천연기념물을 구하기 위한 12년간의 힘겨운 투쟁에서 태어난 이 책이 미국의 마지막 광야 지대의 강에 건설될 댐의 위협을 막는 데 도움이 된다면 그 목적을 달성하는 것이다. 엘리엇 포

* Sierra Club, 미국의 민간환경운동단체

터의 책이 좀 더 일찍 나왔더라면 글렌 캐니언의 댐은 없었을 것이다. 사람들이 댐 건설로 인해 무엇을 잃을 것인지 알았더라면 이것이 불러올 무의미하고 회복 불가능한 파괴적인 결과를 내버려두지 않았을 것이다."[11] 1959년 댐 건설이 시작되어 책이 출판된 해인 1963년에 그 공사가 끝났다. 포터는 나중에 시에라 클럽의 임원이 되었다. 다른 책과 마찬가지로 그의 사진 포트폴리오인 『야생 그대로에서만 자연이 보존된다』에서도 포터는 자연을 찬양했고, 수로를 제멋대로 바꾸려는 글렌 캐니언 댐 건설과 같이 인간이 자연에 손을 대는 것에 대해 한탄했다.

글렌 캐니언의 첫 여행에서 토드 웹은 오키프에게 라이카 카메라를 주었고, 그녀는 그것으로 나중에 스케치를 위해 사용할 사진들을 찍을 수 있었다**[도판 105]**. 오키프는 숭숭 뚫린 구멍을 통해 광대한 푸른 하늘을 보여주는 자신이 애지중지하는 골반뼈와 비슷한 하늘 구멍(skyhole)을 가진 사암의 형태에 매료되었다. 그녀는 사암을 수집했고, 심지어 여행에서 돌아온 후 어느 때인가는 포터의 집에서 검은색의 둥근 돌 중 한 개를 훔치기까지 했다[도판 106]. 후에 존 로엔가드는 오키프가 가장 좋아하는 돌을 손바닥에 올려놓고 있는 사진을 찍기도 했다[도판 110]. 1968년, 로엔가드가 찍은 오키프 사진들은 라이프지가 이제껏 발행했던 가장 상징적인 장면들 중 하나였다. 열두 페이지에 달하는 오키프의 사진 이미지들 가운데 그녀가 고스트 랜치의 집 지붕 위에 올라가 앉아 있는 사진은 표지를 우아하게 장식했다.

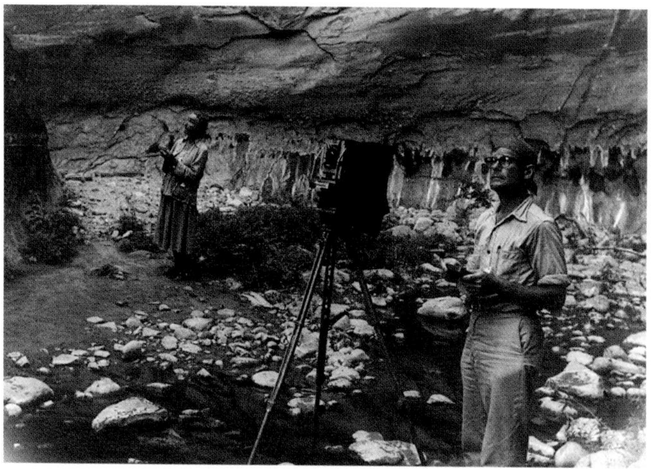

이 8월의 탐험은 그녀가 콜로라도강을 따라 내려간 수차례 여행 중 첫 번째 시도였다. 당시 74세의 나이였지만 그녀의 모험심은 전혀 꺾이지 않았고, 활기차게 래프팅을 하고 야외에서 캠핑을 하며 심한 모래바람에 맞섰다[도판 107]. 라이카 카메라를 들고 연이어 글렌 캐니언으로 여행해 1965년 이후의 〈캐니언 컨츄리 픽처스(*Canyon Country Pictures*)〉 그림들에 영감을 준 한 묶음의 사진들도 찍었다[도판 108]. 이 사진들과 이를 기반으로 하여 제작한 작품들 간의 유사성은 부정할 수 없다. 그 구성은 거의 똑같다. 비록 그녀가 항공기 창으로부터 내다본 강을 그린 그림들에서 자신의 독특한 색채를 창조해냈듯이, 여기서도 절벽을 사실적인 색이 아니라 독창적인 커피 색조의 줄무늬로 채색하긴 했지만 말이다[도판 109]. 또한, 그 형태는 하늘을 배경으로 바위의 갈라진 틈이 보이는 '하얀 땅'의 묘사를 연상시킨다.

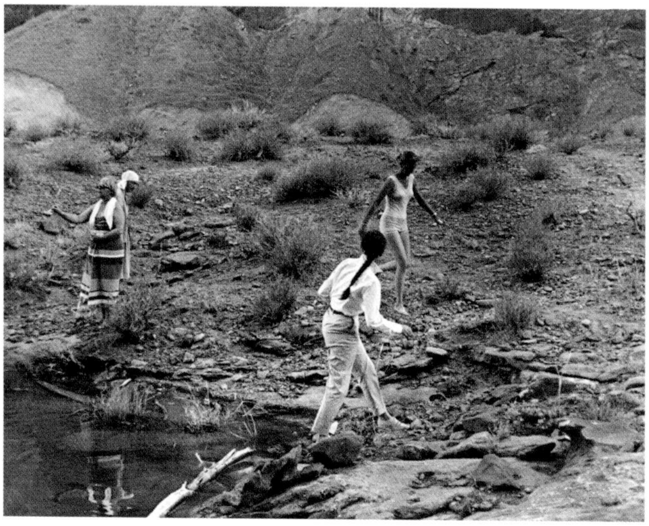

맞은편 위 [도판105] 토드 웹, 스케치하는 조지아 오키프와 카메라 앞에 있는 엘리엇 포터, 1961년, 젤라틴 실버 프린트, 11.4 x 16.7cm, 조지아 오키프 미술관, 산타페, 뉴멕시코, 미국. [2006.6.104].

맞은편 아래 [도판106] 토드 웹, 돌을 수집하는 조지아 오키프와 그녀의 친구들, 1961년, 젤라틴 실버 프린트, 17.7 x 22.8cm, 조지아 오키프 미술관, 산타페, 뉴멕시코, 미국. [2006.6.97].

오른쪽 [도판107] 토드 웹, 글렌 캐니언의 조지아 오키프, 1961년, 젤라틴 실버 프린트, 18.4 x 23.4cm, 조지아 오키프 재단 기증, 조지아 오키프 미술관, 산타페, 뉴멕시코, 미국. [2006.6.1000].

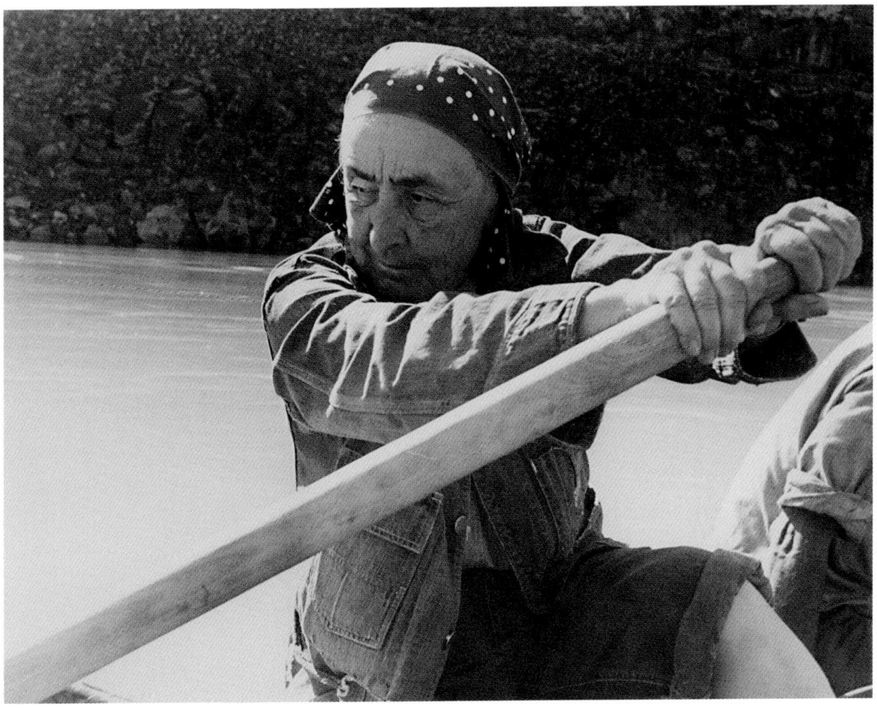

1960년대는 오키프에게 매우 중요한 시기였다. 그녀의 여행 일정은 콜로라도강을 따라 내려가는 여러 번의 짧은 여행들에서부터 마장마술용 명마인 리피자너를 보러 간 빈 여행, 크레타, 이집트, 동아시아 그리고 그리스 여행에 이르기까지 매우 광범위했다. 오키프는 또한 전국적으로 유명했다. 1963년, 그녀는 미국 예술과학 아카데미 회원이 되었고, 브랜다이스 대학교에서 크리에이티브 아츠 어워드를 수상했다. 1966년에는 텍사스 포트워스에 있는 아몬 카터 미술관, 휴스턴 미술관, 앨버커키의 뉴멕시코 대학교 미술관 등에서 그녀의 회고전이 열렸다. 특히, 뉴멕시코 대학교 미술관의 전시회는 오키프의 고향에서 최초로 그녀의 작품을 전시했다는 점에서 의미가 있다. 뉴멕시코 대학교는 2년 전에 오키프에게 명예 미술 박사학위를 수여하기도 했다. 이후에, 하버드 대학교, 브라운 대학교, 컬럼비아 대학교 역시 그녀에게 명예 학위를 주었다. 1970년에는 미국문예아카데미에서 회화 부문 금메달을 받음으로써 이 영광스러운 10년의 마지막 해를 장식했다.

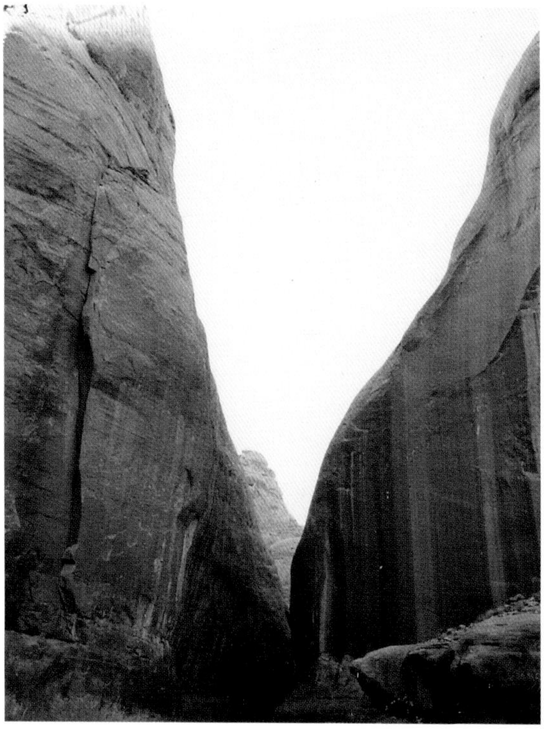

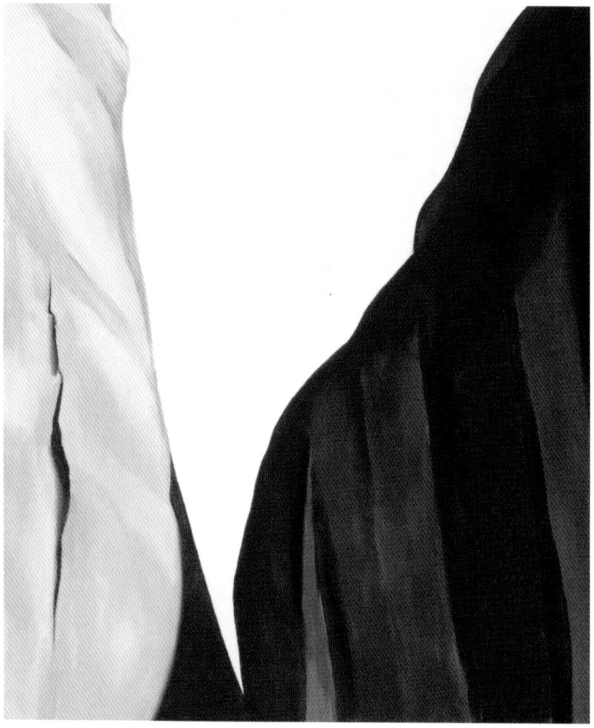

게다가 휘트니 미술관을 시작으로 하여 시카고 미술관, 그리고 마지막으로 샌프란시스코의 현대미술관 등 세 곳의 유명한 미술관에서 순회 회고전을 했다. 그녀의 거대한 그림 〈구름 위 하늘 IV(*Sky Above Clouds IV*)〉**[도판 93]**는 전시회 카탈로그의 표지를 멋지게 장식했다. 미국 미술사학자 로이드 굿리치는 단순히 「조지아 오키프」라고 제목을 붙인 카탈로그 머리글에서 '이 그림은 조지아 오키프가 엄청난 고도와 광활한 거리, 그리고 고요하고 무한한 공간에 대한 감각을 획득하게 된 아주 중요한 작품'이라고 서술했다.[13] 전시회는 그녀의 가장 초기 작품인 목탄 드로잉들과 텍사스 시기의 수채화들에서 〈검은 돌과 파랑 III(*Black Rock with Blue III*)〉(1970)을 포함한 최근 작품들에 이르는 멋진 그림들을 전시했다. 이 작품 속 오닉스(Onyx, 검은색을 띠는 광물) 색상의 약간 울퉁불퉁한 돌은 엘리엇 포터에게서 훔쳤던, 로엔가드의 사진에 등장한 바로 그 돌이다**[도판 110]**. 굿리치는 구름 그

왼쪽 [도판108] 글렌 캐니언의 조지아 오키프, 1964년, 폴라로이드, 8.9 x 10.8cm, 조지아 오키프 미술관, 산타페, 뉴멕시코, 미국, [2006.6.1086].

오른쪽 [도판109] 〈캐니언 컨트리, 흰색과 갈색의 절벽들〉, 1965년, 캔버스에 유채, 91.4 x 76.2cm, 조지아 오키프 재단 기증, 조지아 오키프 미술관, 산타페, 뉴멕시코, 미국, [2006.05.390].

맞은편 위 [도판110] 자신의 돌 수집품 중 가장 아끼는 돌을 들고 있는 조지아, 1968년.

맞은편 아래 [도판111] 〈빨강 위의 검은 돌〉, 1971년, 캔버스에 유채, 76.2 x 66cm, 버넷 재단 및 조지아 오키프 미술관 기증, 조지아 오키프 미술관, 산타페, 뉴멕시코, 미국, [1997.05.04].

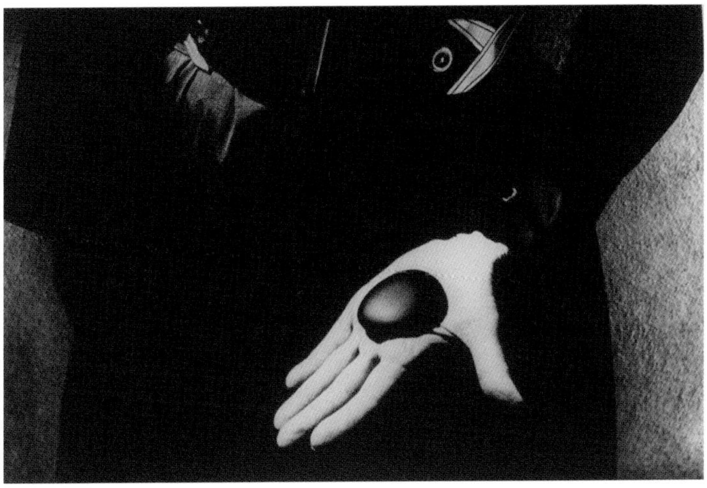

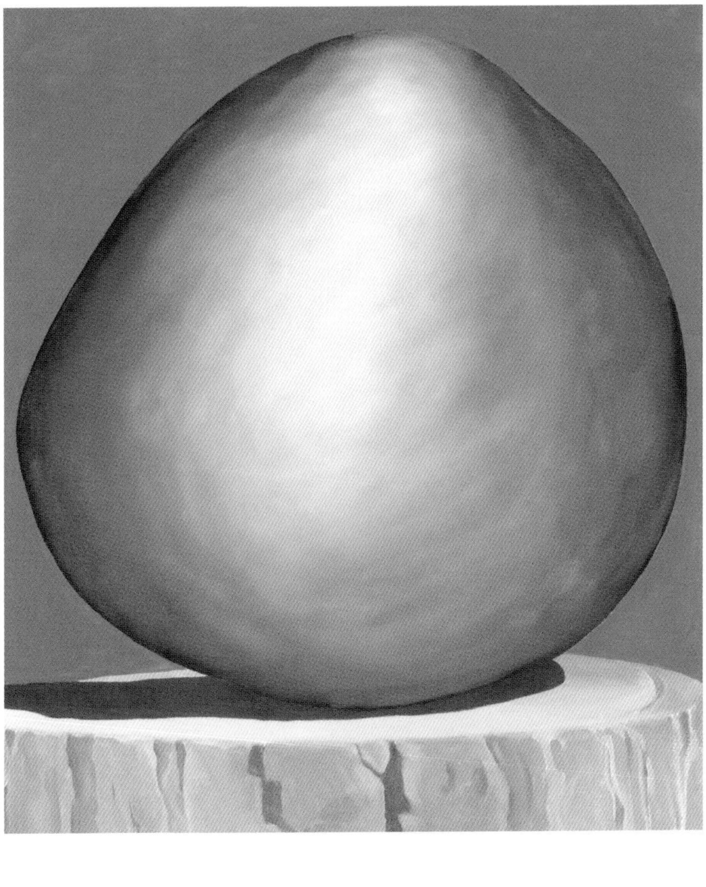

림들이 하늘을 그린 것인데 반해 '검은 돌'은 완전히 지상의 것이라는 점에서 이 그림과 〈구름 위 하늘 IV〉가 대조적인 특성을 가지고 있다고 언급했다. 또한, 그는 주제의 차이점에도 불구하고 이 돌 그림 역시 그녀가 오랫동안 능숙하게 보여준 형태의 힘과 순수성을 드러낸다고 말했다. 〈빨강 위의 검은 돌(*Black Rock on Red*)〉**[도판 111]**은 돌 그림의 다른 버전인데, 매끄러운 난형의 돌이 불에 그을린 듯한 황갈색을 배경으로 하여 나무 그루터기 위에 놓여 있다. 이 돌은 흐르는 콜로라도 강물에 마모되어 반들반들해진 작은 돌이 아니라 마치 바위같이 그려져 있어 일종의 기념비적 특성을 드러낸다. 이는 오키프가 그 크기를 조작한 또 다른 사례다. 이 그림은 〈구름 위 하늘 IV〉와 매우 다른 종류의 장엄함을 보여주긴 하지만 그래도 여전히 어떤 웅장함을 표현하고 있다. 사실 그 형태는 육중하면서도 무중력 상태에 있는 것처럼 보여 전체적으로는 모순적인 성격을 띠고 있다. 〈빨강 위의 검은 돌〉은 그해 오키프가 완성한 유일한 작품이었다는 점에서 더욱 의미가 있다. 오키프의 시력은 황반변성이 시작되면서 약화되었고 겨우 지팡이 정도 길이의 거리 앞만을 볼 수 있었다. 오키프는 반문화(counter-culture)* 의 아이콘이자 메이블 도지 루한의 로스 갈로스 랜치의 새로운 주인인 데니스 호퍼에게 그녀의 눈이 거의 보이지 않고 그림도 기억에 의해 그릴뿐이라고 슬쩍 귀띔해주기도 했다. 이제 그녀에게 그림 그리는 일은 일종의 반사작용과 같은 것이었고, 대상을 더 이상 온전히 볼 수 없는 상태에서 습관적으로 그리는 그런 것이었다. 이렇듯, 오키프의 시력은 매우 제한적이었고 시간이 갈수록 점점 나빠졌다.[14]

* 반문화는 사회의 지배적인 문화에 반대하고 도전하는 문화로서 대항문화라고도 한다. 1960년대 미국 히피, 동성애 운동, 여성운동 등이 이에 속한다.

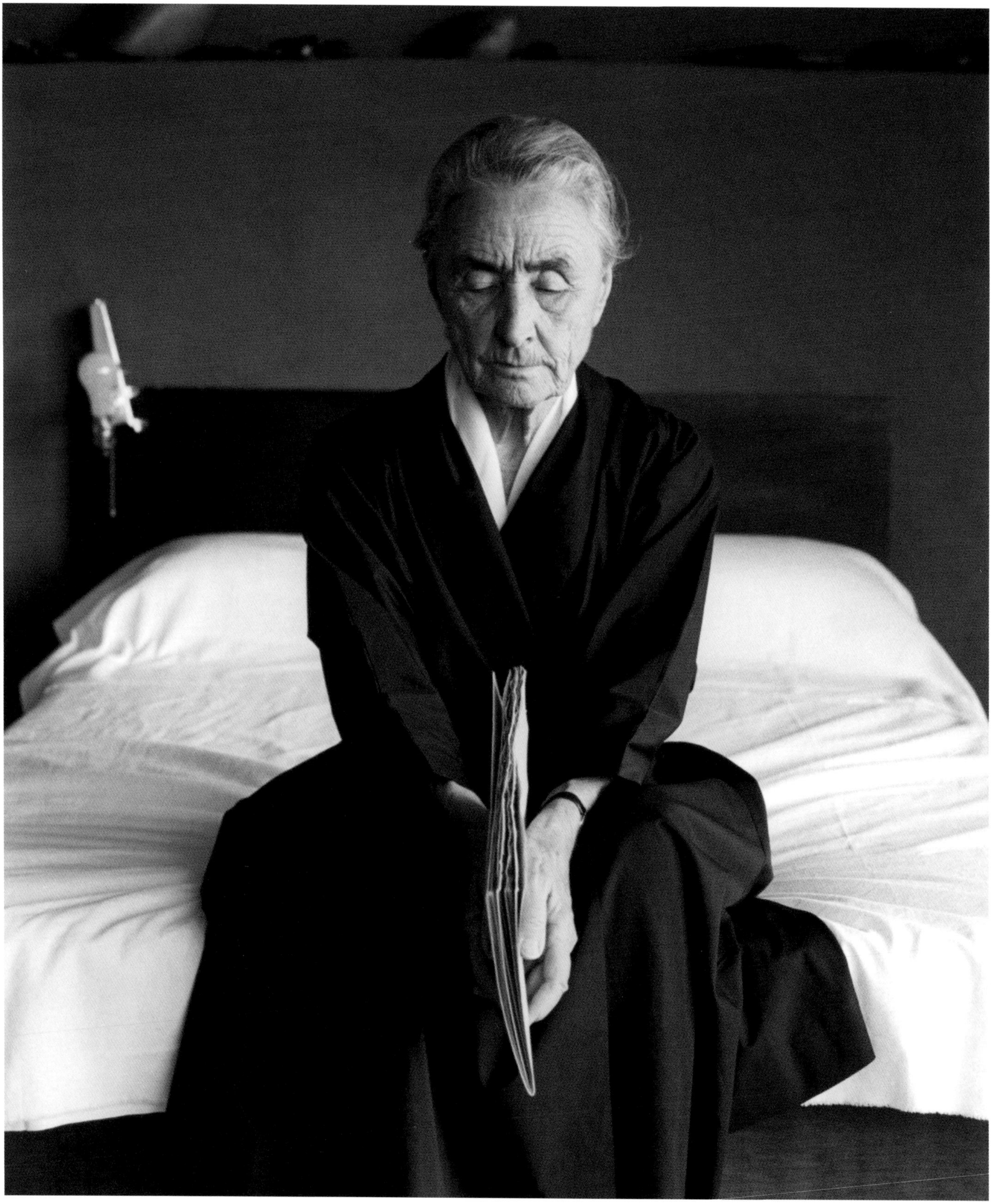

"조지아 오키프의 작품은 광범위한 주제와 다양한 조형 언어를 가지고 있지만, 그녀의 예술이 발전되어가는 과정에서도 항상 어떤 근본적인 일관성이 존재했다. 오키프는 처음부터 끝까지 그녀 자신이었다."

맺음말
Conclusion

[도판112] 애비퀴우 집 침실의 조지아. 1966년.

1973년, 두 명의 도우미가 집안일이 너무 힘들다며 그만두고 떠난 차에, 오키프는 우연히 후안 해밀턴이라는 젊은이를 만나게 된다. 최근에 이혼한 스물일곱 살의 해밀턴은 장로교(장로파 교회는 20년 전쯤 고스트 랜치에 대한 팩의 지분을 구매한 바 있다)와의 인연을 통해 고스트 랜치로 이사했다. 일거리를 찾기 위해 오키프의 집을 방문했지만 처음에는 오키프에게 퇴짜를 맞았다. 오키프가 생각을 바꿔 그에게 몇 가지 소소한 일을 시켰을 때, 해밀턴은 자신이 아주 쓸모있는 일꾼이라는 것을 보여주었다. 시간이 갈수록 두 사람의 관계는 점점 친밀해졌고, 해밀턴은 상자를 포장하는 일에서 저녁에 둘이서 고전음악을 감상하는 일에 이르기까지 오키프 삶의 모든 면에서 믿음직한 조력자가 되었다. 심지어 해밀턴은 오키프가 건축가이자 디자이너인 알렉산더 지라드와 그의 아내 수잔과 함께 모로코로 여행을 할 때도 동반할 정도였다. 그가 말했듯이, 해밀턴은 단지 그녀가 걷는 것을 부축하고 여행 가방을 들어주는 것 같은 인내심 있고 우직한 도우미만이 할 수 있을 그런 힘든 일을 하기 위해 따라간 것이다. 더구나 오키프는 점점 약해지는 시력 때문에 예민해지고 까탈스러워지고 있었으니 해밀턴으로서는 더욱 힘겨웠을 것이다. 아주 짧은 시간 내에 해밀턴은 오키프에게 없어서는 안 될 중요한 사람이 되었다. 비록 그는 오키프에게는 아주 높이 평가받았지만, 그녀의 오랜 친구 몇몇은 그를 교활한 사람이라고 생각했다. 해밀턴이 오키프의 인생에 끼어든 것, 그리고 후에 그녀가 그를 재산의 주요한 수혜자로 한 것 때문에 도리스 브라이나 그녀의 가족에게 격렬한 분노를 일으키기도 했다. 하지만 그녀가 1970년대까지 쭉 여행을 계속하고 집에서 혼자 생활할 수 있었던 것은 오로지 그의 도움 때문이었다. 그를 만난 이후 십 년 동안, 그녀는 하와이, 코스타리카, 과테말라 등지를 여행할 수 있었다.

또한, 오키프는 해밀턴의 도움을 받아 『뉴요커』지에 그녀에 대한 기사를 쓴 적이 있었던 미술 평론가 캘빈 톰킨스와의 협업으로 자신의 인생을 회고하는 자서전을 출간했다.

오키프는 1977년, 수채화를 실험했던 초기 시절로 완전히 돌아온 것처럼 이 매체로 새로운 시리즈를 시작했다. 텍사스 평원에 살았던 때로부터 정확히 60년이 지났다. 그녀는 대체로 비재현적이긴 하지만 광활한 대평원에서 떠오르는 태양을 연상시키는 초기의 이미지와 유사한 형상들을 다시 보여준다. 하지만 새롭게 시도한 수채화들에서는 색채와 형태의 사용을 훨씬 더 자제한다. 〈에스더의 집에서 보낸 하루(*From a Day at Ester's*)〉(에스더는 여기서 에스더 존슨을 지칭한다)나 〈무제(추상-푸른 원과 선) *Untitled(Abstraction Blue Circle and Line)*〉에서 볼 수 있듯이, 이 시기 많은 작품들에서는 화면의 흰색 바탕 위에 단순한 색채로 칠해진 원과 선이 파동치고 있다**[도판 113, 도판 114]**. 도예가였던 해밀턴은 수년간 그녀에게 도자기 제작 기법 중 하나인 코일링 기법을 가르쳤는데, 이 때문에 오키프는 형태를 보기보다는 느끼는 새로운 경험을 할 수 있었다. 그러나 오키프는 여전히 붓을 사용하여 작품을 만들어내는 것을 좋아했다. 후에 해밀턴은 다양한 매체로 만들어진 오키프의 세라믹 조각품 몇 개를 소유하게 된다. 이러한 말년의 수채화 작품들은 외적인 추상성에도 불구하고 어떤 정서, 현실, 심지어 사람을 표현한다는 점에서, 여전히 초창기의 수채화들, 혹은 오키프가 예술가로서 싹트기 시작했던 시기의 비전과 매우 비슷했다. 약한 시력의 핸디캡에도 불구하고, 말기의 수채화 작품들은 오키프의 초기 작품 세계의 모습을 부활시켰다. 그녀가 또 다른 고용인에게 말했듯이, "내 시야에는 마치 작은 구멍들이 있는 것 같아요. 명확하게 잘 보이질 않아요. 하지만 시야 가장자리 주변에는 아주 분명하게 볼 수 있는 작은 구멍들이 있어요."[1] 형상을 그려야 하는 화가에게 있어 보는 것은 매우 중요했고, 여전히 그녀는 이렇듯 핀으로 뚫은 구멍만한 아주 약하지만 선명한 시력에 의지해 어느 정도까지는 볼 수 있었다. 그리하여 그녀의 미학적 비전은 손상되지 않은 채 남아 있었다.

다른 추상 작품들도 계속 제작되었다. 이 작품들의 색채와 주제 역시, 오키프가 도우를 만난 이후 수채화 물감과 목탄으로 실험했던 초기작들을 상기하게 한다. 신체적으로 여러 가지 핸디캡을 가진 고령임에도 불구하고 그녀는 여전히 공간을 어떻게 아름답게 채울 것인지 잘 알고 있었다. 오키프의 다른 수채화들처럼, 이 시기의 작품들도 일본 판화의 미학에 공감하는 밝고 선명한 색채의 스펙트럼을 가지고 있다. 이것들은 최근의 유화 작품들의 차분한 톤과 대조를 이루고 있다. 그러나 그녀는 유화 작품을 완전히 그만두지는 않았다. 자서전을 성공적으로 출간한 후, 1977년 오키프는 워싱턴 D.C.에서 컬럼버스데이* 를 보내는 동안, 워싱턴 기념탑의 오벨리스크를 세심하게 올려다보며 관찰했다. 그녀는 이 관찰을 토대로 하여, 〈무제(후안과 함께 보낸 하루)*Untitled(From A Day With Huan)*〉라는 제목으로 네 점의 그림과 한 점의 드로잉 작품을 제작했다**[도판 115]**. 특정한 인물이나 어떤 한순간을 연상시키는 것에 있어서는 비슷하

위 [도판113] 〈에스더의 집에서 보낸 하루〉, 1976~1977, 종이 위에 수채 물감, 57.1 x 75.9cm, 조지아 오키프 미술관 기증, 조지아 오키프 미술관, 산타페, 뉴멕시코, 미국. [2006.05.473].

아래 [도판114] 〈무제(추상-푸른 원과 선)〉, 1976~1977년, 두꺼운 희고 거친 질감의 종이 위에 수채 물감, 57.2 x 75.9cm, 조지아 오키프 재단 기증, 조지아 오키프 미술관, 산타페, 뉴멕시코, 미국. [2006.05.472].

* 컬럼버스가 아메리카 대륙에 첫발을 디딘 1492년 10월 12일을 기념한 미국의 국경일이다.

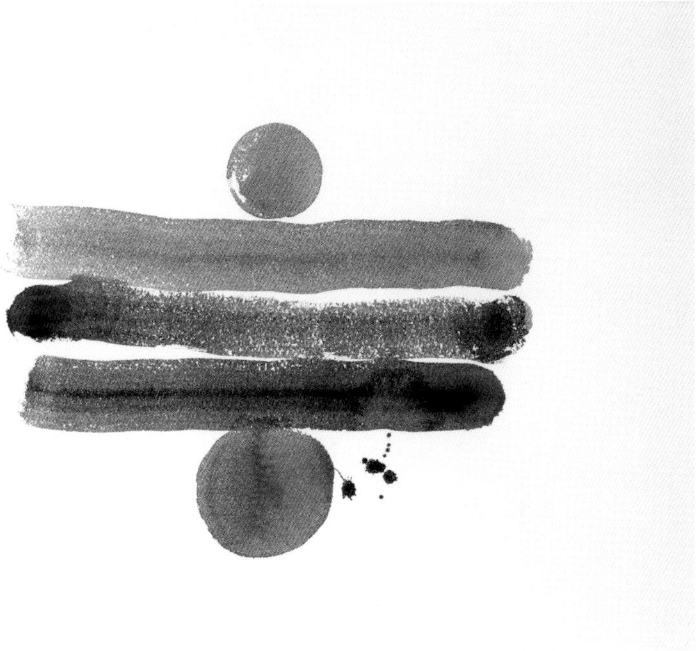

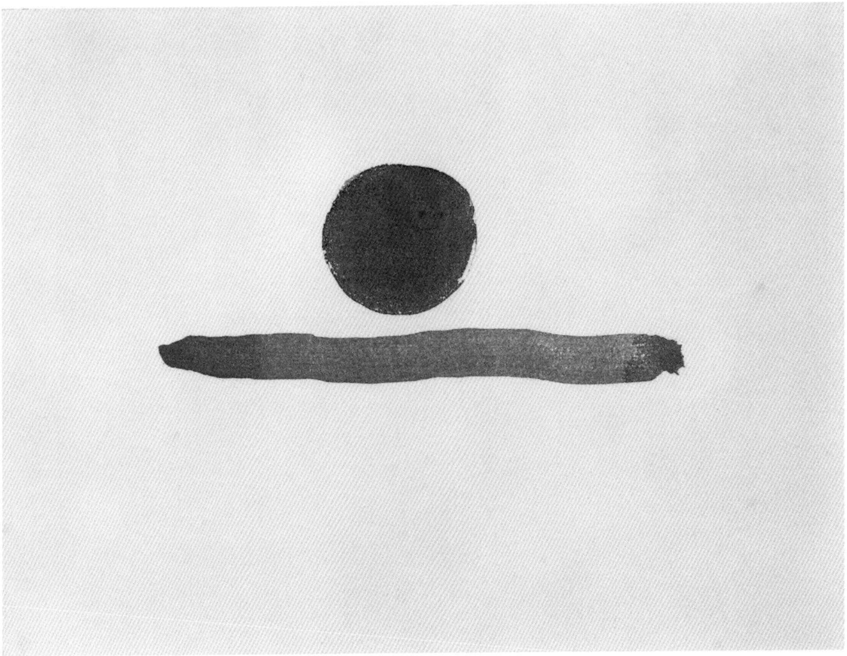

지만, 그 수채화들과는 분위기가 다른 이 그림들은 도시 환경, 그리고 건축물들이 그 환경 속에서 어떻게 새롭고 추상적인 실루엣으로 나타나는지에 대한 그녀의 오랜 관심을 형상화한 것이다. 각각의 작품은 한결같이 고대 이집트의 태양신을 상징하는 기념비인 오벨리스크와 유사한 모습을 띠고 있지만, 모두 수직으로 하늘까지 쭉 뻗은 오벨리스크 전체 형태의 단지 일부분만 묘사하고 있다. 굿리치는 다음과 같이 말한다.

"광범위한 주제와 조형 언어에도 불구하고 조지아 오키프의 예술적 발전에는 근본적인 일관성이 있었습니다. 그녀는 처음부터 끝까지 그녀 자신이었어요. 오키프의 예술에서 일어났던 변형들은 그녀의 세계 안으로부터 온 것이었습니다. 오키프의 주제는 계속 확장되었고, 그녀의 예술성은 꾸준히 견고하고 세련된 것으로 성장해 갔어요. 그러나 그녀의 정신과 예술의 핵심적 특성은 변하지 않은 채 유지되었습니다."[2]

1980년대에 들어서서, 오키프는 워싱턴 D.C.의 국립미술관에서 열리는 스티글리츠의 회고전을 위한 작품 선정에 참여했다. 그러나 시간이 흐르면서 그녀는 플로리다와 마지막 한 차례의 코스타리카 여행을 제외하고는 더 이상 여행할 수 없었다. 이윽고 그녀는 점점 더 많이 해밀턴과 캐롤 사르카시안을 비롯한 간병인들에게 의존하게 되었다. 그래

[도판115] 〈무제(후안과 함께 한 하루)〉, 1976~1977, 캔버스에 유채, 121.9 x 183.5cm, 조지아 오키프 재단 기증, 조지아 오키프 미술관, 산타페, 뉴멕시코, 미국. [2006.05.485].

서 해밀턴은 성 빈센트 병원에 더 가까이 있는 산타페에 집을 구했다. 그녀는 여러 개의 권위 있는 상을 받았지만, 90대 중반 무렵에는 자신의 명성에 염증을 느끼기도 했다. 1986년, 그녀는 자신의 산타페 어도비 집에서 조용히 숨을 거두었다. 비록 이 집은 애비퀴우나 고스트 랜치 집의 친근한 부엌, 정원 산책로, 대형 판유리, 고요한 언덕 같은 것은 없었지만, '해와 그림자'라는 집에 어울리는 이름을 가지고 있었다.

그해, 인디언 보호 구역의 살리시 부족과 쿠테나이 부족 연합 출신의 아메리카 원주민 예술가인 존 퀵투시 스미스는 〈내 마음속의 조지아(*Georgia On My Mind*)〉라는 그림을 그렸다. 이 제목에는 이중적 의미가 있었는데, 하나는 1960년 레이 찰스가 리메이크한 곡의 제목 '조지아 온 마이 마인드(Georgia on My mind)'를 인용한 것이고, 다른 하나는 물론, 이 유명한 미국 예술가 조지아 오키프를 언급한 것이다. 한 작가가 말했듯이, 그녀의 예술적 선배에 대한 이 오마주 작품은 오키프가 사망한 해를 기리는 동시에 미국 모더니즘의 계보에 있어서의 스미스의 위치를 공고히 했다. 스미스는 '뉴멕시코 풍경을 그리는 예술가치고 오키프에게 영향을 받지 않은 사람은 없다'고 말했다.[3] 비록 스미스는 자신의 작품에서 드러내놓고 사회운동가적인 경향을 나타냈고 좀 더 표현주의적인 뉴멕시코 풍경을 그렸지만, 오키프에게 경의를 표하기 위해 그린 이 작품은 그녀가 여러 세대의 화가, 사진작가, 문필가, 그리고 공동체에 얼마나 큰 영향력을 행사했는지 말해주고 있다. 사실 오키프는 그 누구보다도 미국 모더니즘을 주도했다고 할 수 있다. 미국의 모더니즘은 20세기를 거치면서 그것이 좋은 것이든 나쁜 것이든 간에 미국적 삶과 함께해온 모든 모순적인 것들을 아우르는 운동이었다. 오키프는 창조적인 예술가들만큼이나 평범한 사람들에게도 관심의 대상이었다. 오키프는 20세기 예술가 중에서 사진작가들에게 가장 많이 사진이 찍힌 이들 중 한 사람일 뿐 아니라, 적지 않은 예술가들이 개성 있는 그녀의 특징적인 모습을 잡아낸 그림을 그렸다. 아마도 오키프를 그린 가장 흥미로운 작품 중 하나는 아메리카 원주민 부족인 루시오 족 출신의 예술가 프리츠 숄더의 그림일 것이다. 그는 자신의 작품에서 애비퀴우와 고스트 랜치의 집 천장에 매달아 놓은 알렉산더 칼더의 모빌 아래 앉아 있는 오키프를 묘사했다. 숄더는 1964년, 당시 아메리카 원주민 패션 디자이너인 로이드 키바 뉴의 노력으로 세워진 산타페의 '아메리칸 인디언 예술 연구소'의 강사로 일했다. 그는 햇빛에 그을린 오키프의 얼굴의 깊은 주름을 심하게 과장해 스케치했다. 밝게 채색한 넓은 구획의 색면과 익살맞은 형태로 유명한 숄더는 이 작품에서는 오키프의 얼굴 주름에 가장 관심이 있는 듯하다. 주름 자체는 흰 바탕 화면과 대조를 이루는 어떤 질감을 창출해낸다. 이 석판화는 〈애비퀴우의 오후(조지아 오키프)*Abiquiu Afternoon(Georgia O'Keeffe)*〉라는 제목이 붙여졌다. 작품 속 오키프의 눈빛은 짜증스러워 보이고 고개는 거만하게 쳐들고 있다. 그녀가 마치 관람자를 째려보는 것같이 보인다. 1964년 산타페에서 오키프를 만난 적이 있는 숄더는 이 1971년 작품에서 그녀의 특징을 완전히 파악해 표현한 것 같다. 더구나 수십 년 동안 오키프의 특성을 잘 드러내 주었던 매체인 사진이 아닌 다른 수단에 의해 그것을 할 수 있었다. 이 석판화에서 오키프는 자신이 가장 좋아하는 니먼 마커스 스타일의 랩 드레스를 입고 있다. 사실 그녀는 지난 25년 동안 거의 모든 사진에서 이 옷을 입고 찍었다. 오키프는 이러한 식의 유사성을 정말 좋아했다. 후에, 해밀턴은 앤디 워홀에게 다이아몬드 더스트(Diamond Dust) 기법으로 오키프를 그려줄 것을 의뢰했다. 워홀은 실크스크린 작품을 제작하기 위해 오키프와 해밀턴을 찍은 폴라로이드 사진을 사용했다. 그리고 이 실크스크린 그림은 별자리처럼 반짝거리는 다이아몬드 입자로 장식되었다**[도판 116]**. 오키프는 93세의 원숙한 나이에 이르러 마릴린 몬로, 엘비스 프레슬리, 이란의 팔레비 국왕과 같은 이들과 함께 워홀의 시각적 아이콘 중 하나가 되었던 것이다. 워홀은 이 실크스크린 작품을 만들었던 그해 1983년, 오키프를 직접 만나 인터뷰했고 그녀의 정신이 여전히 예리하다고 기록했다.

그러나 오키프는 시각적 아이콘이 되는 것 이상으로 지역 공동체에 강한 인상을 남겼다. 그녀는 고스트 랜치의 건물 중 하나가 불타버렸을 때 장로교회에 돈을 기부했고, 그 지방 학생들이 대학에 갈 수 있도록 후원했으며 지역의 공립학교 체육관 건설을 지원했다. 오키프가 한 모든 것이 의미 있고 고결한 것처럼 여겨졌고, 그녀는 많은 사람들의 멘토가 되었다. 오키프를 한마디로 표현한다면, 그녀가 매우 모순적인 존재였다는 것이다. 그녀는 항상 자기 자신인 채로 남아 있었지만 한편으로는 광범위하게 사람들과 교유했다. 그녀는 뉴멕시코에 있는 자신의 집들을 사랑했지만, 늘 새로운 풍경을 발견하는 즐거움을 누리며 두 집 사이를 오갔다. 그녀는 20세기의 가장 유명한 사진작가 중 한 사람과 결혼했지만, 일년의 절반은 남편과 그가 사는 도시에서 떨어져 살았다. 1997년 무렵, 조지아 오키프 미술관이 그녀의 이름으로 지어졌는데, 이는 한 사람의 예술가만의 작품 전시를 위해 마련된 몇 안 되는 미술관 중 하나였다. 그 후 곧 미술사학자 바바라 불러 라인스는 오키프의 작품, 사진 등을 시대순, 주제별로 분류하여 작품 목록 및 해제를 담아 '조지아 오키프–카탈로그 레존네'로 엮었다. 2001년경에는 미국 모더니즘을 연구하는 기관이 산타페의 박물관 캠퍼스에 통합되었다. 이리하여 오키프는 사후에도 그녀의 예술과 말을 통해 사람들에게 계속 영향을 끼칠 수 있었다. 2014년에는 그녀의 그림 〈흰독말풀(흰꽃 No. 1) *Jimson Weed(White Flower No. 1)*〉이 약 500억 원이라는 엄청난 값에 팔렸다**[도판 117]**. 이는 여성 예술가의 그림이 미술시장에서 기록한 역사상 최고의 가격이었다. 이로써 미국의 가장 위대한 화가 중 하나로서의 오키프의 위치는 확고하게 굳어졌다.

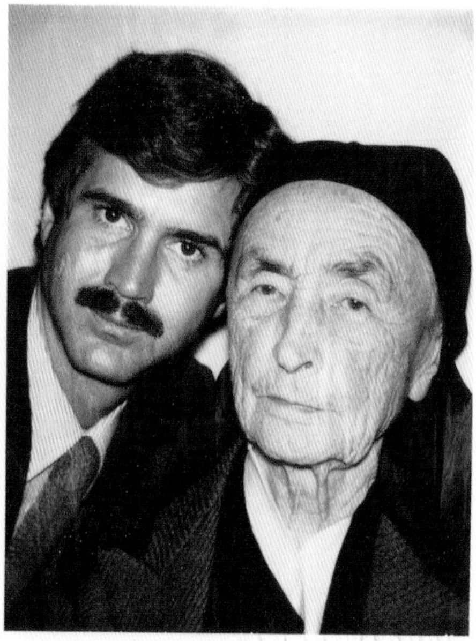

위 [도판116] 앤디 워홀, 조지아 오키프와 후안 해밀턴, 1970년, 독특한 폴라컬러 타입 108 프린트, 10.8 x 8.5cm, 개인 소장.

맞은편 [도판117] 〈흰독말풀(흰꽃 No. 1)〉, 1932년, 캔버스에 유채, 121.9 x 101.6cm, 크리스탈 브릿지 미술관, 벤톤빌, 애리조나, 미국.

다음 쪽 [도판118] 조지아의 애비큐우 스튜디오 선반에 열 지어 놓여 있는 빛바랜 두개골과 뼈.

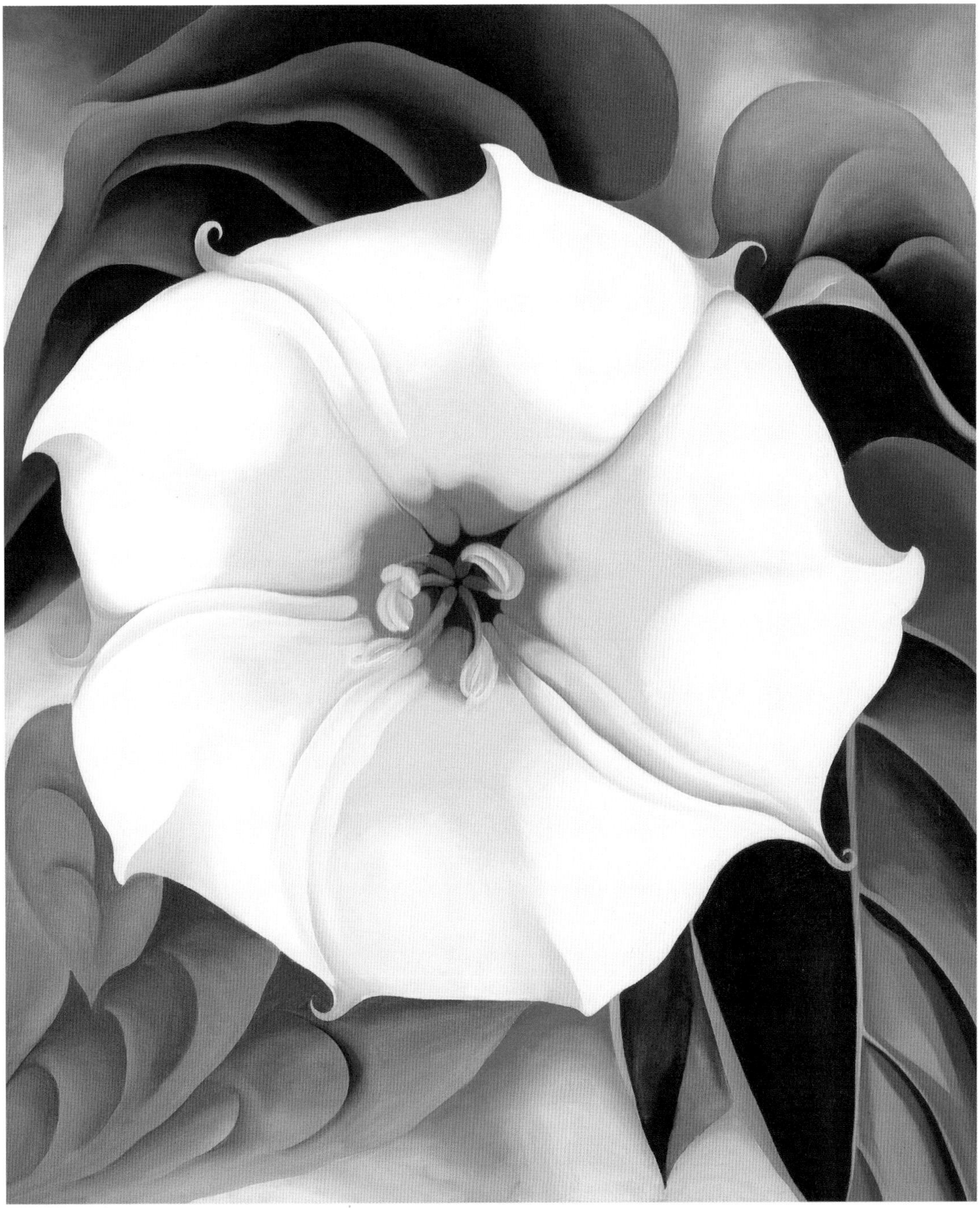

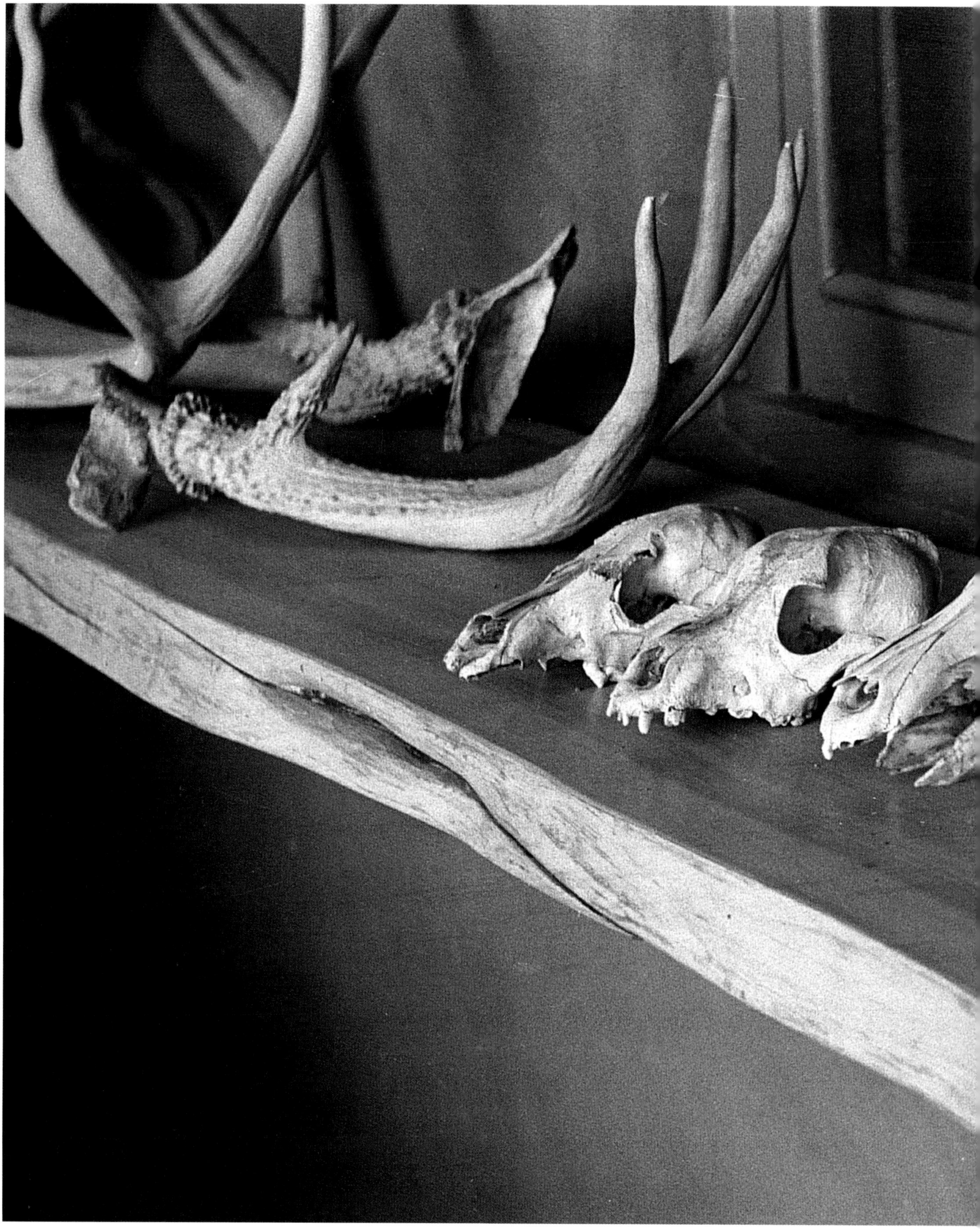

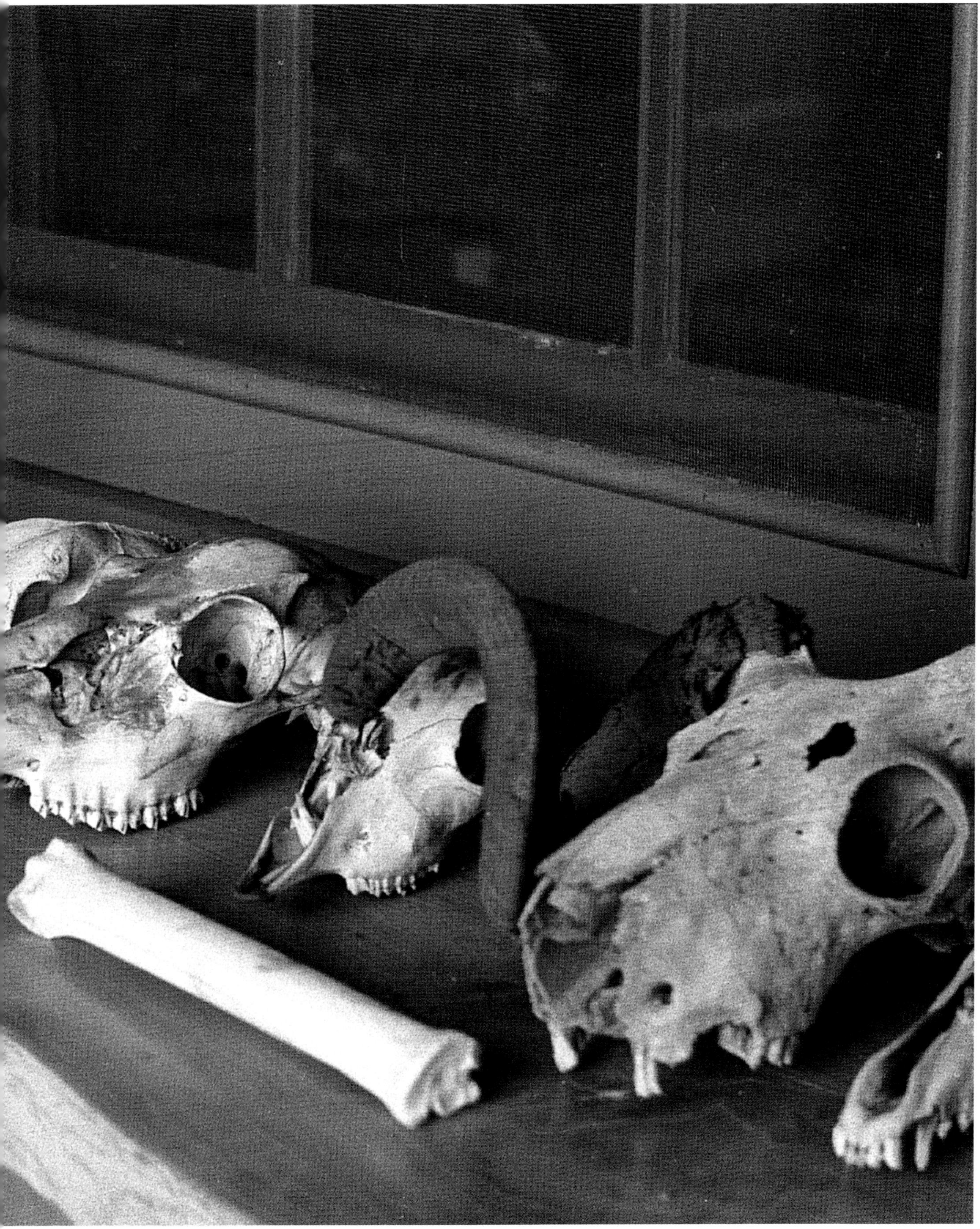

주석

사막의 밤 기차: 예술가의 발전

1 첫 인용구: Arthur Wesley Dow, "Modernism in Art", the College Art Association(CAA), Philadelphia, Pennsylvania, 1916년 4월 20~22 발표 논문

2 Calvin Tomkins, "A Rose in the Eye Looks Fine", *The New Yorker*, 1974년 3월 4일자, 40.

3 Georgia O'Keeffe, 2011. 'Letter to Alfred Stieglitz', 1916년 11월 30일, *My Faraway: Selected Letters of Georgia O'Keeffe and Alfred Stieglitz*, Volume I, 1915~1933, ed. Sarah Greenough, New Haven: Yale University, 84.

4 '사막의 밤 기차'라는 제목이 어떻게 만들어졌는지 알려면 Amy Von Lintel, *Georgia O'Keeffe Watercolors: 1916~1918* (Santa Fe: Radius Books, 2016), 26.

5 Georgia O'Keeffe to Anita Pollitzer, 1915년 10월 30일, *Lovingly Georgia: The Complete Correspondence of Georgia O'Keeffe and Anita Pollitzer*, ed. Clive Giboire, New York: Simon and Schuster, 1990, 209.

6 Georgia O'Keeffe, 1976. *Georgia O'Keeffe*, New York: Viking Press.

7 Georgia O'Keeffe, 1978. "Introduction", *Georgia O'Keeffe A Portrait by Alfred Stieglitz*, New York: Museum of Modern Art.

8 Drohojowska-Philp, *In Full Bloom*, 49~50.

9 Bram Dijkastra, 1991. "American and *Georgia O'Keeffe*", *Georgia O'Keeffe: The New York Years*, ed. Doris Bry and Nicholas Callaway, New York: Alfred Knopf, 119.

10 Drohojowska-Philp, *In Full Bloom*, 72~75.

11 Arthur Wesley Dow, 1912. *Composition: A Series of Art Exercises for in Art Structure for the Use of Students and Teachers*, seventh edition, New York: Doubleday Press, 3.

12 Elizabeth Hutton Turner, 2009. "O'Keeffe as Abstraction", *Georgia O'Keeffe Abstraction, ed. Barbara Haskell*, New haven: Yale University Press, 70.

13 Dow, *Composition*, 24.

14 Dow, *Composition*, 9.

15 Katherine Kuh, 1962. The Artists's Voice: *Talk with Seventeen Artists*, New York: Harper and Row, 190.

16 이 용어는 이 지역의 스페인 식민지 역사의 흔적을 보여준다. 남서부 지역에서의 스페인의 유산을 좀 더 알려면 Stewart L. Udall, 1987. *To The Inland Empire: Coronadoand Our Spanish Legacy* (New York: Doubleday 참고.

17 Dera A. Parker, "Brick Streets Helped Build Amarillo", *Amarillo Globe-News*, 2001년 5월 17일.

18 Anita Pollitzer, "That's Georgia", *The Saturday Review*, 1950년 11월 4일.

19 Pollitzer, "That's Georgia", 42.

20 뒤샹의 작품들을 어떻게 아모리 쇼에 전시하게 되었는지 좀 더 알려면, Calvin Tomkins, 1998. *Duchamp: A Biography*, New York: H Holt and MacMillan 참고.

21 Martin Green, 1988. *New York 1913: The Armory Show and the Paterson Strike Pageant*, New York: Scribners, 174.

22 Laurie Lisle, 1997. *Portrait of an Artist: Georgia O'Keeffe*, New York: Washington Square Press, 74.

23 Pollitzer, "That's Georgia".

24 폴리처에게 보낸 편지에서 오키프는 자신이 플로이드 델의 *Woman as World Builders*와 토마스 하디의 *Jude the Obscure*를 방금 구입했다고 자랑했다. Georgia O'Keeffe, 1988. "Letters to Anita Pollitzer", 1915년 8월 25일, *Georgia O'Keeffe: Art and Letters, ed. Jack Cowart and Juan Hamilton*, Washington D.C.: National Gallery of Art, 143.

25 Wassily Kandinsky, 1914. *Concerning the Spiritual in Art, trans. Michael T. H. Sadler*, North Chelmsford, Massachusetts: Courier Corporation.

26 O'Keeffe, "Letters to Anita Pollitzer", 1915년 10월 20일, *Georgia O'Keeffe: Art and Letters*, 146.

27 O'Keeffe, "Letters to Anita Pollitzer", 1915년 11월 15일, *Georgia O'Keeffe: Art and Letters*, 146.

28 O'Keeffe, "Letters to Anita Pollitzer", 1915년 11월 13일, *Georgia O'Keeffe: Art and Letters*, 146~147.

29 O'Keeffe, "Letters to Anita Pollitzer", 1915년 10월 11일, *Georgia O'Keeffe: Art and Letters*, 144.

30 Amy Von Lintel, 2016. *Georgia O'Keeffe Watercolors: 1916~1918*, Santa Fe: Radius Books.

31 Georgia O'Keeffe, "Letters to Alfred Stieglitz", 1916년 9월 2일, *Georgia O'Keeffe: Art and Letters*, 144.

32 Fred Stoker, 1990. *Georgia O'Keeffe in Canyon*, Canyon, TX: Hunnicutt & Son Printing, 14.

33 Georgia O'Keeffe, "Letter to Paul Strand", 1917년 11월 15일, *Georgia O'Keeffe: Art and Letters*, 165~166.

34 Georgia O'Keeffe, "Letters to Anita Pollitzer", 1917년 1월 17일, *Georgia O'Keeffe: Art and Letters*, 159.

35 Stoker, Georgia O'Keeffe in Canyon, 10.

36 예를 들면, Georgia O'Keeffe, "Letters to Anita Pollitzer", 1917년 1월 17일, *Georgia O'Keeffe: Art and Letters*, 159.

37 Georgia O'Keeffe, "Letters to Anita Pollitzer", 1918년 1월, *Georgia O'Keeffe: Art and Letters*, 166. 또한 "Letter to Paul Strand", 1917년 6월 3일을 참고.

38 Stoker, *Georgia O'Keeffe in Canyon*, 14.

39 Georgia O'Keeffe, "Letters to Alfred Stieglitz", 1916년 11월 11일, in Amy Von Lintel, *Georgia O'Keeffe Watercolors*, 29.

40 Georgia O'Keeffe, "Letters to Anita Pollitzer", 1916년 9월 11일, *Georgia O'Keeffe: Art and Letters*, 156~157.

41 Georgia O'Keeffe, "Letters to Anita Pollitzer", 1918년 1월, *Georgia O'Keeffe: Art and Letters*, 156~157.

42 Catherine Lampert, 1986. *Rodin: Sculpture and Drawings*, New Haven: Yale University Press, 227.

43 Georgia O'Keeffe, *Georgia O'Keeffe*.

44 Georgia O'Keeffe, *Georgia O'Keeffe*.

45 Georgia O'Keeffe, *Georgia O'Keeffe*.

소 두개골: 먼 곳에서 온 기념품들

1 Georgia O'Keeffe, *Georgia O'Keeffe*.

2 Georgia O'Keeffe, *Georgia O'Keeffe*.

3 O'Keeffe, "Letters to Sherwood Anderson", 1923년 9월 Georgia O'Keeffe: Art and Letters, 174.

4 Georgia O'Keeffe, *Georgia O'Keeffe*.

5 이 점에 대해서는 다음 자료 참조. Sarah Greenough(2016)의 논문 "Touching the Centre: Georgia O'Keeffe, Georgia O'Keeffe and Alfred Stieglitz's Artistic Dialogue", *Georgia O'Keeffe*, ed. Tanya Barson London: tate Publishing, 50~59.

6 Waldo Frank, 1934. ed., *American and Alfred Stieglitz: A Collective Portrait*, NY: Literary Guild, 154.

7 Erin Coe, 1913. " 'Something so Perfect' Georgia O'Keeffe and Lake George", *Modern Nature: Georgia O'Keeffe and Lake George*, New York: Thames and Hudson, 34.

8 O'Keeffe, "Letters to Ettie Stettheimer", 1925년 8월 6일, *Georgia O'Keeffe: Art and Letters*, 180.

9 Coe, " 'Something so Perfect', Georgia O'Keeffe and Lake George", 50~57.

10 Georgia O'Keeffe, *Georgia O'Keeffe*.

11 Georgia O'Keeffe, *Georgia O'Keeffe*.

12 Georgia O'Keeffe, *Georgia O'Keeffe*.

13 O'Keeffe, "Letters to Sherwood Anderson", 1923년 2월 11일, *Georgia O'Keeffe: Art and Letters*, 175.

14 O'Keeffe, "Letters to Henry McBride", 1925년 3월, *Georgia O'Keeffe: Art and Letters*, 175.

15 "Historic Street Lampposts" NYC.gov, 최종 수정일: 1997년 6월 17일, www.nyc.gov/html/lpc/downloads/pdf/reports/lampposts.pdf.

16 Drohojowska-Philp, *In Full Bloom*, 259.

17 Georgia O'Keeffe, *Georgia O'Keeffe*.

18 Drohojowska-Philp, *In Full Bloom*, 260.

19 Intimate Gallery, 1927. Forty New Water-Color by John Marin, exh.cat., New York: Intimate Gallery.

20 Blanche Matthias, "Stieglitz Showing Seven Americans", *Chicago Evening Post, Magazine of the Art World*, 1926년 3월 2일에서 인용함.

21 Gerry Souter, 2011. *Georgia O'Keeffe*, New York: Parkstone International, 73; Nancy Hopkin Reilly, 2014. *Georgia O'Keeffe A Private Friendship Part I: Walking the Sun Prairie Land*, Santa Fe: Sunstone Press, 296.

22 Harry Jaffe, "O'Keeffe Show at the Phillips is a Must See", *Washington Post*, 2010년 2월 21일자 *Georgia O'Keeffe*에서 인용.

23 Revis L. Mitchell, Jr., "Fisk's Stieglitz Collection Controversy: The Radiator Building", *Profiles of African American in Tennessee*, www.tnstate.edu/library/documents/FiskStieglitzCollection.pdf, 최종 접속일: 2016년 11월 7일.

24 Hugh Ferris, 1929. *Metropolis of Tomorrow*, New York: Ives Washburn, 29.

25 Britta Benka, 2000. *Georgia O'Keeffe*, 1887~1986: Flowers in the Desert, Cologne, Germany: Taschen, 40.

26 Mitchell, Jr., "Fisk's Stieglitz Collection Controversy".

27 Georgia O'Keeffe, *Georgia O'Keeffe*.

28 Drohojowska-Philp, *In Full Bloom*, 294~295.

29 Keith L. Bryant Jr., "The Atchison, Topeka and Santa Fe and the Development of the Taos and Santa Fe Colonies", *The Western Historical Quarterly*, 9.4 (Oct. 1978): 438~441. 또한 Barbara Babcock and Marta Weigle, ed., 1996, *The Great Southwest of the Fred Harvey Company and the Santa Fe Railway*, Phoenix: University of Arizona Press, 참고.

30 Marsden Hartley, 2003, "Red Man Ceremonials, 1920", *Primitivism and Twentieth-Century Art, A* Documentary History, ed. Jack D. Flam and Miriam Deutsch, Berkeley: University of California Press, 176. D.H. Lawrence, 1982, "Indians and an Englishman", *D.H. Lawrence and New Mexico*, ed. Keith Sagar, Salt lake City: Peregrine Smith Books, 2.

31 D.H. Lawrence, 2012, *Morning in Mexico*, Germany: Salzwasser-Verlag, 174.

32 Georgia O'Keeffe, *Georgia O'Keeffe*.

33 Drohojowska-Philp, *In Full Bloom*, 305, 323.

34 Lesley Poling-Kempes, 2005, *Ghost Ranch*, University of Arizona: Tucson, 107.

35 Georgia O'Keeffe, "Letters to Alfred Stieglitz", 1944년 4월 21일, *Alfred Stieglitz/Georgia O'Keeffe Archive*, YCAL MSS 85, Beinecke Library, Yale University.

36 Polling-Kempes, *Ghost Ranch*, 109.

메사와 로드 이스트 II: 황무지, 그리고 그 너머

1 Georgia O'Keeffe, *Georgia O'Keeffe*.

2 Polling-Kempes, *Ghost Ranch*, 9~17.

3 Polling-Kempes, *Ghost Ranch*, 115.

4 Georgia O'Keeffe, *Georgia O'Keeffe*.

5 Wanda Corn, 2017, *Georgia O'Keeffe: Living Modern*, Prestel Publishing: New York, 126.

6 Polling-Kempes, *Ghost Ranch*, 111~112.

7 Christina Nealson, 2001, *New Mexico's Sanctuaries, Retreats and Sacred Places*, Boulder, Colorado: Big Earth Publishing, 117. Leslie Poling-Kempes, 1997, *Valley of the Shining Stone*, Tucson: University of Arizona Press, 10~12.

8 Polling-Kempes, *Ghost Ranch*, 119.

9 Barbara Buhler Lynes and Agapita López, 2012, *Georgia O'Keeffe and Her Houses: Ghost Ranch and Abiquiu*, New York: Abrams, 125.

10 Georgia O'Keeffe, *Georgia O'Keeffe*.

11 Drohojowska-Philp, *In Full Bloom*, 374.

12 Souter, *Georgia O'Keeffe*, 111.

13 "O'Keeffe Turns Dead Bones into Live Art", *LIFE Magazine*,1938년 2월 14일자, 28~32.

14 Drohojowska-Philp, *In Full Bloom*, 382.

15 Drohojowska-Philp, *In Full Bloom*, 384.

16 Georgia O'Keeffe, *Georgia O'Keeffe*.

17 Georgia O'Keeffe, 2003, "Letter to Maria Chabot", 13 February 1944, *Maria Chabot-Georgia O'Keeffe, Correspondence*: 1941~1949, ed. Barbara Buhler Lynes, Ann Paden, Albuquerque:University of the New Mexico Press, 170~171.

18 Maria Chabot, "Letter to Georgia O'Keeffe", 1944년 1월 12일, *Maria Chabot-Georgia O'Keeffe*, 162.

19 Maria Chabot, "Letter to Georgia O'Keeffe", 1944년 2월 5일, *Maria Chabot-Georgia O'Keeffe*, 169.

20 O'Keeffe, "Letter to Maria Chabot", 1942년 5월 8일, *Maria Chabot-Georgia O'Keeffe*, 32.

21 O'Keeffe, "Letter to Maria Chabot", 1942년 5월 8일, *Maria Chabot-Georgia O'Keeffe*, 38.

22 O'Keeffe, "Letters to Alfred Stieglitz", 1943년 4월 30일, *Alfred Stieglitz/Georgia O'Keeffe Archive*, YCAL MSS 85, Beinecke Library, Yale University.

23 Doris Bry, 1988, *Georgia O'Keeffe: Some Memories of Drawings*, Albuquerque: University of New Mexico Press.

24 O'Keeffe, 'Letter to Maria Chabot', 1944년 2월 22일, Maria Chabot-Georgia O'Keeffe, 175.

25 Polling-Kempes, Ghost Ranch, 146.

26 O'Keeffe, "Letters to Alfred Stieglitz", 1943년 6월 23일, *Alfred Stieglitz/Georgia O'Keeffe Archive*, YCAL MSS 85, Beinecke Library, Yale Universtiy, 85.

27 An American Place 카탈로그, Georgia O'Keeffe에서 발췌, 인용, 페이지는 명시되지 않음.

28 Maria Chabot, "Letter to Georgia O'Keeffe", 1944년 1월 12일, *Maria Chabot-Georgia O'Keeffe*, 161.

29 Britta Benke, 2000, Georgia O'Keeffe, 1887~1986: *Flowers in the Desert*, Cologne, Germany: Taschen, 76.

30 전쟁에서 승리하기 위한 텍사스 사람들의 개인적 이해관계는 Maria Chabot, "Letter to Georgia O'Keeffe", 1945년 1월 17일, *Maria Chabot-Georgia O'Keeffe*, 238. 을 참조. '전시 물품 콩(War Effort Beans)'는 Georgia O'Keeffe, 'Letter to Stieglitz', 1943년 6월 23일, Alfred Stieglitz/Georgia O'Keeffe Archive, YCAL MSS 85, Beinecke Library, Yale University를 참조.

31 Polling-Kempes, *Ghost Ranch*, 145.

32 Polling-Kempes, *Ghost Ranch*, 147.

33 1943년 5월 25일과 26일, 하원의 인디언 위원회의 청문회에서 뉴멕시코의 푸에블로 인디안 땅에 있는 댐 부지의 탐사를 인가하는 법안이 발의되었다. 샤봇은 1944년 2월 3일 '조지아 오키프에게 보내는 편지'에서 댐 건설에 대한 의회 청문회와 건설 반대 움직임에 대해 언급했다. Maria Chabot, "Letter to Georgia O'Keeffe", 1944년 2월 3일, *Maria Chabot-Georgia O'Keeffe*, 167.

34 O'Keeffe, "Letter to Maria Chabot", 1945년 1월 15일, *Maria Chabot-Georgia O'Keeffe*, 1

35 Polling-Kempes, *Ghost Ranch*, 157.

36 James Johnson Sweeney, "Paintings of Georgia O'Keeffe Shown in retrospective exhibition at Museum of Modern Art", *Museum of Modern Art*, www.moma.org/d/c/press_releases/W1siZiljMyNTUxNCJdXQ.pdf?sha=9b271acf6d19d5ec, 최종 접속일: 2016년 11월 6일.

37 그 기관들에는 코네티컷주 뉴헤이븐에 있는 예일 대학교의 '베이네케 희귀본과 필사본 도서관', 테네시주 내슈빌의 피스크 대학교의 칼 반 벡튼 갤러리, 뉴욕 로체스터의 조지 이스트맨 미술관, 워싱턴 D.C.의 의회 도서관, 뉴욕의 메트로폴리탄 미술관, 보스턴 미술관, 뉴욕 현대미술관(MoMA), 워싱턴 D.C.의 국립 현대미술관, 도쿄의 국립 현대미술관, 필라델피아 미술관, 워싱턴 D.C.의 필립스 컬렉션, 샌프란시스코 현대미술관 등이 포함되어 있었다.

38 Lloyd Goodrich and Doris Bry, ed., 1965, *Georgia O'Keeffe*, exh.cat., New York: Whitney Museum of American Art, 26.

구름 위 하늘 I: 길 위의 집

1 O'Keeffe, *Georgia O'Keeffe*

2 O'Keeffe, "Letter to Henry McBride", 1948년 7월 19일, *Georgia O'Keeffe: Art and Letters*, 248.

3 Buhler Lynes and Lopez, Georgia *O'Keeffe and her Houses*, 123, 192, 130.

4 O'Keeffe, "Letter to William Howard Schbert", 1950년 4월에서 7월 19일, *Georgia O'Keeffe: Art and Letters*, 252.

6 O'Keeffe, "Letter to William Howard Schbert", 1951년 3월 27일, *Georgia O'Keeffe: Art and Letters*, 260.

7 O'Keeffe, "Letter to Margaret (Peggy) Kiskadden", 1956년 6월 17일, *Alfred Stieglitz/Georgia O'Keeffe Archive*, YCAL MSS 85, Beinecke Library, Yale University.

8 Goodrich and Bry, ed., *Georgia O'Keeffe*, 28, 인용.

9 Georgia O'Keeffe, "Letters to Maria Chabot", 1941년 11월 11일, *Maria Chabot-Georgia O'Keeffe*.

10 Drohojowska-Philp, *In Full Bloom*, 478.

11 David Brower and Eliot Porter, 1963, *The Place No One Knew: Glen Cayon on the Colorado*, San Francisco: Sierra Club.

12 Drohojowska-Philp, *In Full Bloom*, 482~483.

13 Goodrich, *Georgia O'Keeffe*, 28.

14 Drohojowska-Philp, *In Full Bloom*, 507.

맺음말

1 Drohojowska-Philp, *In Full Bloom*, 507.

2 Goodrich, *Georgia O'Keeffe*, 29.

3 Carolyn Kasner, 2003, *Jaune Quick–to-See Smith an American Modernist*, Albuquerque: University of New Mexico Press, 35.

참고문헌

Benka, Britta. *Georgia O'Keeffe, 1887~1986: Flowers in the Desert*. Cologne, Germany: Taschen, 2000.

Brower, David and Eliot Porter. *The Place No One Knew: Glen Canyon on the Colorado*. San Francisco: Sierra Club, 1963.

Buhler Lynes, Barbara and Agapita López. *Georgia O'Keeffe and her houses: Ghost Ranch and Abiquiu*. New York: Abrams, 2012.

Corn, Wanda. *Georgia O'Keeffe: Living Modern*. Prestel Publishing: New York, 2017.

Coe, Erin. '"Something so Perfect" *Georgia O'Keeffe and Lake George'. Modern Nature: Georgia O'Keeffe and Lake George*. Edited by Erin Coe. New York: Thames and Hudson, 1913.

Dijkastra, Bram. *Georgia O'Keeffe-The New York Years*. New York: Alfred Knopf, 1991.

Dow, Arthur Wesley. "Modernism in Art". Paper presented at the annual meeting of the College Art Association, Philadelphia, Pennsylvania, 20–22 April 1916.

Dow, Arthur Wesley. *Composition: A Series of Art Exercises for in Art Structure for the Use of Students and Teachers*, seventh edition. New York: Doubleday Press, 1912.

Drohojowska-Philp, Hunter. *In Full Bloom: The Art and Life of Georgia O'Keeffe*. New York: W.W. Norton & Company, 2004.

Georgia O'Keeffe Abstraction. Edited by Barbara Haskell. New Haven: Yale University Press, 2009.

Kuh, Katherine. *The Artist's Voice: Talks with Seventeen Artists*. New York: Harper and Row, 1962.

Pollitzer, Anita. "That's Georgia". *The Saturday Review*. 4 November 1950.

Lisle, Laurie. *Portrait of an Artist: Georgia O'Keeffe*. New York: Washington Square Press, 1997.

Georgia O'Keeffe: Art and Letters. Edited by Jack Cowart and Juan Hamilton. Washington D.C.: National Gallery of Art, 1988.

Greenough, Sarah. "Touching the Centre: Georgia O'Keeffe and Alfred Stieglitz's Artistic Dialogue". *Georgia O'Keeffe*. Edited by Tanya Barson. London: Tate Publishing, 2016.

Goodrich, Louis and Doris Bry. *Georgia O'Keeffe. New York*: Whitney Museum of American Art, 1965.

Intimate Gallery. *Forty New Water-Colors by John Marin*. Exhibition Catalogue. New York: Intimate Gallery, 1927.

Kandinsky, Wassily. *Concerning the Spiritual in Art*. Translated by Michael T.H. Sadler. North Chelmsford, Massachusetts: Courier Corporation, 1914.

Maria Chabot-Georgia O'Keeffe, Correspondence, 1941~1949. Edited by Barbara Buhler Lynes and Ann Paden. Albuquerque: University of New Mexico Press, 2003.

My Faraway One: Selected Letters of Georgia O'Keeffe and Alfred Stieglitz: Volume One, 1915~1933. Edited by Sarah Greenough. New Haven: Yale University Press, 2011.

Poling-Kempes, Lesley. *Ghost Ranch*. University of Arizona: Tucson, 2005.

Poling-Kempes, Lesley. *Valley of the Shining Stone*. Tucson: University of Arizona Press, 1997.

O'Keeffe, Georgia. *Georgia O'Keeffe*. New York: Viking Press, 1976.

O'Keeffe, Georgia "Introduction". *In Georgia O'Keeffe a Portrait by Alfred Stieglitz*. New York: Museum of Modern Art, 1978.

Stoker, Fred. *Georgia O'Keeffe in Canyon*. Canyon, TX: Hunnicutt & Son Printing, 1990.

Tomkins, Calvin. 'A Rose in the Eye Looks Pretty Fine'. *The New Yorker*. 4 March 1974.

Von Lintel, Amy. *Georgia O'Keeffe Watercolors: 1916~1918*. Santa Fe: Radius Books, 2016.

찾아보기

이탤릭체의 쪽 번호는 도판에 대한 캡션을 나타낸다. 그림, 사진, 혹은 책의 제목은 이탤릭체로 병기하여 표기한다.

[자]

도판 출처

앞표지 이미지 Phillippe Halsman, Georgia O'Keeffe, Painter, USA, Abiquiu, New Mexico, 1948.
© Magnum Photos

뒷표지 이미지 Shutterstock (Zachary Frank)

2쪽 One of Georgia's Chow Chows sat in the courtyard of her Ghost Ranch home, 1967.

4쪽 [도판 102] From the River – Pale, 1959, oil on canvas, 105.4 x 79.7 cm, Gift of The Georgia O'Keeffe Foundation, Georgia O'Keeffe Museum, Santa Fe, NM, USA [2006.05.280].

저작권

All artwork by Georgia O'Keeffe © Georgia O'Keeffe Museum/DACS 2017 except for the following:

43쪽 © Amarillo Museum of Art 132~133 © Art Institute of Chicago
46쪽, 52쪽, 76쪽 © The Metropolitan Museum of Art, New York 37, 122 left © New Mexico Museum of Art
62쪽, 95쪽 © Board of Trustees, National Gallery of Art, Washington
36쪽 © The Philadelphia Museum of Art
84쪽 오른쪽 © The Phillips Collection, Washington, D.C.

All photographs by Georgia O'Keeffe and Maria Chabot © The Georgia O'Keeffe Museum, Santa Fe, NM, USA

162쪽 © 2017 The Andy Warhol Foundation for the Visual Arts, Inc./Artists Rights Society (ARS), New York and DACS, London.

29쪽 © The Estate of Edward Steichen/Artists Rights Society (ARS), New York and DACS, London 2017

All photographs by Todd Webb © Todd Webb Archive, Portland, Maine, USA

도판 출처

Alamy Stock Photo: 70~71쪽 (Everett Collection); 106쪽 오른쪽 (Ernesto Burciaga); 101쪽 아래 (Jimmy Williams)

Alfred Stieglitz Collection, co–owned by Fisk University, Nashville, TN, USA and Crystal Bridges Museum of American Art, Bentonville, AR, USA, Photograph by Edward C. Robinson III 73쪽 오른쪽

Allen Phillips/Wadsworth Museum 81쪽

Amarillo Museum of Art 43쪽

Art Institute of Chicago 27쪽

The Art Students League of New York 17쪽

Art Resource/SCALA Florence: 66쪽 왼쪽, 132~133 (The Art Institute of Chicago); 163쪽 (Fine Art Images/Heritage Images); 4쪽, 20쪽, 45쪽, 58쪽 아래, 61쪽, 66쪽 오른쪽, 74쪽 오른쪽, 90쪽, 101쪽 위, 106쪽 왼쪽, 118쪽, 121쪽, 146쪽 왼쪽 아래와 오른쪽, 148쪽, 151쪽, 154쪽 오른쪽, 155쪽 아래, 159쪽, 160쪽 (Georgia O'Keeffe Museum, Sante Fe); 44쪽, 64쪽, 105쪽, 126쪽 아래, 130쪽, 140쪽 왼쪽 (Malcolm Varon 2001~2017/Georgia O'Keeffe Museum, Sante Fe); 52쪽, 76쪽 (Malcolm Varon 2017/The Metropolitan Museum of Art); 29쪽, 46쪽, 54쪽 위 (The Metropolitan Museum of Art); 36 (The Philadelphia Museum of Art); 48쪽 (Museum of Fine Arts, Boston); 12쪽, 14쪽 왼쪽 위 (The Museum of Modern Art, New York)

© Beinecke Rare Book and Manuscript Library, Yale University 32쪽, 34쪽, 55쪽, 88~89쪽

Bridgeman Images: 59쪽 위, 84쪽 왼쪽, 139쪽, 162쪽 (Christie's Images); 65쪽 (De Agostini Picture Library/G. Nimatallah)

Carl and Marilynn Thoma Art Foundation 94쪽

Collection Center for Creative Photography, University of Arizona © 2016 The Ansel Adams Publishing Rights Trust 98쪽

The Eiteljorg Museum of American Indians and Western Art 86쪽 위

The Georgia O'Keeffe Museum, Sante Fe, NM, USA 14쪽 오른쪽 위와 아래, 24쪽, 41쪽, 42쪽, 54쪽 아래, 57쪽 위, 74쪽 왼쪽, 83쪽, 103쪽, 104쪽, 109쪽, 111쪽 왼쪽, 113쪽, 85쪽 오른쪽, 122쪽 오른쪽, 124쪽, 126쪽 위, 137쪽, 140쪽 오른쪽, 149쪽, 152쪽, 153쪽, 154쪽 왼쪽

Getty Images: 2쪽, 8쪽, 128쪽, 142쪽, 155쪽 위, 156, 164~165쪽 (John Loengard/LIFE Picture Collection); 6쪽 (Tony Vaccaro); 73쪽 왼쪽 (GE Kidder Smith); 146쪽 아래 (Werner Forman/Universal Images Group)

The Library of Congress, Washington, D.C. 23쪽, 26쪽

The Menil Collection, Houston, Photograph by Paul Hester 33쪽

National Gallery of Art, Washington 62쪽, 95쪽

National Park Service, USA 93쪽, 97쪽, 125쪽, 129쪽

New Mexico Museum of Art, Photograph by Blair Clark 37쪽, 122쪽 왼쪽

© Palace of the Governors Photo Archives, New Mexico History Museum, Sante Fe, NM, USA 79, 80쪽, 86쪽 아래

The Phillips Collection, Washington, D.C. 59쪽 아래, 84쪽 오른쪽

Shutterstock: 38 – 39 (Zachary Frank); 57쪽 아래 (tomtsya)

Whitney Museum/Tim Nighswander/Imaging4Art 13쪽, 111쪽 오른쪽

감사의 말

조지아 오키프는 한 장소에 머물기보다 미국의 곳곳을 오가며 살았기 때문에, 집이 그녀 자신의 예술에 있어 결정적인 요소는 아니라고 말했다. 그러나 나는 전적으로 그녀가 머문 뉴멕시코의 그 집들이 엄청난 영향을 끼쳤다고 생각한다. 이 책을 쓸 때, 뉴멕시코 토박이로서 가장 사랑하는 사람들과 가까운 친구들에게서 따뜻한 지지를 받았다. 그들은 나만큼이나 이 아름답고 모순적인 건조한 땅을 좋아한다. 그들에게 깊은 감사의 마음을 전한다.

책을 쓰기 위해 중요한 기록 자료를 제공해준 산타페의 조지아 오키프 미술관과 연구 센터 스태프들에게도 고마움을 전한다. 오키프 미술관의 큐레이터 캐롤린 캐스트너와 디지털 미디어 전문가 키라 랜돌프는 내게 깊이 있는 아이디어와 의견을 제공했다. 두 분과의 대화는 책에 큰 도움이 되었다. 마지막으로, 끈기 있는 인내심으로 이 프로젝트를 능숙하게 진행한 프랜시스 링컨 출판사의 편집자 애나 왓슨에게도 감사의 말을 전한다.

이곳의 많은 이야기 중 적어도 하나를 말할 수 있게 되었으니, 나는 역사적, 문화적으로 복잡한 이 지역에 살아온 여러 세대의 뉴멕시코인들에게 영원히 빚을 지고 있는 셈이다. 그들에게도 감사한다.

지은이 **알리시아 이네즈 구즈만(Alicia Inez Guzmán)**

뉴멕시코 대학교에서 미술사를 전공하고 로체스터 대학교에서 시각 및 문화 연구로 박사 학위를 받았다. 그녀는 『*Modern Painter*』, 『*The Daily Serving*』, 『*THE Magazine*』, 『*AfterImage, View*』 및 조지아 오키프 박물관의 전시 카탈로그인 『*Miguel Covarrubias: Drawing a Cosmopolitan Line*』에 글을 기고하기도 하였다. 현재 산타페에 거주하며, 저술, 강연 등을 하는 학자이자 작가, 편집자이다.

옮긴이 **김선지**

이화여자대학교에서 역사를, 동대학원에서 미술사와 현대미술을 공부했다. 저서로는 역사에서 지워진 여성 예술가들의 이야기인 『싸우는 여성들의 미술사』, 그림과 천문학을 융복합적으로 서술한 『그림 속 천문학』, 『그림 속 별자리신화』 등이 있다. 현재 한국일보에 미술칼럼 〈김선지의 뜻밖의 미술사〉를 연재하면서 강연활동을 하고 있다.

앞표지 이미지: 〈흰독말풀〉, 1936년 (본문, 139쪽)
뒷표지 이미지: 본문 174쪽 도판 출처 참조

Georgia O'Keeffe
조지아 오키프
미국 모더니즘을 대표하는 꽃과 사막의 화가

초판 1쇄 2022년 1월 25일

지은이 알리시아 이네즈 구즈만
옮긴이 김선지

편집장 김주현 **편집** 성스레
미술 안태현, 윤지은 **제작** 김호겸
마케팅 사공성, 강승덕, 한은영

발행처 북커스
발행인 정의선
이사 전수현
출판등록 2018년 5월 16일 제406-2018-000054호
주소 서울시 종로구 평창30길 10
전화 02-394-5981~2(편집) 031-955-6980(영업)

값 32,000원
ISBN 979-11-90118-34-7 (03600)

※ 북커스(BOOKERS)는 (주)음악세계의 임프린트입니다.